本书获得中国社会科学院登峰战略优势学科（企业管理学）资助

信息工程监理

方法与实践

葛　健　徐军库◎主编

经济管理出版社
ECONOMY & MANAGEMENT PUBLISHING HOUSE

图书在版编目（CIP）数据

信息工程监理方法与实践/葛健，徐军库主编.—北京：经济管理出版社，2022.10
ISBN 978-7-5096-8787-1

Ⅰ.①信…　Ⅱ.①葛…②徐…　Ⅲ.①信息系统—基本建设项目—监督管理　Ⅳ.①F49

中国版本图书馆 CIP 数据核字（2022）第 195380 号

责任编辑：申桂萍
责任印制：许　艳
责任校对：陈　颖

出版发行：经济管理出版社
　　　　　（北京市海淀区北蜂窝 8 号中雅大厦 A 座 11 层　100038）
网　　　址：www.E-mp.com.cn
电　　　话：（010）51915602
印　　　刷：唐山昊达印刷有限公司
经　　　销：新华书店
开　　　本：787mm×1092mm/16
印　　　张：18
字　　　数：384 千字
版　　　次：2022 年 10 月第 1 版　　2022 年 10 月第 1 次印刷
书　　　号：ISBN 978-7-5096-8787-1
定　　　价：88.00 元

前　言

数字经济时代，信息系统工程建设项目越来越多，建设速度越来越快，推广应用信息系统工程监理制度和标准，对于保障我国信息化建设的健康发展有着重要的现实意义。

信息化工程监理，风风雨雨已实施二十多年，其间名称也反反复复多次变化。在主管部门的大力支持和推动下、在广大从业人员的共同努力下，如今，与传统的建设工程监理一样，信息系统工程监理已深深地扎根在我国大地上。其概念为全球首创，其有幸成为全世界首个规范标准，为全球不同国家的信息系统建设提供了中国方案，贡献了中国智慧。

信息工程监理制度的实施有力保证了信息系统工程建设项目的质量，有效减少了国内许多信息系统工程项目的进度拖延、资金超支等问题。然而，时至今日，在对信息系统工程项目的质量控制，特别是项目软件文档的质量控制方面还有待提高，许多开发实施团队和监理人员在软件工程的标准和信息化工程监理的标准理解、对相应的建设标准掌握、交付的文档规范等方面还存在诸多问题，显然与新时代高质量发展的要求是相悖的，必须加以改变。

为适应新发展要求，贯彻信息系统工程监理的标准，指导信息系统工程监理规范工作过程，保护用户投资、继承信息系统工程产品的应有价值，笔者根据多年从事信息化教学、参与信息工程监理标准编制以及信息系统工程监理的研究与实践的体会，特编写本书供信息系统工程建设相关方负责人员，承建方工程师、项目经理以及其他从事信息系统建设的工作人员等相关人士参考。

限于笔者水平，书中不当之处敬请读者批评指正。

编者

2022 年 8 月

智慧建设——信息工程系列丛书编委会

郭　磊　北京中企卓创科技发展有限公司　工程师

张　辉　北京太极信息系统技术有限公司综合二部　副总经理　高级工程师

解晓康　天计科技（北京）有限公司　润雨实验室主任　工程师

任修卓　Green light 咨询公司解决方案咨询师

徐梦洋　中国民航信息网络股份有限公司　工程师

吕　东　天津腾领电子科技有限公司　高级工程师

张美平　北京太极信息系统技术有限公司　高级工程师

张　军　国家药典委员会　信息中心　主任　主任药师

葛占雷　产业互联网（河北）研究院　副院长　高级项目管理师

姚　静　产业互联网（河北）研究院　金融研究中心主任博士　高级金融分析师

李雪峰　中央财经大学　信息学院　副教授　博士后

陈岐福　北京和君咨询有限公司　业务合伙人　资深咨询师

吴丽花　北京信息科技大学　经济管理学院　副教授　博士

倪宏志　纺织标准与质量杂志　主编

黄军会　北京德润律师事务所　律师、合伙人

王丽杰　国家能源集团新能源技术研究院有限公司　工程师

肖雅梅　北京云智航教育科技有限公司　工程师

蔡　辉　西北大学公共管理学院　副教授

丁慧玲　瑞斯康达科技发展股份有限公司　项目主管　高级工程师

和慧欣　北京数码易知科技发展有限责任公司　高级工程师

葛　倞　北京中宏信科技有限公司　高级工程师

晋星辉　北京国研科技咨询有限公司　工程师

吕　东　天津腾领科技有限公司云计算工程师

张夏添　北京东方国信科技股份有限公司　云计算工程师

孙绪华　北京建筑大学网信中心　副主任　高级工程师

郭慧馨　北京联合大学　商务学院电子商务系　副教授　博士后

李丽珍　社会科学院工业经济研究所　博士后

马桂真　北京联合大学旅游学院　博士

张　伦　北京财贸职业学院图书馆与信息技术中心　主任

李晨亮　北京神州易和科技有限公司　高级工程师

王晓菲　中新天诚（北京）招标有限公司

于富家　中国路桥工程有限责任公司　高级工程师

任向癸　陕西建工第九建设集团有限公司　工程师

佘晨阳　保定市莲池区云翔网络信息科技职业培训学校　助教

叶涓涓　中国社会科学院大学　硕士

刘何奕　香港科技大学　硕士

目　录

第二篇　信息工程监理实务篇

第三篇　信息工程监理案例篇

第一篇

信息工程监理基础篇

第一章 信息工程监理

本章介绍信息工程监理的概貌，沿着"信息→系统→工程→信息系统工程→信息工程监理"的线路，逐步阐述什么是信息工程监理。对信息工程监理从"6W1H"（What、When、Where、Which、Who、Why、How）几个方面给予了解释。通过阅读本章可以了解信息工程监理的概念、性质、作用以及支撑要素等。

第一节 信息工程

数据是客观实体属性的反映，是一组表示数量、行为和目标的，可以记录下来、加以鉴别的符号，信息是对数据的解释，反映了事物（事件）的客观规律，为使用者提供了决策和管理依据；信息来源于数据，又高于数据；信息是数据的灵魂，数据是信息的载体。

工程（Project）也被称为项目，美国项目管理协会（Project Management Institute，PMI）给项目下的定义是：一种被承办的旨在创造某独特产品或服务的临时性努力。项目是特定条件下、具有特定目标、一次性的任务。

信息技术（Information Technology，IT）是主要用于管理和处理信息所采用的各种技术的总称。以信息技术为主的工程简称信息工程（IT Project）。

系统（System）是一个由相互有关联的多个要素，按照特定的规律集合起来，具有特定功能的有机整体，它又是另一个更大系统的一部分。

信息系统（Information System）以系统思想为依据，以计算机为手段，由人和计算机等组成，进行数据收（采）集、传递、处理、存储、分发，加工产生信息，为预测、决策和管理等提供依据的系统。

戈登·戴维斯给信息系统下的定义是：用以收集、处理、存储、分发信息的相互关联的组件的集合，其作用在于支持组织的决策与控制。

按照上述定义，通信系统、广播与电视系统自然属于信息系统的一部分。

实践中，有广义、狭义两种信息系统的概念，把通信系统、广播与电视系统等也纳入信息系统的，我们称为广义的信息系统，不把通信系统、广播与电视系统等纳入信息系统的，我们称为狭义的信息系统。

为确保全面，本书中所讨论的都是广义的信息系统。相应地，所指的信息系统工程监理也是指广义的信息系统工程监理。

信息系统工程（Information System Project）/信息工程，简单地说，就是建设信息系统的工程，或者说表示以计算机网络为基础设施，以计算机和软件技术为核心构成的各种业务应用的系统工程，也有人把它称为信息化工程。但是，根据目前建设的实际情况和笔者的理解，信息系统工程的含义应该比信息化工程的含义更广。信息化工程主要是把原来不通过计算机和软件就可以进行生产和工作的系统，加以适当流程固化和计算机化（电子化）。例如，电子政务工程，若不进行其建设，政务工作仍然需要进行而且也会持续进行，但信息系统工程就不一样，它的建设是必要的生产和工作需要，目的不是取代什么而是更高效率地工作。目前，国家和业界尚未对两者进行严格的界定。为方便起见，本书统称"信息系统工程"或"信息工程"。

根据 GB/T 4754—2017《国民经济行业分类》，常见的服务形态有信息技术咨询服务、设计与开发服务、信息系统集成服务、数据处理和存储服务及其他信息技术服务。

第二节　信息工程的特点和生命周期

这里所述的信息工程同时具有信息系统和建设工程的特点，因此，可以归纳出信息系统工程具有如下特点：

（1）与传统工程技术相比，技术含量高、创新成分多、知识密集、智力开发工作量大。

（2）涉及国民经济的各行各业，多种技术综合交叉，工程类型广泛。

（3）技术发展迅速，更新换代快，用户需求容易随形势发展而发生急速变化，信息系统需求不断增长，许多需求变化甚至超过了一些新技术的发展速度。

（4）行业新颖，从业人员年轻，受教育程度普遍较高，从业人员不仅需要具有丰富的实践经验，而且需要具有快速掌握先进技术的能力，能够通晓国家标准和行业规范。

（5）信息工程投资额度大、利润丰厚、风险大、不可预见程度高，从业人员信息工程监理的意识和知识相对缺乏。

信息工程的生命周期是指一个信息工程从立项开始，直至工程质保期或维护期结束的过程，一般包括工程立项、工程准备、工程设计、工程实施、工程验收和工程维护。

这里需要强调的是，工程的结束通常以承建单位完成了合同约定的全部内容，业主单位与承建单位之间不再存在与工程相关的法律责任和义务的时间为标志。信息工程的生命周期结束以后，信息系统本身的生命周期正式开始。

信息工程的目标是建设一个信息系统，所以，信息工程的生命周期是以系统开始建设为起点，直到系统建成投产、稳定运行、验收交付为终点，其强调的是信息系统的建设过程。而工程生命周期结束以后，信息系统的生命周期开始，信息系统一直运行，直至由于条件环境变化、业务变化等，系统停止使用或宣告报废为止，信息系统的生命周期才结束。

第三节 信息工程监理的概念

广义的监理（Surveillance）是指有关执行者（Who）根据一定的行为准则（What、Which、Where、When），对某些行为（What）进行监督管理（What、How），使这些行为符合准则要求（What、Why），并协助（How）行为主体实现其行为目的（Why）。

国外的建设监理是指咨询顾问为建设项目业主所提供的项目管理服务。我国的建设工程监理的概念（主要是建筑类及其基本配套工程的监理）与国外基本一致，但也有其特殊的地方。按照原建设部、原国家计委制定的《工程建设监理规定》，工程建设监理是指对工程项目建设，社会化、专业化的建设工程监理单位接受业主的委托和授权，根据国家批准的工程项目建设文件、有关工程建设的法律法规和工程建设监理合同，以及其他工程建设合同所进行的旨在实现项目投资目的的微观监督管理活动。套用上面的定义，对于信息系统工程的监理，我们就把对信息系统工程建设的监理称为信息系统工程监理或信息工程监理，信息工程监理既然是一种类型的监理，必然也具有监理的共性和含义。

迄今为止，关于信息工程的监理也没有统一的、完整的名称和定义。[①] 在此，笔者把几种有代表性的定义列举出来，供读者参考。

定义一：所谓信息系统工程监理就是从技术和管理的角度，对工程实施过程实施控制和管理，确保信息系统工程按照用户方的要求，保质保量地按时完成，并实现预期的建设目标。这是最初的信息工程监理的概念，主要从技术和管理的角度来看待问题，但强调了监理工作主要是控制和管理，目的是实现建设的预期目标。

定义二：所谓的信息工程监理就是一个独立于信息化技术产品生产、销售与系统集成行业之外的，由有信息技术实力的、信誉较好的独立第三方机构，为信息系统工程的业主单位提供有针对性的服务。该定义的特色之一是"独立"，即信息系统工程建设不应该按照以前的"1+1"模式进行建设，即仅由业主方（业主/业主单位，Owner，即具有信息工程发包主体资格和支付工程价款能力的单位。引自（GB/T 19668.1—2014《信息技术服务 监理 第1部分：总则》，下同）和产品生产、销售与系统集成方两方来完成信息系统建设的模式。该定义的特色之二是"资质"，它指出，信息系统建设应该由某种资质（有专业能力、信誉较好、咨询机构）的第三方参与建设，但该

---

① 资料来源：http://iask.sina.com.cn/b/3712076.html。

定义没有讲清楚具体什么条件才算合格资质，并把独立的第三方仅限定为"咨询机构"。该定义的特色之三是"服务"，它把第三方的工作定位于"提供服务"。

定义三：信息工程监理就是监理服务商依照有关法律法规、技术标准与规范、业主需求以及业主与承建方（承建单位，Contractor，即具有独立企业法人资格，取得工业和信息化部相应等级的资质证书，为业主单位提供信息化工程建设服务的单位）签订的合同，本着科学、公正、严格、守信、遵纪、守法的原则，以高度的责任心、丰富的管理经验和专业技术能力，帮助业主审核建设承包合同条款、掌控工程进度和质量进行成本核算，按期分段对工程进行验收，对工程建设项目实施全面而有重点的、精线条的监督管理，保证工程高质量、按期完成，最终提交令业主满意的成果。因此，信息工程监理的宗旨，就是协助业主进行项目管理，帮助业主防范工程建设中可能出现的各种风险，最终维护业主的合理利益。这个概念又进一步相对全面与详细地描述了监理的依据、对监理服务商的要求以及监理的内容，并把监理工作定位于"协助业主进行项目管理"。此定义特色之一是：提出监理应"依照法律法规、标准与规范以及委托监理合同"，即信息系统工程建设不能随心所欲，也不能完全按照业主单位的要求建设，应当"依法依规（标准规范）依合同"监理。比如，在监理电子政务项目时，监理方必须依照国家监理标准进行监理，要求建设方参照《电子政务标准化指南》进行建设。此定义特色之二是：不仅对监理单位能力提出要求，还对其从业道德提出要求，并把监理工作定位于"协助业主进行项目管理"，但没有强调这种服务和管理的"独立性"。

定义四：信息系统的工程监理是一种基于IT专业评估、过程控制、系统评测和技术调研的服务模式，它贯穿信息系统工程项目的投资决策、设计、施工、验收、维护等各个环节，对项目的投资、工期、质量、合同等多个目标进行严格的事前、事中和事后控制，其最终目的就是对工程的全过程进行有效的监管，使工程的建设得到有效控制，从而降低工程风险。这是最常见的一种概念，对监理工作的环节和目标目的的描述相对比较全面。在沿袭了定义一"服务"的概念后，描述了信息系统工程监理的基本工作内容和工作目标，更侧重于专业性的描述，但没有讲清楚应该由谁（哪类机构、哪类人）来承担信息工程监理。

定义五：信息系统工程监理是信息系统工程领域的一种社会治理结构，是独立的第三方机构为信息系统工程提供规划与组织、协调与沟通、控制与管理、监督与评价等方面的服务，其目的是支持与保证信息系统工程项目的成功。这是一种宏观的、非专业人士角度下的定义。本定义由三部分组成：①信息系统工程监理是信息系统工程领域的一种社会治理结构：蕴含了监理所具有的政府推动与支持方面的政策性，所具有的制衡与监督作用，隐含法律方面的含义，治理的对象是工程，而不是社会或其他。②信息系统工程监理是独立的第三方机构为信息系统工程提供的规划与组织、协调与沟通、控制与管理、监督与评价方面的服务：说明了信息系统工程监理的角色与任务。③其目的是支持与保证信息系统工程的成功：说明了信息系统工程监理的目标。

这是一个宏观的大监理的概念，抓住了信息工程监理的核心与本质要素，即监理是一种社会治理结构。在这个大框架下，监理所做的工作是治理，是"执规执法"，由于是"独立的第三方机构"，因此，它不能完全等同于政府依法所做的监督管理，然而这个工作适用于全社会项目。而且，既然是"执规执法"，按照国家法律体系框架，既要按照标准规范执行"程序法"——先干什么后干什么遵循一定的先后顺序，也要执行"实体法"——参照规范对实质的事物具体该怎么样做。后面的叙述也是参照分为程序法和实体法两大类的法律体系，着力按照程序和实体两大块参照监理的国家标准进行编写。

定义六：信息系统工程监理是指依法设立且具备相应资质的信息系统工程监理单位，受业主单位委托，依据国家有关法律法规、技术标准和信息系统工程监理合同，对信息系统工程项目实施的监督管理。信息系统工程监理的主要业务范围有信息网络系统、信息资源系统、信息应用系统的新建、升级、改造工程。根据国内信息系统工程监理的实践，它涵盖计算机工程、网络工程、通信工程、通用布缆（结构化布线）工程、智能大厦工程、软件工程、系统集成工程以及有关计算机和信息化建设的工程及项目。该监理的中心任务是科学地规划和控制工程项目的投资、进度和质量三大目标，并以此保证工程的顺利进行和工程质量。这是专业的权威机构——原信息产业部发布的《信息系统工程监理暂行规定》给出的定义。它指出了谁、依据什么、该做什么、目标是什么。该定义的发布，表明信息工程监理工作正式走上正轨，标志着信息监理工作正式被纳入国家一级政府的视线和工作之中，信息工程监理不再仅仅是民间的企业、事业单位之间的事情，而且确认信息系统工程监理工作是依法监督管理，即一种"执法"——社会"执法"，由政府赋予资质的监理单位来进行，其业务范围也被限定：信息网络系统、信息资源系统、信息应用系统的新建、升级、改造工程，针对项目投资、进度和质量三大目标。

定义七：按照GB/T 19668.1—2014《信息技术服务 监理 第1部分：总则》规定，信息化工程监理是指信息化工程监理单位接受信息化业主单位的委托，依据国家的有关规定、信息化工程建设标准和信息化工程承建、监理合同，对信息化工程的质量、进度和投资方面实施监督和控制，即从技术和管理的角度，对信息化工程项目的实施过程进行控制和管理，确保信息化工程能够按照信息化业主单位需求，高效、经济、按时完成，实现预期的建设目标。这是2005年国家标准中的概念，主要参照当时国务院信息化工作办公室的概念，涵盖了信息工程监理的要素（6W1H），但与定义六是有差异的，因为其中所使用的是"信息化工程""信息化工程监理"概念，与原信息产业部所给的定义是不同的。该标准没有给出"信息化工程"的定义或含义，但其相关内容中所表达的监理内容或范围大体是相同的，信息化工程没有信息系统工程涵盖面大，只是信息系统建设的一部分。信息化工程必然要建设信息系统工程，但信息系统工程建设不一定就属于信息化工程，比如民航建设中的一些导航系统——仪表着陆系统或航空全球分销系统（Global Distribution System，GDS），本身就是信息系统，而且几十年前一直在建设或使用，本身就是为了某方面的工作，是生产系统，而信息化建设是 20 世纪 90 年代后才开始的，如电子政务，其主要是为了资源共享、提高效率等；而且，定义六中所含的信息网络系统、信息资源系统、信息应用系统应该包含广播、电视系统，因为它们也都是电子系统，都是以数据（信息）的采集、处理、加工、存储、传输和发布等为主的系统，网络、资源和应用都有涉及。

至此，本书认为信息工程监理实际上也是一种项目管理；信息工程监理应该由什么样的机构或人（Who）来做——由依法获得资质的监理机构和人员；应该做些什么（What）——控制监督管理项目；依据什么（What）——国家标准；为什么（Why）——实现预期目标并降低项目风险；既然监理是一种管理，因此，必然涉及什么时候（When）、什么地点（Where）、在哪个方面/哪个点（Which）以及怎样做（How）。

第四节　信息工程监理的特点

（1）信息系统工程监理所依据的法律法规、标准和规范体系已有，但尚不健全。例如，原信息产业部 2002 年发布的《信息系统工程监理暂行规定》GB/T 19668.1—2014《信息技术服务 监理 第 1 部分：总则》等。但法律法规层次的"信息法"尚未出台。建筑工程所依据的法律法规、标准和规范体系已经基本健全。

（2）建筑工程建设监理的成功经验无法简单照搬到信息系统工程监理中。信息工程建设的过程及产品（结果）往往是不可直接旁站式监督等，产品运行也是不可见的，而且工程是否按照预期实现，往往也是不可衡量的，即使验收交付后已经结束，将来系统的运行维护和升级，特别是遇到故障和问题的排除处理也都面临许多未知的因素。

（3）信息系统工程覆盖面广，其工程监理涉及国计民生的各行各业，增加了监理工作的难度，需要依靠专家网络技术协作。由于信息技术涉及的门类广泛，大多数又都处于当代迅速发展的科技前沿，而任何一个信息工程监理机构都不可能独自掌握众多前沿科技的专家，所以，从监理工作的需要出发，一个信息工程监理机构应当在社会上建立一个专家网络，这些专家平时在各自的单位工作，一旦信息工程监理机构承接了信息工程监理任务，就可以根据需要随时聘请相应领域的专家协助工作。另外，信息工程质量检测同样需要大量先进的仪器，一个监理机构往往不可能将所有可能需要的仪器都购置齐全，因此，需要与社会上有合法资质的专业机构（检测机构或认证中心）建立协作关系，当有业务需要时，可以租用其仪器或送去检测。

（4）信息产业是智力密集型的行业，要求监理人员专业知识必须扎实、知识面广、综合素质高。在信息工程监理过程中，许多工作需要依靠专家网络提供技术支持，因此，要求信息工程监理机构自身的技术人员不仅要具有丰富的实际现场施工经验，同时要具有组织能力，能够组织外聘的专家协同工作。

（5）监理工作内容扩展向外延伸，业务范围涉及工程的全过程。由于信息工程项目业主单位自身技术力量不足，在项目的总体规划、技术方案和设备选型等方面难以决策，因此，监理机构可以协助业主制定项目的总体规划和技术方案以及设备选型方案（这些与传统建筑项目监理机构所做的工作不同）；在信息工程进入现场施工阶段后，信息工程监理将对整个工程实施的进度、质量、费用以及合同进行监督，这些虽然与传统建筑项目的监理机构所做的工作类似，但在工程项目验收之后，建设方往往还会要求监理机构继续协助制定信息系统设施的运行维护管理制度。因此，信息工程监理机构的业务范围远远超出建筑类施工监理的范畴，往往需要向外延伸，除覆盖信息工程项目从立项到试运行阶段（此阶段与系统生命周期重叠）外，甚至还要延伸到系统生命周期结束前的相当时期。

（6）信息工程建设监理领域的发展与计算机信息技术的发展同步，内容变化极快。

（7）业主对新科学技术的要求一般都很高，常派生出许多新课题亟待研究与开发。

（8）承担风险和责任大，不可预见性的成分多。

（9）管理工作复杂，必须采用新的管理手段，配备先进齐全的技术设备。

（10）要有雄厚的经济基础（包括高级实验室和测试室）作为后盾。目前折中的办法是引入第三方测试或认证机构。

总之，传统建设工程监理已实施多年，积累了比较丰富、成熟的经验，它为信息技术行业实施对计算机信息工程的监理提供了可参考的样板。通过比较信息工程监理和传统建设工程监理的相同点和不同点，可以进一步促进信息工程监理的发展。

第五节　信息工程监理的性质

1. 服务性

信息工程监理工作不是委托方的直接投资活动，也不是系统集成商（含设备供应商）或承建商的直接生产活动。它只是在信息工程的建设过程中，利用相关专业知识（如通用布缆/综合布线、软件工程、计算机网络系统等方面的专业知识）、技能和经验，为委托方提供监督、管理以满足信息工程建设目标的需要的服务工作。信息工程监理所获得的报酬也是技术服务性的报酬。目的是通过服务辅助项目成功。

2. 独立性

信息工程监理机构与业主（委托方）、承建方（系统集成商或产品供货商和设备安装公司）是"三方当事人"之一，三者之间是平等的、并列的关系。监理机构作为独立的一方，按照独立、客观、公正的原则从事监理活动。它必须保持其行为的绝对独立性，不得从任何方面接受任何形式的好处。

3. 公正性

信息工程监理机构在委托方与承建方（乙方或被监理方）之间应成为"公正的第

三方"，在工作中应排除各种干扰，以公正的态度对待委托方（甲方）和承建方（乙方）。特别是当委托方与被监理方发生利益冲突和矛盾时，能够以事实为根据，以有关法律法规和双方所签订的合同为准绳，站在第三者的立场上，公正地加以解决和处理，做到"公正地证明、决定或行使自己的处理权"。以项目的成功实施为导向，对委托方和承建方同样负责，既要尊重各方，又要大胆管理，不偏袒任何一方。公正性是信息工程监理行业的职业准则，也是信息工程监理机构和监理人员的职业道德准则。

4. 科学性

信息工程监理工作是一种高智能的技术服务，所以从事监理活动应当遵循科学的准则。信息工程的建设涉及高新科技领域。因此，在信息工程建设的过程中，必须坚持用科学的思想、理论、方法和手段来进行监督和管理。程序科学、方法科学、设施科学、指标科学。要思路清晰、决策明确、做法简单、记录准确。避免决策的含糊与反复，避免将简单问题复杂化。

5. 多重性

监理机构在行使监理职责时兼有维护国家利益、公共利益的双重性，既需要维护委托方（甲方）利益，同时也具备维护承建方（乙方）合法利益的职责。既有服务的一面，又有公证监督和"执法执规"的一面，它包含接受政府授权、委托方授权和承建方认可三个方面的内容。所以，多重性特征明显。在监理工作过程中必须严格遵循标准规范：对承建方，认真审核甲乙双方的合同条款，严格管理，严格控制质量、进度，严格控制成本计划和工程款的支付行为；对监理自己，严格遵循标准和三方合同，要及时通报监理的方法和流程，分发表格——尤指明确第一张表格的签字时间，正式启动监理程序；对委托方，提出需求要认真、严谨，明确负责人和签字确认程序，避免工作中不必要的反复。

第六节　信息工程监理的作用

信息工程监理的作用，就是规范信息工程建设行为、最大限度地降低信息工程建设的风险，以顺利实现信息工程建设预期的各种目标。

1. 通过监理规范信息工程建设、参与各方的建设行为

监理的引入实现了信息工程建设中基本的三角关系。在委托监理的项目中，建设单位与工程监理单位是委托与被委托的关系；监理单位与承建单位是监理与被监理的关系，承建单位应当按照其与业主单位签订的有关工程建设合同的规定接受监理。

一方面，监理方是工程建设的参与者、实践者和见证者，对工程建设过程应该清楚，对与工程有关的法律法规应该熟悉，其基本职责就是使工程按照国家规定的基本工作程序和内容规范地实施，即由合适的人或机构在合适的时间、合适的地点按照合适的程序（规矩）做合适的事情。不但事情要做，而且要合理、合法、规范地做好。

从某种角度来讲，就是一个"执法者"（是一个专业的社会执法者，不是政府部门的执法者）。另一方面，监理方的专业能力可以使信息系统的开发过程实现规范化、文档化，提高业主单位对信息系统的管理水平。监理方在整个信息系统的设计和开发中，会以日志、周报、月报等形式留下对整个过程的描述，使建设过程中的解决方案和发现的问题都一目了然，在系统正常运行后，翔实的过程资料对提高业主单位对信息系统的管理水平意义重大。

2. 提高建设信息工程投资决策科学化水平，可以使投资效益最大化

由于信息系统工程建设具有投资大、周期长、风险高的特点，信息系统工程建设科技含量高，所涉及的领域广；而且在信息系统工程建设中，很多业主单位包括政府部门在实施过程中了解和熟悉信息技术的专业人才不多，缺乏自身对信息系统工程的控制能力，这就使得业主方和承建方在信息系统工程建设中存在严重的信息不对称，很难保证工程的有效性、安全性和可靠性。有调查表明，大约70%的企业IT项目超出预定的开发周期，大型项目平均超出计划交付时间20%～50%；90%以上的软件项目开发费用超出预算，并且项目越大，超出项目计划的程度越高①。如何避免并减少潜伏在项目中的各种失控风险，提高项目成功率，成为所有IT项目负责人最关心的话题。

引入监理，首先就是弥补业主单位在专业知识方面的欠缺，消除信息不对称带来的隐患。通常在业主单位和承建方签订信息系统工程的开发合同后，主动权就转移到了承建方手中，若承建方在信息系统的建设过程中直接向业主单位提出技术难题，业主单位常常由于技术局限而不知所措。主动权的转移还会带来预算超支、开发周期延长等隐患，甚至包含双方出现信任危机以及项目失败的风险。在独立的第三方监理介入后，监理单位依据国家有关法律和相关技术标准，遵循守法、公平、公正、独立的原则，对这些问题可以先做出专业评估，然后提出解决方案、预防风险。对信息系统建设的过程进行监督和控制，其实就是要在确保质量、安全和有效性的前提下，合理地安排进度和投资。其实，监理单位是帮助业主单位对工程相关方面进行控制，是对承建单位项目实施过程的监督管理。

3. 促使承建单位保证工程建设质量和使用安全

监理对承建单位的监督管理，实际上是从产品需求的角度对建设过程的管理，这与产品生产者自身的管理有很大的不同。而监理企业又不同于建设工程的实际需求者，其监理人员是既懂技术又懂管理的专业人士，他们有能力及时发现工程实施过程中出现的问题，发现开发平台、阶段产品存在的问题，从而避免留下质量隐患。因此，实行监理后，在加强承建单位对信息工程质量管理的基础上，工程监理介入工程生产过程的管理，对保证工程质量和使用安全有着重要的作用。

---

① 资料来源：https://bbs.co188.com/thread-887054-1-1.html 和 https://www.doc88.com/p-705899624741.html；张洪石、陈劲、付玉秀. 国际组织、发达国家信息系统工程监理制度及对我国的启示［J］. 科技进步与对策，2004，6（9）：148-159.

4. 保护知识产权

信息系统工程建设特别是软件工程建设的过程往往具有创造性。一项创造性的工程其实施过程也是知识产权的形成过程，若对这样的工程实施监理，虽然在工程实施过程中可能有部分实施方的知识产权会让第三方的监理知道，但是，依据委托监理合同，监理方有保密和保护工程各参与方知识产权的责任和义务，知识产权应该不会被泄露；另外，一项创造性的工程其过程、结果都具有较大的不确定性，虽然不可能完全按照既定的规范、标准实施工程，但是如果实施监理，那么就可以保证工程的建设方向和创造性建立在可靠的基础之上，并有效保护知识产权。例如，软件开发，如果没有监理的监督管理，一旦使用盗版软件平台，那么就是对开发平台商家知识产权的侵犯，而且可能会给所要实现的系统带来隐患。另外，如果开发过程没有留下应该留给业主的必要的、规范的资料文档，业主的知识产权就无法得到有效保护。一旦开发平台存在的漏洞（Bug）出现问题导致系统瘫痪，而又没有必要的资料来尽快消除问题、恢复系统，那么业主方（用户）的损失也许是极其惨重的。

5. 信息工程监理能够进一步促进法治社会的建设

如果从建设法治社会和宏观角度看，实行信息工程监理有利于实现法治社会的要求。从法理上讲，法律追求的是公正公平，这既有程序上的公正公平，又有实体（实质内容）上的公正公平。

如果缺少监理机制，工程业主和有实力的企业可能会受损。一方面，由于计算机信息系统处于技术日新月异、科技含量高、智力密集的行业；另一方面，信息化热潮方兴未艾，应用前景和领域十分广阔。然而，目前不论是国内，还是国外，信息工程市场不规范，政策法规不完善，如果缺少监理机制，一些唯利是图的公司往往只看到信息工程项目投资额度大、利润高，而不去掂量自己的实力，也不屑于国家的政策法规、国家安全，只想通过各种手段把项目拿到手，获取利润。而建设业主方因本身在技术、能力、人员等方面的不足，对实施的难度估计不足，对实施期望值过大，并且很多人都认为实施厂商存在夸大实施效果甚至欺骗行为；而实施建设方认为，虽然其领导很重视，但是当牵涉到业务利益时，工程业主方不配合的一面便会显现出来。在这种情况下，监理作为公正的第三方，作为社会"执法"机构，同时也掌握着法律上的证据，使得一旦信息工程项目出现问题就可以追溯源头，分清责任便于处理，法律上讲究"证据"，所以信息工程监理实质上也促进了法治社会的建设。

有了监理机构的介入，工程项目便会在质量、进度、投资等方面得到相应的保证和控制，出了问题也能很好调节、协商解决，减少互相推诿的情况。甚至对于资金的控制、利用，避免重复建设等方面都有莫大的益处。

信息工程监理的实施，将帮助用户解决信息系统工程建设过程中，从需求分析、方案优选、设备选型到工程监督、质量控制、组织管理、纠纷调解等方面的问题，有效保障信息系统工程建设签约双方的利益。在信息系统工程建设中实施监理可以为工程建设方提供更合理、更专业、更全面的保障。

6. 信息系统工程监理是属于第三方的专业化服务功能的规划设计

实践证明，由于业主单位在信息技术等相关领域普遍存在缺乏人才和经验不足的问题，业主单位自行管理对于提高项目投资的效益和建设水平是无益的。通过第三方的专业服务，帮助业主单位对项目实施进行控制，并对业主单位和承建单位都作出约束，是监理作用的一个重要体现。

第七节 信息工程监理的支撑要素

国家信息化工程监理规范 GB/T 19668.1—2014《信息技术服务 监理 第 1 部分：总则》规定，信息工程监理的技术参考模型由四部分组成，即监理支撑要素、监理运行周期、监理对象和监理内容，如图 1-1 所示。其中，监理支撑要素包括三个方面的内容，即国家法律法规（标准）及管理文件，监理及服务合同，监理及相关服务能力（人员、技术、资源、流程）。监理包含监理规划和监理实施细则（以下简称"监理细则"）、监理机构、监理设施、监理人员和质量保证等。

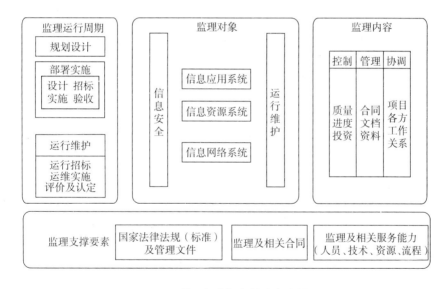

图 1-1 监理相关服务技术参考模型

监理规划是规范现场监理全过程、服务全方位的指导性文件，在监理合同签订后一个月内，由项目总监理工程师组织有关监理工程师完成编制工程项目监理规划工作。一般来讲监理规划以合同签订时间为起始。监理细则是由总监理工程师组织各专业监理工程师编制与本专业及与职务相关的监理实施细则。它是在监理规划的指导下，落实各专业监理的责任，解决对监理信息工程"做什么"和"如何做"的问题。

监理运行周期分三部分：规划设计、部署实施和运行维护。

部署实施阶段监理工作又包含四个阶段：工程设计阶段、工程招投标阶段、工程实施阶段和工程验收阶段。工程实施阶段所指的监理是从业主单位与监理单位签订的委托监理合同生效开始，到完成工程验收为止。就监理内容而言，监理单位根据监理对象各阶段的特点开展工作，依据制定的监理规划和细则实施质量控制、进度控制、投资控制、合同管理、文档管理、资料管理和关系协调来实现监理目标。

监理对象是指各种类型的信息工程，包括信息应用系统、信息资源系统、信息网络系统，具体如软件工程、计算机网络工程和通用布缆工程等。信息安全是保证信息系统正常运行的必要条件，是信息化工程建设的重要组成部分，贯穿于所有类型信息化工程建设的全过程。由于它的特殊性，所以在监理对象中单独将其列出。

运行维护是信息系统建设完成之后需要做的工作。

第八节　信息工程监理与项目管理的比较

对于监理在信息工程建设中的定位和所扮演的角色，人们一直存在不同的看法。有业主会问：我们要购买服务器，你们如何监理，如何确保这些服务器是符合质量要求的？还有业主会问：这是一个软件项目，你们如何保证质量和进度？的确，都是信息工程建设项目，项目和项目之间差别很大，而且通常就一个较大的信息系统集成项目，都有自己的项目管理计划，信息工程监理和项目管理要怎样定位关系才能达到预期的监理目的？

监理的主要目标是项目的质量控制、进度控制、成本控制。从项目建设的角度看，监理本身也是一个项目，也是一种项目管理，当然适用于项目管理，也会有金三角：质量、时间、资源。那么，监理与项目管理是什么关系呢？在此我们想探讨的是监理和项目承建方（乙方）的项目管理之间的关系。就监理自身的阶段划分而言，也是基于项目管理的启动、设计、实施、验收这几个过程。因此，监理工作首先是基于项目承建方（乙方）的项目管理展开的。

假如乙方的项目管理很规范，是否监理的作用就不大？答案是否定的。确实，在项目建设中，质量和进度是需要良好的项目管理来保证的，但在实际过程中，情况是千变万化的，项目建设是否一直符合建设规范，是否有足够的人力资源、时间资源来保证项目的质量、进度？有些项目承建方在开始阶段也制订项目管理计划，进行任务分解，做出计划进度分解图（如甘特图），但实施时发现，进度从一开始就偏离了项目进度计划，于是干脆抛开计划，走到哪儿算哪儿，最后再顺延。如果实在来不及，可以采取从最后期限倒推进度安排，省略一些过程，仓促赶进度。换句话说，监理公司在信息工程建设中第一项很重要的工作就是检查乙方的项目管理是否足够规范、合理，项目建设能否按规范进行。所以，要求监理方必须有非常丰富的工程实践以及项目管理经验。

实现监理的监控目标需要过程的保证，这也就是有的项目提倡全过程监理的原因，监理从项目开始就已介入。与建筑行业不同，信息工程尤其是应用系统、软件系统，往往是设计、施工一体化，需求发生变更是十分普遍的现象，这给工程的整体质量控制带来很大的风险。因此，较为理想的做法是在项目的初始阶段多花点时间和工夫，对项目的可行性、项目的需求和可能存在的风险进行充分的论证，以避免项目后期陷于困境。这只是理想的状况，很少存在不变的信息工程。随着系统的建设，客户原来的看法会得到进一步提高，对业务需求会有新的认识，差别在于这种认识的提高对原来设计的结构是否形成重大的变化。

在许多大的系统集成项目中，项目建设的甲乙双方常常因需求的重大变更产生较大的矛盾，变更还破坏了项目的节奏，造成整体质量的降低和项目进度的滞后，降低工作人员的生产效率和士气，乙方常常抱怨项目无法进行。这时，监理公司的作用就十分重要了，既要保证项目整体质量目标，又要对客户的各种变更要求予以区别对待，约束项目中的不规范行为，加强承建方对项目的风险控制。

不仅如此，信息工程是非常专业而且分工非常细，如软件、硬件、安全等，每一个领域都有自己的精深之处，涉及的专业门类多、技术性强、风险性大、具有不可预见性。即使项目承建方按项目管理的要求一步步进行，也会遇到不可预见的问题，更不用说项目承建方有不规范行为的情况。例如，系统集成商在系统初步集成的时候，网络或服务器存在性能问题，有时花费较长的时间也无法定位问题之所在，更无法快速解决，比较被动。有时还有潜在的问题不易发现，如服务器的配置没有考虑业务的发展，初期能够满足业务处理的要求，但很快就要追加投资。有的安全问题考虑得不全面，将来可能造成更大的隐患。因此，在技术方面，监理内容又远远超出项目管理的要求，要求监理方在技术方面门类要非常全，如网络、通信、主机、存储、应用软件、自动化控制等，在项目管理的不同阶段，需要从技术的层面对项目各关键点进行把关，而在这一方面，承建方往往做得比较少，较多采取事后有问题再校正的措施。

因此，监理在信息工程建设中，首先要求承建方要有合理、科学的项目管理，基于项目管理计划，监理方在建设的不同阶段有不同的质量计划、风险管理计划、沟通计划、进度控制计划，所有这些计划手段是对承建方的项目管理进行的监督、理顺，并规范项目管理中的不规范行为，在项目的关键点进行技术质量、进度的把关，保证项目建设更加规范、科学，达到全过程控制。下面列出监理方的监督管理与（承建方）项目管理的简单比较。

1. 比较之一：范围管理

信息系统工程建设中的工程监理要十分注意抓好系统需求分析，弄清系统该做什么、不做什么；严格为业主把好系统功能模型、信息模型关，为系统的进一步实施打好基础。

项目范围管理的首要任务是确定并控制哪些工作内容应该包含在项目范畴内，并对其他项目管理过程起指导作用。从项目管理科学来看，项目生命周期的第一阶段始于识别需求、问题或机会，终于需求建议书（Request For Proposal，RFP）的发布。准备 RFP 的目的就是从业主的角度，全面、详细地论述为了满足需求需要做什么准备，要清晰地定义项目目标，项目目标必须明确、可行、具体及可度量，并与有关方面一致。信息工程中有人爱炒概念，这有悖于现代项目管理学的要求。

项目管理知识体系（Project Management Body of Knowledge，PMBOK）将项目范围管理分成启动、范围计划、范围界定、范围核实、范围变化控制五个阶段。在范围界定过程中，通过将项目目标和工作内容分解为易于管理的几部分或几个细目，以有助于确保找出完成项目工作范围所需的所有工作要素。工作分解结构（Work Breakdown Structure，WBS）可以帮助我们更加明确项目的工作内容，它不仅定义了工作内容，同时也定义了工作任务之间的关系，明确了工作界面。项目的 WBS 是我们对工作计划、进度、费用、技术状态进行部署和跟踪控制等管理活动的基础。

在信息系统工程建设过程中，人们常用数据流图、功能层次图、业务流程图等表示系统的功能模型，它们是从不同角度对系统功能模型的表达。而 WBS 则可以理解为是一种以管理为导向的系统功能模型，它有更丰富的内涵和外延。WBS 是项目管理的核心工具，项目的计划、进度、成本、技术状态、资源配置、合同等方面的管理都离不开项目的 WBS，它的建立必须注意体现项目本身的特点和项目组织管理方式的特色，并注意其整体性、系统性、层次性和可追溯性原则。WBS 技术有力地支持了信息系统建设中的项目管理，是项目团队中管理人员必须具备的基本知识。

2. 比较之二：时间管理

时间管理是项目管理中的一个关键职能，也被称为进度管理，它对于项目进展的控制至关重要。在范围管理的基础上，通过确定、调整合理的工作排序和工作周期，时间管理可以在满足项目时间要求的情况下，使资源配置和成本达到最佳状态。值得注意的是，进度是计划的时间表，应该按计划安排进度。计划决定需要做什么、谁去做、花多长时间、成本是多少等问题。

PMBOK 提出，项目时间管理由下述五项任务组成：活动（Activity）定义、活动顺序、活动时间的估计、项目进度编制、项目进度控制。PMBOK 的进度管理与工程监理学在项目进度控制方面所提供的方法是基本一致的。

我国三峡工程实施了项目管理，其中进度管理很有特点，让人们很受启发。项目中针对三峡工程的特点、进度计划编制主体及进度计划涉及内容的范围和时段等具体情况，确定了三峡工程进度计划可分为三个大层次进行管理，即业主层、监理层和施工承包商层。通常业主在工程进度控制上要比监理更宏观一些，但鉴于三峡工程的特性，三峡工程业主对进度的控制要更深入和细致。这是因为三峡工程规模大、工期长、参与工程建设的监理和施工承包商多，任何一家监理和施工承包商所监理的工程项目及施工内容都仅仅是三峡工程一个阶段中的一方面或一部分，而且业主在设备、物资供应、标段交接和沟通协调上的介入，形成了进度计划管理的复杂关系。为满足三峡工程总体进度计划的要求，各监理单位控制的工程进度计划还需要协调一致，这个工作由业主来完成，这也就是三峡工程进度计划为什么要分三个层次进行管理的客观原因和进度计划管理的特点。项目具有唯一性，因此，不同的工程项目根据不同的项目组织结构，由业主负责，根据自己在项目团队中不同的角色，相互协调，共同搞好工程项目的进度管理，这在信息系统工程建设中也不例外。

3. 比较之三：成本管理

PMBOK 对项目成本管理的思路非常清晰，分以下四步进行：①制订资源计划。资源计划确定了为完成项目中各活动所需要的资源（人、设备、材料）。WBS 是项目资源计划最基本的输入，需结合各种资源的使用要求，制定项目的资源需求。这点监理和项目管理是一致的。②成本估计。利用 WBS、资源需求、资源单价、活动时间估计等成本要素，通过有关算法或项目管理软件得到项目的成本估计，即可算出完成项目所需各资源成本的近似值。这点监理和项目管理是一致的。③成本预算。利用成本估计及 WBS 确认的项目细目，考虑项目的进度，将成本分配到项目的细目上，为每个工作包建立总预算成本（Total Budgeted Cost，TBC）。一般当实际成本超过累计预算成本（Cumulative Budgeted Cost，CBC）时，就要注意调控了。这点监理和项目管理是一致的。④成本控制。工程监理对投资控制的主要思路也是将实际支出与计划投资相比较，结合项目进展进行调控。这一基本思路与 PMBOK 十分类似，但是，由于管理体制不同，特别是项目财会管理水平的差异，与其接轨尚需时间。

4. 比较之四：质量管理

在信息系统工程建设中，监理工程师把系统质量控制当做头等大事来抓，从 ISO 9000 质量保证体系的高度来控制和规范项目团队中的各方行为。PMBOK 在介绍项目质量管理中指出，这一部分论述的质量管理的基本方案旨在与国际标准化组织在 ISO 9000 和 ISO 10006 质量体系标准与指南中提出的方案一致。因此，项目管理与工程监理在质量管理方面的指导思想是完全一致的，ISO 9000 与 ISO 10006 相互支持，相得益彰。

比较结果：基本一致。在项目管理过程中，项目的范围、时间、成本和质量相互间是有冲突的，项目人员对项目的不同需求和期望也同样有冲突，我们需在它们之间寻求一种平衡，这就是项目管理的基本内涵。我们对 PMBOK 中范围、时间、成本和质量与工程监理的主要职责做了对比分析，其结论十分明显：项目管理的基本内涵与工程监理的工作职责是基本一致的。PMBOK 提出，可以用许多方式把关于项目管理的理论知识组织起来，而工程监理制则是一种符合我国国情的项目管理方式。项目管理还有更丰富的内容，如风险管理、沟通管理、人力资源管理、采购管理、综合管理等方面，这些常常体现项目的外部环境，它们与监理工作的合同管理、信息管理、协调项目团队等职责有一定的交叉，项目管理有更全面、丰富的知识体系，而实际上，这也是在接受业主委托的条件下，为工程监理工作提供更丰富的工作内容。

国际咨询工程师联合会（FIDIC）编制了用于工程项目管理的有关标准文件，其中，《业主/咨询工程师标准服务协议书》《电气与机械工程合同条件》是国际公认和通用的权威文件，非常详细、具体地规定了项目管理中的各方面，充分体现了 PMBOK 对项目管理的要求。现代项目管理理论进一步推动了我国工程监理制的健康发展。

5. 工程管理模式的比较

工程管理模式比较如表 1-1 所示。

表 1-1　四种工程管理模式的比较

管理模式名称	优点	缺点
平行承发包模式（设计、施工、供货等平行发给若干单位）	有利于缩短工期、质量控制、业主选择承包单位	合同数量多，合同管理困难；投资控制难度大（总合同价不易定、招标工作量大、施工过程变更修改多）
设计或施工总分包模式（设计或施工一家总包再分包）	有利于组织管理、质量控制、投资控制、工期控制	建设周期长；总包报价可能较高
项目总承包模式（所有工作给一家；交钥匙）	组织协调工作量小；缩短建设周期；有利于投资控制	发包难度大；择优选择承包方范围小；质量控制难度大
项目总承包管理模式（仅所有管理工作）	合同管理组织协调有力；进度控制有力	对分包的确认是关键；风险相对较大

需要说明的是，建设各参与方均有项目管理的工作，角度与侧重点各不相同，但都必然涉及上述项目管理的要素，要以各自应遵循的制度、标准规范等来进行。

第九节　信息工程监理的三种模式

从项目监理公司的角度来看，其工作职责是完成甲方（业主方）的委托，对信息工程项目建设实施进行监督管理。

在信息工程项目监理发展过程中，根据监理内容和参与程度的不同，信息工程项目监理实际存在如下三种模式：咨询式监理、里程碑式监理和全程式监理。信息工程建设咨询式监理费用少，里程碑式监理责任大，全程式监理是最佳选择。

咨询式监理，是其中最简单的一种，只对用户方就企业信息工程建设过程中提出的问题进行解答，其性质类似于业务咨询或方案咨询。这种方式费用最少，监理方的责任最轻，适合对信息工程建设有较好的把握、技术力量较强的用户方采用。

里程碑式监理，是将信息系统的建设划分为若干个阶段，在每一个阶段结束都设置一个里程碑，在里程碑到来时通知监理方进行审查或测试。一般来讲，这种方式比咨询式监理的费用要多，当然，监理方也要承担一定的责任。不过，里程碑的确定需要乙方的参与，或者说，监理合同的确立需要乙方的参与，否则就会因对里程碑的界定不同而互相扯皮。

全程式监理，是一种复杂的监理方式，不但要求对系统建设过程中的里程碑进行审查，还应该派相应人员全程跟踪，收集系统开发实施过程中的信息，不断评估承建方的工作质量和效果。这种方式费用最高，监理方的责任也最大，不光适合那些对信息系统的开发不太了解、技术力量偏弱的用户方采用，更能够全面地预防和排除信息工程建设中的风险。因此，近年来出台的信息工程监理国家标准已经明确建议采用全程式监理。

需要说明的是，在一个信息工程项目的建设中，乙方可能有多个，如硬件供应商、软件开发商、系统集成商等，而且每一个也可能涉及多个有关单位，因而，监理方既可以由一个专业单位承担综合监理任务，也可以将一个复杂的项目分解为硬件提供、软件设计等若干个单项，由多个不同的专业单位分别进行监理。当然，对于信息工程项目这样复杂系数较高的项目，最好由一个承建方和一个监理方来负责系统建设，这样可以减少责任单位的"接口"数，避免扯皮现象。

另外，根据信息工程的发包模式，监理模式也可以有表 1-2 中的几种，其特点如表 1-2 所示。

表 1-2 信息工程监理模式比较

名称		对监理要求	重点
平行承发包模式下的监理模式	委托一家监理单位	较强的合同管理与组织协调能力	总体协调工作，加强横向联系
	委托多家监理单位	监理间需业主协调	缺少总体规划和协调的监理单位
设计或施工总分包模式下的监理模式（可一家或多家监理单位）		—	分包单位资质的审查
项目总承包模式下的监理模式（应当一家监理单位）		具备全面的知识，做好合同管理工作	—
项目总承包管理模式下的监理模式（应当一家监理单位）		分包活动的监理	—

目前，在监理工作中争议最多的莫过于"形式监理"与"内容监理"的问题。在实际的监理业务中，"形式监理"现象比较常见，当然有些形式比如签字、到会等是必需的，也是监理公司管理流程的体现。但关键是只有这些形式，而没有背后的专业能力和投入，结果使整个监理业务的价值无从体现，最后只能是搬起石头砸自己的脚和整个监理行业的牌子。监理公司的监理形式，有时也会受监理费用、用户期望、用户给予的权限范围等因素影响，但监理企业量化监理无疑是保证信息工程质量的关键手段与方法。

第十节 信息工程监理的局限性及其解决办法探讨

对于信息工程监理，目前为止，人们一直没有停止其理论探讨，只是从不同的角度或行业进行。如前文所述，迄今为止，也没有一个权威的界定，这恰好也为人们的探讨留下了充分的空间。

陈明亮和马庆国[①]认为，人们期望监理制度解决两类问题：①解决因业主方信息技术力量不足而导致的种种问题。如前期需求不明确、要求不确切；中期质量不能把关；后期项目验收无能力等。②解决因对实施方缺乏监督机制而导致的质量不合格、超工期、超预算等问题。监理不是万能的，指望监理包治百病是不现实的（即监理具有局限性），并指出了《信息系统工程监理暂行规定》对信息工程监理的定位不准确。

另外，也有学者对信息工程项目出现种种问题的根源（深层次原因）做了一定的分析，并提出了解决思路。他们认为大致有三个方面：一是认识误区，如重硬轻软、重技术轻管理、重建轻用、重建设轻完善；二是自身信息技术力量不足；三是项目管理机制不完善（见表1-3）。

表1-3 引起信息工程建设项目种种问题的原因

起因		表现举例	导致的问题	解决的思路
认识误区	重硬轻软	不惜代价买最好的设备，远远低估软件的价值；不重视咨询等软技术的价值	项目超预算	引入咨询/监理制度
	重技术轻管理	高层对困难估计不足；利益协调不够；"一把手"的重视没有落到实处，项目实际由技术人员把关；项目团队以技术人员为主	超期；质量达不到预期的要求	引入CIO（首席信息执行官）制度、咨询制度
	重建轻用	不顾实际是否有应用需求盲目上马；应用培训不足；轻视应用效果评价	弃用；用不好；用不足	引入咨询/监理制度
	重建设轻完善	没有长远的完善计划；没有相应的资金预算	系统不好用；系统不能适应变化了的需求	引入咨询/监理制度
信息技术力量不足		需求描述不清；没有能力与实施方签订一个缜密的服务级合同；对项目监控和验收能力不足	扯皮；超期；超预算；质量达不到要求	引入咨询/监理制度
管理不善		从需求分析、立项审查、招标到实施、验收、完善没有一套有效的管理制度	招标暗箱操作；低水平重复；超期；超预算；质量达不到要求	建立全过程监理制度

监理要解决上述两类问题但不仅仅要解决上述两类问题。从宏观和大监理的角度看，是要建立一种治理结构，并组织协调好各方关系，心往一处想、劲往一处使，使建设过程有序、可控，最终把事情做好。也就是说，监理是一种社会治理结构，也是在中国国情下建设法治社会所必需的。从监理的定义可以看出，监理实际上是一种社

① 陈明亮，马庆国.IT项目监理的局限性及其解决方法［J］.经济管理，2006（3）：67-69.

会治理结构。自然，信息系统工程监理也就是信息系统工程领域的一种社会治理结构，它是独立第三方机构为信息系统工程提供的规划与组织、协调与沟通、控制与管理、监督与评价方面的服务，其目的是支持与保证信息系统工程的成功。实施监理工作，不但要解决业主方信息技术力量不足而导致的种种问题，也要解决即使业主方信息技术力量非常强大，从技术角度完全可以建设信息系统，但需要解决在建设程序方面所面临的问题。因为，没有任何一个信息系统的建设能够由一个单位自己完全独立完成。一个单位信息技术力量再强大，也不可能完全自己制造计算机、线缆和软件等，也不可能通过单位内部完善的管理监督程序和工作就能完成系统建设，因为从系统论的观点看，系统自身的问题往往需要借助系统以外的力量来解决。系统内部（自组织）只能解决一部分自身问题而不可能解决全部问题特别是重要和重大的问题，这就像身体健康的人生病一样，只能抵抗小部分的病症，需要借助外力（医院、医生和药物）来治疗疾病。更何况国家的基本建设程序是不能绕过去的，必须要按照制度办事。

同时，的确也需要帮助规范施工方或设备供应方的工作，防止质量不合格、超工期、超预算等问题，但更要通过监理活动规范监理方自身的活动并发展监理方的业务。建设法治社会和法治国家，需要在法的高度规范经济活动中各方当事人的行为。这不仅仅是专业方面和专业技术人员的事情，也是非专业的、各方面有关活动当事人的事情。

换一个角度讲，市场经济是规则经济或者叫法治经济，要求社会生活中的每一个人都应该守法。但是，由于人的私心和欲望，不是每个人做事时都那么规矩。做事和涉及利益时，若只有两方则容易达成媾和而伤害他方或公众的利益，太多方又不容易协调而增加成本，甚至可能什么事也干不成。只有有了公正的第三方，才有可能避免出现上述不良情形。

工程建设既然是一种治理社会的行为，那自然就需要进行规范，就像社会需要法律一样。从宏观的角度和理论上看，所有的工程建设项目都应该实行监理（依法建设）。任何治理都是一个过程，在执法上，既要执行实体法，又要执行程序法，即使实体法执行方面可能有模糊（怎么干可能不是很清楚），但程序法是一定要遵守的，因为程序法规定了必须先干什么后干什么，不能随心所欲而没有次序、秩序，想先干什么就干什么。

对于监理是独立的第三方的定位是合适的。监理公司是和业主签的合同，那么自然就应当为业主服务，但监理绝对是站在第三方的立场上，这有点像律师的服务。律师要为其当事人服务，即使为其当事人的利益考虑，那也是在法律允许的范围内公正公平地解决问题，律师不应该而且也不可能明目张胆地歪曲法律或贪赃枉法，否则，他也会受到法律的惩罚。不管业主出钱请监理是出于何种目的（动机，如买的就是能解决信息工程项目实施中因自身力量不足而出现的种种问题的服务），监理都不可能成为业主的一部分，监理公司毕竟是一个具有独立法人资格的经济实体（不是业主也不应当是业主的一部分），有自己合法的经济利益和其他利益，更不可能因业主的要求就不依法、依合同办事。

因此，我们说，监理方要为业主方服务，并不意味着必然损害乙方的利益。真正的第三方必然是对甲乙双方都要负责的，他应该公正地"执法"。

但是，在甲乙双方之间，到底第三方的位置应该在哪里？正好中间吗？其实很难做到，也不必做到。有人认为应该是黄金分割点 0.618 的位置，也就是离甲方相对位置 0.382 的地方。这样的位置，既非完全的甲方咨询，也非自以为是的所谓"中立"，更不是软件方的代言人或者售前顾问。但不管怎样，监理是独立的第三方，而且其公正是应该的，也是相对的。

虽然《信息系统工程监理暂行规定》没有具体对独立性做明确要求，但是法律法规是一个体系，没有必要把其他相关法律法规中已经规定的东西再重复罗列，监理仍然需要执行它们。

正常的理解应该是：监理要站在独立的、公正的第三方立场上，以委托合同和法律法规为依据，既要为业主服务、维护业主的利益，同时不能也不应该损害承建方的利益。

至于目前信息工程项目出现很多问题，我们认为原因是多方面的，不应归咎于监理本身的局限性。

尽管相关部门做了大量的辛苦、卓有成效的工作，但是，不同的管理部门对信息系统工程、信息化工程概念不清或混乱却从根本上导致制度的缺失和混乱。

和其他所有制度性的事物一样，监理本身具有局限性，仅仅依靠监理是无法解决目前信息化项目建设中出现的种种问题。

监理在本质上与咨询（无论国际、国内意义上的咨询）是一样的，都是社会治理结构的一部分，其目标都是希望项目有序按规矩进展、过程可控、风险最小等，只是侧重点有所不同，对应的治理结构自然也有些差异。在信息系统工程领域，国内的"咨询+监理"模式和国际的咨询模式已经能够很好地解决国内目前信息工程建设中存在的问题。

第二章　信息工程监理的基本制度和标准规范

本章主要阐述由哪些机构和人员（Who）可以从事信息工程监理，以及监理工作的依据是什么（What）。继续从"6W1H"（What、When、Where、Which、Who、Why、How）的角度出发，解释由什么样的机构和人员、依据什么、如何进行信息工程监理。

第一节　信息工程监理标准的发展历程

2002年12月，原信息产业部发布《信息系统工程监理暂行规定》（以下简称《暂行规定》），标志着我国的信息工程监理事业已经走上了正轨，真正走上了法治化、规范化的轨道。《暂行规定》第一次正式规定了什么样的机构和人员能够从事信息工程监理工作。旋即《信息系统工程监理单位资质管理办法》《信息系统工程监理工程师资格管理办法》《信息系统工程监理资质等级评定条件（试行）》等相继出台。至此，我国的信息工程的建设管理得以初步完善和加强。

2014年，国家标准化管理委员会发布了GB/T 19668.1—2014《信息技术服务　监理　第1部分：总则》，标志着信息工程监理的进一步规范化、标准化。

2017年，GB/T 19668.2—2017《信息技术服务　监理　第2部分：基础设施工程监理规范》等部分被批准。至此，较为完整的信息工程监理标准被颁布并实施。之后，陆续编制和完善了系列标准，直到2019年发布了GB/T 19668.6—2019《信息技术服务　监理　第6部分：应用系统：数据中心工程监理规范》。

第二节　信息工程监理单位的资质及相关规定

信息工程监理既然是一种"执法"活动和行为，那么究竟什么机构或什么人才能具有这种"执法"的资质资格呢？对此，作为当时的主管部门的信息产业部以文件的形式在《暂行规定》中对授权做了明确的规定。

《暂行规定》规定，监理单位是指具有独立企业法人资格，并具备规定数量的监理工程师和注册资金、必要的软硬件设备、完善的管理制度和质量保证体系、固定的工作场所和相关的监理工作业绩，并取得信息产业部颁发的《信息系统工程监理资质证书》，从事信息系统工程监理业务的企业和单位。规定依据不同条件将监理单位的资质分为甲、乙、丙三级。

2003年4月1日起实施的《信息系统工程监理单位资质管理办法》（以下简称《管理办法》）中的详细规定如表2-1所示。

表2-1 对信息工程监理资质等级条件的规定

	甲级	乙级	丙级
应有人数	≥30名	≥15名	≥6名
注册资金	≥500万元	≥300万元	≥100万元
财务状况	良好	良好	良好
工作场所和设备	有固定的工作场所和必要的软硬件设备	有固定的工作场所和必要的软硬件设备	有固定的工作场所和必要的软硬件设备
制度体系	有完善的单位管理制度，有通过认证的质量管理体系，并能有效实施	有完善的单位管理制度，有完备的质量管理体系，并能有效实施	有完善的单位管理制度，有较完备的质量管理体系，并能有效实施
监理信誉	有良好的监理信誉	有良好的监理信誉	有良好的监理信誉
监理业绩	申请时前三年完成过12个以上信息系统工程项目的监理（其中至少有1个5000万元以上或者6个1000万元以上项目）	申请时前三年完成过9个以上信息系统工程项目的监理（其中至少有2个1000万元以上或者5个400万元以上项目）	申请时前三年完成过6个以上信息系统工程项目的监理（其中至少有2个300万元以上或者4个150万元以上项目）

信息工程监理单位资质的申请、评审和审批，根据《管理办法》规定，资质评定按照评审和审批分离的原则进行。

1. 基本程序

申请单位应先经信息产业主管部门授权的评审机构评审，再按程序提出申请，由信息产业主管部门按规定权限审批。

2. 评审权限

（1）信息产业部授权的评审机构可以受理申请甲级、乙级、丙级资质的评审。

（2）省、自治区、直辖市（以下统称省份）信息产业主管部门授权的评审机构可以受理所在行政区域内申请丙级资质的评审。

（3）没有设置评审机构的可以委托信息产业部授权或其他省份授权的评审机构评审。

1）申请材料准备：申请评审时，申请单位应提交下列申请资料：①信息系统工程监理单位资质申请表；②单位营业执照副本；③本单位监理工程师资格证书；④需要出具的其他有关证明、资料。

2）评审机构评审的工作：①对申请单位提交的申请资料进行审查；②对申请单位

进行现场审查；③出具评审报告，签署评审意见。

3. 资质定级

经评审合格后，申请单位向信息产业主管部门提出资质申请。其中，甲级、乙级资质申请，由所在省份信息产业主管部门初审，报信息产业部审批。丙级资质申请，由所在省份信息产业主管部门审批，报信息产业部备案。申请资质时，申请单位应提交下列资料：①申请资料；②评审机构出具的评审报告。

获得监理资质的单位，由信息产业部统一颁发《信息系统工程监理资质证书》，该证书由信息产业部统一印制。

4. 资质的管理

（1）《信息系统工程监理资质证书》有效期为四年，届满四年更换新证。超过有效期30天不更换的，视为自动放弃资质，原资质证书予以注销。

（2）信息系统工程监理资质实行年检制度。甲级、乙级资质由信息产业部负责年检；丙级资质由省份信息产业主管部门负责年检，并将结果报信息产业部备案。年检内容包括：监理单位的法定代表人、人员状况、经营业绩、财务状况、管理制度等。

（3）年检不合格的监理单位，按照年检要求限期整改。逾期达不到要求的，视情节轻重给予降低资质等级直至取消资质的处分。

（4）丙级和乙级监理单位在获得资质两年后可向评审机构提出升级申请，资质升级按照"资质申请、评审和审批"规定进行。

（5）监理单位变更法定代表人或技术负责人以及因分立、合并、歇业、破产或其他原因终止业务的，应当在其发生上述各种情况取得具有法律性的文件后30日内向信息产业部报告并办理有关手续。

（6）监理单位不得伪造、转让、出卖《信息系统工程监理资质证书》；不得转让或越级承接监理业务。对违反本条规定的，视情节轻重分别给予责令改正、停业整顿、降低资质等级、取消资质的处分。

5. 监理单位的权利和义务

（1）应按照守法、公平、公正、独立的原则，开展信息系统工程监理工作，维护业主单位与承建单位的合法权益。

（2）按照监理合同取得监理收入。

（3）不得承包信息系统工程。

（4）不得与被监理项目的承建单位存在隶属关系和利益关系，不得作为其投资者或合伙经营者。

（5）不得以任何形式侵害业主单位和承建单位的知识产权。

（6）在监理过程中因违反国家法律法规而造成重大质量、安全事故的，应承担相应的经济责任和法律责任。

截至2007年12月底，约200家单位获得了信息产业部认可的不同类别的信息系统工程监理资质证书。根据国家政府职能转变和市场健康发展的需要，为更好地服务广大企业和用户，进一步提升我国信息化建设水平，自 2016 年 3 月 1 日起，由中国电子企业协会负责依据国家有关法规和相关标准，本着自发、自愿、自律和公平、公正、公开的原则，开展信息系统工程监理单位资质认定管理工作，在原有工作的基础上组织制定了新的《信息系统工程监理单位资质认定管理办法（暂行）》（见政府相关网站）。

第三节　关于信息工程监理的其他规定

1. 对信息工程的规定

《暂行规定》规定，所称信息系统工程是指信息化工程建设中对信息网络系统、信息资源系统、信息应用系统的新建、升级、改造工程。其中：①信息网络系统是指以信息技术为主要手段建立的信息处理、传输、交换和分发的计算机网络系统；②信息资源系统是指以信息技术为主要手段建立的信息资源采集、存储、处理的资源系统；③信息应用系统是指以信息技术为主要手段建立的各类业务管理的应用系统。

2. 对信息工程监理范围和内容的规定

在 2003 年 4 月 1 日起实施的《管理办法》中，规定下列信息系统工程应当实施监理：

（1）国家级、省部级、地市级的信息系统工程。我们认为，按照行政级别划分信息系统工程不是很科学；此类工程不像建筑工程那样很受地域限制，而是通过互联网就可以通达全世界其他任何地方，是跨越地域的、不分行政级别的。

（2）使用国家政策性银行或者国有商业银行贷款，规定需要实施监理的信息系统工程。

（3）使用国家财政性资金的信息系统工程。

（4）涉及国家安全、生产安全的信息系统工程。

（5）国家法律法规规定应当实施监理的其他信息系统工程。

如前文所述，作为一种社会治理结构，应该说所有的信息系统工程建设都应该进行监理。从技术角度看，信息工程监理与信息系统工程相对应，主要细分为以下几个方面：①通用布缆（综合布线）。包括广域网（以光纤敷设工程为主）和局域网（以建筑物内双绞线布放为主，辅以建筑物间的光纤工程）线路。②机房建设。包括机房选址、供配电、火灾报警与消防设施、防雷、防水、防静电、防鼠害、空气调节（温、湿度控制）、电磁波防护等内容。③网络系统及集成。包括广域网和局域网设备工程，服务器、交换机/集线器、路由器、防火墙、系统软件的安装配置与调试；网段划分与配置；网络安全与病毒防范；设备、软件及专用系统的采购、安装调试、验收等。④软件工程。针对用户的特殊需要，从无到有地开发各种专用软件系统，或者大型复杂软件的升级、改版，或者应用系统（如企业资源规划 ERP 系统、地理信息系统 GIS）

的建设等。⑤信息安全与保密。所谓安全就是防止设施、信息和数据等遭受破坏，主要是来自外部的破坏，也有一些存在于系统内部；保密则是防止系统内部的秘密信息和数据被外部窃取。安全与保密是两个不同的概念，其范畴有交叉，但不是完全重复。⑥数据中心。GB/T 19668.6—2019《信息技术服务　监理　第6部分：应用系统：数据中心工程监理规范》中增加了数据中心建设的监理标准，数据中心是以信息技术为支撑，由计算机场地（机房）、其他基础设施、信息系统软硬件、信息资源（数据）和人员以及相应的规章制度组成的，以实现应用集中处理和数据集中存放，提供数据的构建、交换、集成、共享等信息服务的基础环境。

以上是从技术角度将监理范围进行的细分。但在具体的信息工程项目中，往往同时包括多种成分。比如网站建设，就是通用布缆、系统集成与软件开发等的组合。智能建筑，则可能包括通用布缆、机房建设、多媒体监控以及其他工业控制系统等内容。

监理的主要内容是对信息系统工程的质量、进度和投资进行监督，对项目合同和文档资料进行管理，协调有关单位间的工作关系。

3. 对信息工程监理的主管部门及其职责的规定《暂行规定》中规定

（1）信息产业部负责全国信息系统工程监理的管理工作，其主要职责是：①制定、发布信息系统工程监理法规，并监督实施；②审批及管理甲级、乙级信息系统工程监理单位资质；③负责信息系统监理工程师的资格管理；④监督并指导全国信息系统工程监理工作。

（2）省、自治区、直辖市信息产业主管部门负责本行政区域内信息系统工程监理的管理工作，其主要职责是：①执行国家信息系统工程监理法规和行政规章；②审批及管理本行政区域内丙级信息系统工程监理单位资质，初审本行政区域内甲级、乙级信息系统工程监理单位；③负责本行政区域内信息系统工程监理工程师的管理工作；④监督本行政区域内的信息系统工程监理工作。

4. 对监理活动的规定

（1）工作基本原则。从事信息系统工程监理活动，应当遵循"守法、公平、公正、独立"的原则。

（2）监理业务发包方式。信息系统工程监理业务可以由业主单位直接委托监理单位承担，也可以采用招标方式选择监理单位。

（3）关于监理合同。监理单位承担信息系统工程监理业务，应当与业主单位签订监理合同，合同内容包括：①监理业务内容；②双方的权利和义务；③监理费用的计取和支付方式；④违约责任及争议的解决办法；⑤双方约定的其他事项。

（4）监理计费。监理费用计取标准应当结合信息系统工程监理的特点，由双方协商确定。根据信息产业部最新规定，从事信息工程监理工作的单位必须是独立的企业法人，且不能同时承接信息系统工程建设项目。也就是说，监理公司作为一个实体，其经济来源主要是监理收费。

经过一段时间的监理实践和市场情况，信息工程监理界已初步达成共识，认为要保证监理公司作为一个经济实体的生存，监理收费比例应该不低于工程投资总额的2%；根据工程类别和监理介入深度不同，这一比例还要提高，比如软件工程监理，前期需求分析、后期测试和改进跟踪的工作量很大而且耗时，投入不够就无法做到令用户满意，因此，相应的监理收费比例也应提高。

监理收费的构成除了成本因素外，还应该包括另外三方面的内容：一是风险含量，二是教育和培训等智力含量，三是自身发展资金。

由于监理计费是一个十分复杂的问题，信息系统工程监理计费往往参照国家物价局、建设部1992年9月18日发布的《关于发布工程建设监理费有关规定的通知》。该文给出了可供选择的三种计费方法、计费原则和工程建设监理收费标准。

2007年5月1日，国家发展和改革委员会和建设部联合发文废止了《关于发布工程建设监理费有关规定的通知》，对工程建设监理收费实行新的标准（见表2-2）。

表 2-2　施工监理服务收费计价　　　　　　　　　单位：万元

序号	计费额	收费基价
1	500	16.5
2	1000	30.1
3	3000	78.1
4	5000	120.8
5	8000	181.0
6	10000	218.6
7	20000	393.4
8	40000	708.2
9	60000	991.4
10	80000	1255.8
11	100000	1507.0
12	200000	2712.5
13	400000	4882.6
14	600000	6835.6
15	800000	8658.4
16	1000000	10390.1

注：计费额大于1000000万元的，以计费额乘以1.04%的收费率计算收费基价。

施工监理服务收费按照下列公式计算：

1）施工监理服务收费=施工监理服务收费基准价×（1±浮动幅度值）

2）施工监理服务收费基准价=施工监理服务收费基价×专业调整系数×工程复杂程度调整系数×高程调整系数

5. 信息系统工程实行总监理工程师负责制

总监理工程师行使合同赋予监理单位的权限，全面负责受委托的监理工作。

6. 监理工作基本程序

信息系统工程监理按下列程序（见图2-1）进行：

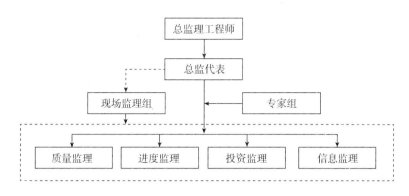

图2-1　信息工程监理机构组织

（1）组建信息系统工程监理机构。监理机构由总监理工程师、监理工程师和其他监理人员等组成；工程监理机构在完成监理合同规定的监理工作后方可解除。

（2）编制监理规划，并与业主单位协商确认。

（3）编制工程阶段监理细则。

（4）实施监理。

（5）参与工程验收并签署监理意见。

（6）监理业务完成后，向业主单位提交最终监理档案资料。

其中：

监理规划。是在总监理工程师（总监）主持下编制，经监理单位技术负责人（技术总监）书面批准，用来指导监理机构全面开展监理及相关服务工作的指导性文件。

（1）监理规划编制的要求：监理规划的编制应针对工程的实际情况，明确监理机构的工作目标，确定具体的监理工作制度、方法和措施。

（2）监理规划编制的程序：在签订监理合同后，总监理工程师应主持编制监理规划；监理规划完成后，应经监理单位技术负责人审批；经审批后的监理规划报送业主单位签认后生效。

（3）监理规划编制的依据：与信息系统工程建设有关的法律法规及项目审批文件等；与信息系统工程监理有关的法律法规及管理办法等；与本工程项目有关的标准、设计文件、技术资料等，其中标准应包含公认应该遵循的相关国际标准、国家或地方标准；与监理大纲、监理合同文件以及项目建设相关的合同文件。

（4）监理规划内容：工程项目概况；监理的范围、内容与目标；监理项目部的组织结构与监理人员的职责；监理的依据、程序、工作方法、措施及工作制度；监理工具和设施（监理单位应具备的设备和建设单位为监理单位提供的设施）。

在监理工作实施过程中，当实际情况或条件发生重大变化而需要调整监理规划内容时，应由总监理工程师组织专业监理工程师修改，经监理单位审批后报送业主单位签认。

监理实施细则。是根据监理规划，由监理工程师编制，并经总监理工程师书面批准，针对工程建设或运维管理中某一方面或某一专业监理及相关服务工作的操作性文件。

（1）监理实施细则编制的要求：监理细则应符合监理规划的要求，结合工程项目的专业特点，具有可操作性，并在工程实施开始前编制完成。

（2）监理实施细则编制的程序：总监理工程师组织专业监理工程师编制监理细则；监理细则应经总监理工程师批准。

（3）监理实施细则编制的依据：已被批准的项目监理规划；与信息系统工程相关的国家、地方政策、法规和技术标准；与工程相关的设计文件和技术资料；与实施组织设计方案、合同文件及工程相关的其他文件。

（4）监理实施细则的内容：专业工程的特点；监理工作流程；监理的控制要点及目标；监理方法及措施。在监理工作实施过程中，监理细则应根据情况补充、修改和完善，并报总监理工程师批准。

监理大纲。这是在投标阶段，由监理单位编制，经监理单位法定代表人（或授权代表）书面批准，用于取得项目委托监理及相关服务合同，宏观指导监理及相关服务过程的纲领性文件。监理大纲是监理单位承担信息系统工程项目的监理及相关服务的法律承诺。

（1）监理大纲编制的要求：应针对业主单位对监理工作的要求明确监理单位所提供的监理及相关服务目标和定位，明确具体的工作范围、服务特点、组织机构及人员职责、服务保障和服务承诺。监理单位编制监理大纲后，应经单位技术负责人审核，并有监理单位法定代表人（或授权代表）书面批准。

（2）监理大纲编制的依据：业主单位对监理工作的要求（包括监理招标文件）；监理单位的服务质量管理体系；监理及相关服务规范；与工程及相关服务有关的法律法规和技术标准规范。

（3）监理大纲的内容：监理工作目标；监理工作依据；监理工作范围；项目监理机构及配备人员；监理工作计划；各阶段监理工作内容；监理流程和成果；监理服务承诺；等等。

监理规划、监理实施细则和监理大纲的主要区别见表2-3。

表2-3　监理规划、监理实施细则和监理大纲的主要区别

名称	编制对象	负责人	编制时间	编制目的	编制作用	编制内容		
						为什么	做什么	如何做
监理大纲	项目整体	公司总监	监理招标阶段	供建设单位审查监理能力	增强监理任务中标的可能性	重点	一般	无
监理规划	项目整体	项目总监	监理委托合同签订后	项目监理的工作纲领	对监理自身工作的指导、考核	一般	重点	重点
监理实施细则	某项专业监理工作	专业监理工程师	监理项目部建立、责任明确后	专业监理实施的操作指南	规定专业监理程序、方法、标准，使监理工作规范化	无	一般	重点

7. 监理其他事项

实施监理前，业主单位应将所委托的监理单位、监理机构、监理内容书面通知承建单位。承建单位应当提供必要的资料，为监理工作的开展提供方便。监理活动中产生的争议，应当依据监理合同相关条款协商解决，或者依法进行仲裁，或者依法提起诉讼。

第四节 信息工程监理相关的法律法规

前面几节讲了到底什么样的机构和人员能够从事信息工程监理工作，而监理又是一种社会治理结构，那么，要依据什么来进行治理或者说要治理什么样的事情？

接下来描述到底依据什么来进行信息工程监理。

一般来说，进行信息工程监理有三个层面的依据，即国家的法律法规及政府主管部门的批文（含相关的其他文件）、委托监理合同和技术规范标准。

从法律法规的角度看，信息工程监理国家基本制度有三个层次：①与信息工程建设有关的法律；②行政法规和部门规章；③地方性法规、自治条例、单行条例和地方政府规章。从效力上看，这三个层次的效力依次是①>②>③。

上述内容总称为信息工程监理的法律法规体系，是根据《中华人民共和国立法法》规定、制定和公布实施的。目前，这个体系已经基本形成，如表2-4所示。

表2-4 国家法律法规体系构成

名称	制定机关	签署与公布	效力	示例
法律	全国人民代表大会及其常委会	国家主席签署主席令予以公布	最高	《中华人民共和国招标投标法》《中华人民共和国合同法》《中华人民共和国政府采购法》《影响中华人民共和国环境保护法》《中华人民共和国环境影响评价法》《中华人民共和国档案法》《中华人民共和国统计法》《中华人民共和国网络信息安全法》《中华人民共和国著作权法》《中华人民共和国电子商务法》
行政法规	国务院	总理签署，国务院予以公布	低于法律	《质量振兴纲要》
部门规章	国务院各部委局署	部长签署，命令予以公布	低于法律和行政法规	《信息系统工程监理暂行规定》《信息系统工程监理单位资质管理办法》《信息系统工程监理工程师资格管理办法》
地方性法规和地方政府规章	地方政府及其部门	地方政府首长签署，政府发布/部门首长签署，部门发布	最低	《北京市信息系统工程监理管理办法（试行）》

由于至今国家没有形成完整的"信息法",因此,在此主要了解表2-4中所列的一些法律法规和规章,对于地方性法规和地方政府规章不再分析。

需要说明的是,建设工程(包括信息工程)方面的法律在我国法律体系中占有重要地位。当建设活动和相应的行政管理活动发展到一定规模和水平时,建设法律法规便应运而生,成为各项建设行为和建设行政管理行为的依据。

(1)建设法律法规——有关调整国家机关、企事业单位、社会团体和公民之间在工程建设活动中,或建设行政管理活动中发生的各种社会关系的法律规范的总称。

(2)建设行政管理——各级建设行政主管部门依据各级政府以及其他法律法规所赋予的管理职能,对建设活动的组织、指挥、协调、监督和检查等活动。

(3)建设工程法律规范——在工程建设活动和建设行政管理活动中,国家及其有关机构、企事业单位、社会团体和公民个人之间,必然会发生各种各样的社会关系,其中有行政的、经济的、民事的等,调整这些关系的法律规范就是建设工程法律规范。

由于任何法律都以一定的社会关系为调整对象,因此,信息工程建设法规作为我国法律体系的重要组成部分也不例外,主要是调整以下三种社会关系:

(1)信息工程建设活动中的行政管理关系。国家及其信息建设行政主管部门对建设活动的立项、计划、筹集资金(融资)、设计、施工、开发、验收都要实行管理和监督。在这种管理和监督的活动中,国家及其信息建设行政主管部门同建设单位(业主)、实施和开发单位以及监理单位之间要发生相应的管理与被管理关系。这些关系不能由具有随意性的"人治"来处理,而必须依法处理。因此,信息工程建设活动应被纳入法律调整的范围,成为建设法规的调整对象。

(2)信息工程建设活动中的经济关系。在各项信息工程建设活动中,建设单位(业主)、实施开发和监理单位之间,将依法通过合同建立经济关系,而信息工程建设法规就负责处理这些单位与业主的经济关系,这些关系也就属于信息工程建设法规的调整对象。

(3)信息工程建设活动中的民事关系。和其他工程建设一样,信息系统工程必然也会出现各种纠纷。这些纠纷的双方,甚至三方,大都属于民事关系。有极少数的人可能还会触犯《中华人民共和国国家安全法》。对信息工程建设活动中发生的这种民事关系,就应通过《中华人民共和国民法通则》以及信息工程建设法规中的民事法律规范进行调整。当然,上述民事关系也属于建设法规的调整对象。对触犯刑律的则另当别论。

各项建设活动中的各种契约委托关系,如果没有法,即没有法律、规范、规章、标准等,就会出现一片混乱,各种关系也难以正常维持,建设活动必然会受到影响。信息工程建设活动也不例外。

目前,国家在信息工程监理方面的基本体制继承了传统建设工程监理"一个体系和两个层次"的基本框架。

一个体系是指组织上和法规上形成一个系统。政府在组织机构和手段上加强及完善对信息工程建设的监督与控制的同时，实行社会监理的开放体制。也就是说，除了政府的执法监督外，在符合法治精神和政府管理的框架内对社会监理的方方面面加以规范，形成一套完整的社会监理的规范体系。

两个层次是指宏观层次和微观层次。宏观层次是指"政府监督和管理"，主要由两部分组成：一是由政府主管机构（国家质量技术检验检疫监督总局和各部委、各行业的质量监督站）对信息工程建设行使强制性的监督管理；二是由政府主管部门制定监理法规，定期对社会监理单位和人员进行考核、审批、监督、调理或培训等。微观层次是指社会监理，由具备合法资格的监理单位和人员合法地按照规定从事信息工程监理活动。

法律法规是各行各业、各个地方以及信息工程建设所有参建者（建设方、承建方、监理方、供应商及系统集成商等）普遍适用的。在此，先对表2-4列出的几个主要的法律进行分析。

1. 《中华人民共和国招标投标法》

《中华人民共和国招标投标法》以下简称《招标投标法》的颁布实施，为规范我国招标投标活动提供了法律上和制度上的保障。分为六章，共六十八条。

（1）总则，规定了立法目的、适用范围、必须进行招标的建设工程项目、规避招标的禁止、招标投标活动的原则、招投标活动不受地区和部门的限制、对招投标活动的监督七方面的内容。其中第三条，必须进行招标的建设工程项目的具体范围和规模标准，法律授权国务院发展计划部门会同国务院有关部门制定，就是《工程建设项目招标范围和规模标准规定》。该条还明确，"法律或者国务院对必须进行招标的其他项目的范围有规定的，依照其规定"。这其实也是一个授权性规定，为其他有关招标投标的法律和行政法规的优先适用开了绿灯。

（2）招标，规定了招标人、招标项目的批准、公开招标和邀请招标、适用邀请招标的情形、自行办理招标和招标代理、招标代理机构及条件、招标代理机构的认定、招标代理机构的代理范围、招标公告、邀请招标方式的行使、潜在投标人、招标文件、招标文件的限制、潜在投标人对项目现场的踏勘、已获取招标文件者及标底的保密、招标文件的澄清或修改、编制投标文件的时间等方面的内容。

（3）投标，规定了投标人、投标人的资格条件、投标文件的编制、投标文件的送达、投标文件的补充、投标文件的修改、投标文件的撤回、投标文件对拟分包项目的载明、共同投标的要求、串通投标的禁止、低于成本的报价竞标与骗取中标的禁止等内容。

（4）开标、评标与中标，规定了开标的时间与地点、开标人与参加人、开标方式、评标要求、评标的保密、投标人对投标文件的说明义务、评标方法、中标人的投标应符合的条件、对所有投标的否决、确定中标人前对招标人与投标人进行谈判的禁止、评标委员会成员的义务、中标通知书的发出、按投标文件订立书面合同的要求、向有关行政监督部门提交招标情况报告的期限、中标人对合同义务的履行等内容。

（5）法律责任，规定了必须进行招标的项目不招标的责任、招标代理机构的责任、限制或排斥潜在投标人的责任、泄露招投标活动有关秘密的责任、串通投标的责任、骗取中标的责任、招标人违规谈判的责任、评标委员会成员的责任、招标人在中标候选之外确定中标人的责任、中标人转让和分包中标项目的责任、不按照投标文件订立合同的责任、中标人不履行合同义务的责任、行政处罚的决定、干涉招投标活动的责任、行政监督机关工作人员的责任、中标无效的处理等方面的内容。

（6）附则，规定了异议或投诉的权利、招标除外，项目、法律适用除外及本法生效日期等。

法律责任中，除明确"法律、行政法规有规定的，依照其规定追究法律责任"外，还规定了几种具体违法事项的法律责任。例如，应当公开招标而擅自邀请招标的责任，应当发布招标公告而不发布、未在指定媒介发布招标公告、在招标公告中以不合理条件限制或排斥潜在投标人的责任等。

第三条规定，在中华人民共和国境内进行下列工程建设项目（见表2-5），包括项目的勘察、设计、施工、监理以及与工程建设有关的重要设备、材料等的采购，必须进行招标。

表 2-5　《招标投标法》要求招标的项目

内容	要求	备注
招标范围	大型基础设施、公用事业等关系社会公共利益、公众安全的项目	—
	全部或者部分使用国有资金投资或者国家融资的项目	具体范围和规模标准，由国务院发展计划部门会同国务院有关部门制定，报国务院批准
	使用国际组织或者外国政府贷款、援助资金的项目	具体范围和规模标准，由国务院发展计划部门会同国务院有关部门制定，报国务院批准
	法律或者国务院对必须进行招标的其他项目的范围有规定的，依照其规定	—
招标原则	公开、公平、公正和诚实信用	—
禁止	项目化整为零或者以其他任何方式规避招标；地区或者部门的限制	—
招投标活动的监督	行政监督及有关部门来实施，其具体职权划分由国务院规定	—
招标基本要求	履行项目审批手续获得批准；招标项目的相应资金或者资金来源已经落实，并应当在招标文件中如实载明	—

续表

内容	要求		备注
招标方式	公开招标和邀请招标国务院发展计划部门确定的国家重点项目和省、自治区、直辖市人民政府确定的地方重点项目不应当公开招标的，经国务院发展计划部门或者省、自治区、直辖市人民政府批准，可以进行邀请招标。应当向三个以上具备承担招标项目的能力、资信良好的特定的法人或者其他组织发出投标邀请书		公开招标，是指招标人以招标公告的方式邀请不特定的法人或者其他组织投标，应当通过国家指定的报刊、信息网络或其他媒介发布招标公告；邀请招标，是指招标人以投标邀请书的方式邀请特定的法人或者其他组织投标
招标程序	准备阶段	选标代理机构/备案，编制招标文件及标底等	
	招标投标阶段	发公告、投标资格预审、定投标人，澄清或修改招标文件，投标人编制并送达投标文件，招标人签收	
	决标成交阶段	开标、评标、中标，发中标通知书，订立书面合同，向行政监督部门提交情况报告	
投标人数要求	投标人少于三个的，招标人应当依照本法重新招标		
对评标委员会的人数要求	评标委员会由招标人的代表和有关技术、经济等方面的专家组成，成员人数为五人以上单数，其中技术、经济等方面的专家不得少于成员总数的2/3		—
中标	招标人根据评标委员会提出的书面评标报告和推荐的中标候选人确定中标人。招标人也可以授权评标委员会直接确定中标人 国务院对特定招标项目的评标有特别规定的，从其规定		
工程建设项目招标代理机构	从事工程建设项目招标代理业务的招标代理机构，其资格由国务院或者省、自治区、直辖市人民政府的建设行政主管部门认定。具体办法由国务院建设行政主管部门会同国务院有关部门制定。从事其他招标代理业务的招标代理机构，其资格认定的主管部门由国务院规定 招标代理机构与行政机关和其他国家机关不得存在隶属关系或者其他利益关系		

2.《中华人民共和国合同法》

信息系统工程项目实施的过程，贯穿着多个法律主体之间的不同合同法律关系。这里有业主、施工承包方、监理方、设备供应方、专业分包方等，会签订施工承包合同、委托监理合同、设备采购合同、委托开发合同、分包合同，以及保密协议、知识产权保护协议、技术服务协议，甚至是担保协议（如履约保函、付款保函）、保险协议等。

如表2-6所示，按照《中华人民共和国合同法》（以下简称《合同法》）的规定，合同的订立，包括要约与承诺两个阶段。要约与承诺实现的方式有很多种，而建立在公平、公正、公开及竞争择优基础上的招标投标，无疑是最为"阳光"的实现方式。招标投标的过程，就是要约和承诺实现的过程，就是当事人双方合同法律关系产生的过程。

表 2-6　《合同法》的规定

类别	主要内容	备注
总则	一般规定；合同的订立；合同的效力；合同的履行；合同的变更和转让；合同的权利义务终止；违约责任	
建设工程合同	第十六章　第二百六十九条　建设工程合同是承包人进行工程建设，发包人支付价款的合同 建设工程合同包括工程勘察、设计、施工合同 第二百七十条　建设工程合同应当采用书面形式	
委托合同	第二十一章　第三百九十六条　委托合同是委托人和受托人约定，由受托人处理委托人事务的合同 第三百九十七条　委托人可以特别委托受托人处理一项或者数项事务，也可以概括委托受托人处理一切事务	
技术合同	第十八章　技术合同是当事人就技术开发、转让、咨询或者服务订立的确立相互之间权利和义务的合同	

3. 《中华人民共和国政府采购法》

在政府采购确定供应商的几种具体形式（公开招标、邀请招标、竞争性磋商、竞争性谈判、询价采购）中，最适合确定监理服务商的形式是竞争性磋商。监理服务商的水平参差不齐，即使是同样的监理工作，也不能简单地以价格高低作为取舍依据，因此，询价采购不合适；公开招标和邀请招标，主要是依据各服务商所写的投标书，通过专家评审来确定优劣，但监理项目的投标书往往流于形式、比较空泛，难以真实反映监理人在对待技术细节、处理突发事件和沟通协调上的能力。此外，这两种形式首尾长、成本高，所以这两种形式也不是很合适；竞争性磋商除了可以通过服务商的投标书对投标人做整体上的了解外，还可以通过面对面的提问和回答，了解投标人对具体技术细节的掌握程度和处理突发事件、沟通协调等能力，因此，最适合用于确定监理服务商。

除了上述法律外，还有《中华人民共和国环境保护法》《中华人民共和国环境影响评价法》《中华人民共和国档案法》《中华人民共和国统计法》以及国务院颁布的《质量振兴纲要》。该纲要要求，"国家重大信息化工程实行招标制、工程监理制，承担单位实行资格认证"。其中明确提出，对重点建设项目中的成套设备，在项目法人责任制的基础上，建立设备监理制度。该文件是国家的一个法规性文件，在推动工程设备监理工作中（其中包含 IT 工程建设监理）完全可以作为遵循的依据。

根据《关于国务院有关部门实施招标投标活动行政监督的职责分工的意见》，国家发展和改革委员会（原国家发展计划委员会）指导和协调全国招投标工作，所以有关法规、规章都是国家发展和改革委员会制定或牵头制定。

第五节 信息工程监理相关的制度

1. 基本建设程序

建设程序是指一项工程从设想、提出到决策，经过设计、施工，直到投产或交付使用的整个过程中，应当遵循的内在规律。

按照工程的内在规律，投资建设一项工程应当经过投资决策、建设实施和交付使用三个发展时期。每个发展时期又可分为若干个阶段，各阶段以及每个阶段内的各项工作之间存在着不能随意颠倒的严格的先后顺序关系。

科学的建设程序应当在坚持"先研究、再设计、再实施"的原则基础上，突出优化决策、竞争择优、委托监理的原则。

从事建设工程活动，必须严格执行建设程序，如表2-7所示。

表2-7 建设程序

建设阶段	工作内容	作用
提出项目建议书	拟建项目的必要性和依据、方案、建设条件初步分析、投资估算和资金筹措设想、进度初步安排、效益估计等	推荐项目供国家或主管部门选择是否进行下一步工作
审批	重大项目：由国家发展和改革委员会报国务院 中小型项目：先报行业归口管理部门，同时抄送国家发展和改革委员会 小型和限额以下项目：按隶属关系由部门或地方发展和改革委员会审批	—
审批批准后	列入项目建设前期工作计划，可进行下一步的科研工作	
编制可行性研究报告	从项目建设和生产经营全过程分析项目的可行性，如必要性、技术方案可行性、生产条件是否具备等	为建设项目投资决策提供依据，并对项目建设的各个方面提供依据
据咨询评估结果对建设项目决策	审批批准后，批准的科研报告是项目最终决策文件	拟建项目正式立项
据批准的科研报告编制设计文件	设计师全面的技术经济安排、具体化建设计划；工程质量的决定性环节	
批准初步设计后做施工前准备	申请开工；批准开工后进入下一阶段	
组织施工并做生产或动用前准备	建设阶段转入生产经营阶段的重要衔接阶段	—
按照批准设计建成、验收并正式交付使用	按规定验收交付使用并移交档案	
生产运营一段时间进行项目后评估	项目后评价	

2. 建设工程管理制度

在投资决策阶段实行了项目法人责任制度、工程招标投标制度、建设工程监理制度、合同管理制度，如表2-8所示。

表2-8　建设工程管理制度

管理制度	含义	与工程建设监理制度的关系
项目法人责任制度	项目法人对项目策划、资金筹措、建设实施、生产经营、债务偿还和资产增值保值，实行全过程负责	项目法人责任制度是实行工程建设监理制度的必要条件；工程建设监理制度是实行项目法人责任制度的基本保障
工程招标投标制度	通过依法进行的招标投标活动进行建设工程的发包和选定最优或最合适的承建单位（含供应商、系统集成商等）	工程建设监理成败的关键
建设工程监理制度	在工程建设过程中，由独立的第三方依法实行监理	建设工程监理制度与工程建设监理制度一样
合同管理制度	工程的承建方和监理方都要与建设单位（业主）依法订立书面合同	为建设工程监理的开展提供了法律上的支持

3. 建设程序与建设工程监理的关系

建设程序与建设工程监理的关系如表2-9所示。

表2-9　建设程序与建设工程监理的关系

建设程序的作用	内容
为工程监理提出了规范化的建设行为标准	建设程序对各建设行为主体和监督管理主体在每个阶段应当做什么、如何做、何时做、由谁做等一系列问题给予回答。监理应依据程序的规定进行监理
为工程监理提出了监理的任务和内容	对工程前期协助做决策及优化，并协助选好相关的设计、施工单位
明确了工程监理企业在工程建设中的重要地位	—
坚持建设程序是监理人员的基本职业准则	掌握和运用基本建设程序，既是对监理人员素质的要求，也是职业准则的要求
体现了结合国情实行工程建设监理制	建设程序反映国家工程建设方针、政策、法律法规的要求，反映工程建设的管理体制，反映工程建设的实际水平

传统建设工程监理已实施多年，积累了比较丰富、成熟的经验，它为信息技术行业实施对计算机信息工程监理提供了可参考的样板。通过比较信息工程监理和传统建设工程监理的相同点和不同点，可以进一步促进信息工程监理的发展。

第六节　信息工程监理方面的技术标准与规范

一、技术标准与规范概述

1. 标准的层次

标准主要包括技术标准和业务标准两大类，当然还有其他分类，如基础标准、产品标准、质量标准、管理标准、工作标准、安全标准、术语标准等。对标准化领域中需要协调统一的技术事项所制定的标准，称为技术标准。技术标准包含两个方面：一是软件开发企业的软件行业技术标准，包括知识体系指南、过程标准、建模标准、质量管理标准、程序语言标准、数据库标准；二是软件开发服务对象所在的行业技术标准，如安全保密标准、技术性能标准。业务标准指的是软件开发服务对象所在的组织或行业制定的业务流程标准和业务数据标准等。

运用统一的技术与业务标准是对质量能够作出重大且显著贡献的因素之一，有助于减少无效的讨论，有助于不同的产品之间的兼容和衔接。

标准要不断与时俱进，通常每五年修订一次，因此，标准也是一种动态信息。

2. 标准分类与作用范围

项目标准：项目团队在软件开发周期的早期就确定下来的相互达成一致的标准集合。

企业标准（企标）：《中华人民共和国标准化法》规定，企业生产的产品没有国家标准和行业标准的，应当制定企业标准，作为组织生产的依据。已有国家标准或者行业标准的，国家鼓励企业制定严于国家标准或者行业标准的企业标准，在企业内部适用。企业标准是在企业范围内需要协调、统一的技术要求、管理要求和工作要求所制定的标准，是企业组织生产、经营活动的依据。企业标准由企业制定，由企业法定代表人或法定代表人授权的主管领导批准、发布。

企业标准是自行制定的规范整个企业架构和所有企业级交付产品的标准集合；企业标准编号一般以 Q 为标准的开头。

地方标准（地标）：由一个国家的地方一级行政机构（省、州或加盟共和国）制定并公开发布的标准，称为地方标准。如果没有国家标准和行业标准，而又需要满足地方自然条件、风俗习惯等特殊的技术要求，可以制定地方标准。

地方标准由省、自治区、直辖市人民政府标准化行政主管部门编制计划，组织草拟，统一审批、编号、发布，并报国务院标准化行政主管部门和国务院有关行政主管部门备案。地方标准在本行政区域内适用。在相应的国家标准或行业标准实施后，地方标准应自行废止。

地方标准代号为"DB"加上省、自治区、直辖市的行政区划代码，如山东的代码为 37。

它一般由地方所属的企业与单位执行。同样是一个行业，每个地方可能有不同的业务政策标准、业务数据标准、业务流程标准。

行业标准（行标）：没有国家标准而又需要在全国某个行业范围内统一的技术要求。行业标准是对国家标准的补充，是在全国范围内的某一行业内统一的标准。行业标准在相应国家标准实施后，应自行废止。行业标准是行业规定的全国本行业必须遵守的业务数据标准、业务流程标准，标准编号一般以行业名称的拼音头个字母打头，如通信行业的行业标准代号为 YD、环境为 HJ、电力为 DL、公安为 GA。

团体标准（团标）：由团体按照团体确立的标准制定程序自主制定发布、由社会自愿采用的标准。社会团体可在没有国家标准、行业标准和地方标准的情况下，制定团体标准，快速响应创新和市场对标准的需求，填补现有标准空白。

国家鼓励社会团体制定严于国家标准和行业标准的团体标准，引领产业和企业的发展，提升产品和服务的市场竞争力。

团体标准编号依次由团体标准代号（T）、社会团体代号、团体标准顺序号和年代号组成。团体标准编号中的社会团体代号应合法且唯一，不应与现有标准代号相重复，且不应与全国团体标准信息平台上已有的社会团体代号相重复。例如，中国标准化协会发布的 T/CAS 287—2017《家用电冰箱智能水平评价技术规范》团体标准，中国家用电器协会发布的 T/CHEAA 0001—2017《智能家电云互联互通标准》团体标准。

国家标准（国标）：由国家机构通过并公开发布的标准。是在全国范围内统一的技术要求。中华人民共和国国家标准是指对我国经济技术发展有重大意义、必须在全国范围内统一的标准。对需要在全国范围内统一的技术要求，应当制定国家标准。国家标准在全国范围内适用，其他各级标准不得与国家标准相抵触。国家标准一经发布，与其重复的行业标准、地方标准相应废止，国家标准是标准体系中的主体。国家标准分为强制性国家标准（标准代号：GB）和推荐性国家标准（标准代号：GB/T）。

由国家规定的标准，主要是数据标准，行业之间的接口标准，标准编号一般以GB、GB/T、GB/Z 打头。

国际标准：涉及国际上多个国家或地区必须遵守的如金融、电信、财务、贸易等业务标准。国际标准一般由国际标准化组织制定，如 ISO、ANSI、IEEE 等，这也是标准编号的打头字母，如 ISO9001。

3. 标准强制程度级别

强制标准：保障人体健康、人身和财产安全的标准，法律、行政法规规定强制执行的标准是强制性标准，其他标准是推荐性标准；如编号以 GB、HJ、DL、GA 字母开头的标准，一般业务数据标准是强制标准。强制性国家标准是对保障人身健康和生命财产安全、国家安全、生态环境安全以及满足经济社会管理基本需要的技术要求。

推荐标准：又称非强制性标准或自愿性标准，是指生产、交换、使用等方面，通过经济手段或市场调节而自愿采用的一类标准。如 GB/T、HJ/T、DL/T、GA/T，一般业务流程标准、工作规范或指南等是推荐标准。

指导性标准：对标准化工作的原则和一些具体做法的统一规定，称为指导性标准。例如，产品型号编制规则、各类标准编制导则等，GB/Z、HJ/Z、DL/Z、GA/Z 编号的标准。

通常情况下，选用标准的顺序为：国标→行标→团标（企标）。

有国标和行标时，优先选用国标和行标；没有国标和行标时，社会、企业可以自主制定团标或企标。但在有国标和行标时，制定的团标、企标必须高于国标和行标，指标低于国标和行标的团标为无效标准。

有必要了解监理"执法"的依据，即了解国家在信息工程建设方面的法律法规体系和法律之后，有必要了解信息工程监理方面的标准规范；同时，监理是一种治理结构，是为了规范化。

对于信息工程监理，国家各级政府部门已经出台了一系列政府信息工程监理规定与规范，例如：①信息产业部发布了《信息系统工程监理暂行规定》及与之配套的《信息系统工程监理单位资质管理办法》和《信息系统工程监理工程师资格管理办法》；②国家标准化委员会 2005 年颁布了《信息化工程监理规范》；③北京、深圳、浙江等地也出台了类似的信息化工程监理实施办法。另外，还有 1995 年电子工业部出台的《电子工程建设监理规定（试行）》。

二、信息化监理国家标准

中华人民共和国国家标准 GB/T 19668《信息化工程监理规范》是 2005 年由国家技术质量监督检验检疫总局、国家标准化委员会以及中国电子标准化研究所颁布的国家标准。目前的版本是 GB/T 19668—2014《信息技术服务监理》，是迄今为止最权威和最新的关于有关信息工程监理的标准，内容涉及基础设施、软件工程、信息安全等方面，全面执行该标准即可规范各监理公司的监理行为，并为业主提供满意的服务。

三、监理人员的岗位与职责

1. 监理人员的岗位

总监理工程师：由监理单位法定代表人书面授权，全面负责监理及相关服务合同的履行，主持监理机构工作的监理工程师。

总监理工程师代表：由总监理工程师书面授权，代表总监理工程师行使其部分职责和权力的监理工程师。

监理工程师：监理单位正式聘任的，取得国家相关主管部门颁发的信息系统监理工程师资格证书的专业技术人员。

监理员：经过监理及相关服务业务培训，具有同类工程相关专业知识，从事具体监理工作的监理人员。

2. 监理人员的岗位职责

（1）总监理工程师的职责。

1）全面负责监理合同的实施；

2）确定监理机构人员分工并书面授权总监理工程师代表；

3）主持编制监理规划、审批监理细则；

4）负责管理监理机构日常工作，定期向监理单位报告；

5）检查和监督监理人员的工作，根据工程项目及相关服务项目的进展情况可进行监理人员的调配，对不称职的人员应调换其工作；

6）主持监理工作会议，签发工程监理机构的文件和指令；

7）审查承建单位及运维服务供方单位的资质，并提出审查意见；

8）审定承建单位的开工申请、系统实施方案和施工进度计划；

9）组织编制并签发监理月报、监理工作阶段报告、专题报告和工程监理及相关服务项目工作总结；

10）主持审查和处理工程变更及运维服务过程的变更；

11）参与工程质量事故和其他事故调查；

12）审查承建单位竣工申请，组织有关人员进行竣工测试验收，签认竣工验收文件，审核运维服务的评价与认定结果；

13）主持整理工程项目及相关服务项目的监理资料；

14）审核签认承建单位或运维服务供方单位的付款申请、付款证书和竣工结算或运维服务供方单位的项目结算；

15）调解业主单位和承建单位或运维服务供方单位的合同争议，参与索赔的处理，审批工程及相关服务项目的延期；

16）组织业主单位和承建单位完成工程移交或运维服务供方单位的项目成果的移交。

（2）总监理工程师代表的职责。

1）按总监理工程师代表的授权，行使总监理工程师的部分职责或权力；

2）总监理工程师不得将下列工作委托总监理工程师代表：

● 主持编制监理规划，审批监理细则；

● 调解业主单位和承建单位或运维服务供方单位的合同争议，参与索赔的处理，审批工程及相关服务项目的延期；

● 根据工程项目及相关服务项目的进展情况可进行监理人员的调配，对不称职的人员应调换其工作；

● 审核签认承建单位或运维服务供方单位的付款申请、付款证书和竣工结算或运维服务供方单位的项目结算。

（3）监理工程师的职责。

1）负责编制监理规划中本专业部分以及本专业的监理细则；

2）负责本专业监理工作的具体实施；

3）组织、指导、检查和监督管理员的工作；

4）协助总监理工程师审查承建单位或运维服务供方单位涉及本专业的计划、方案、申请、变更；

5）负责核查工程及相关服务项目中所用的设备、材料和软件；

6）负责本专业监理资料的收集、汇总及整理，参与编制监理月报；

7）定期向总监理工程师提交本专业监理工作实施情况报告，对重大问题及时向总监理工程师报告；

8）负责本专业工程量及相关服务项目工程量的审核；

9）协助组织本专业分系统工程及相关服务项目的测试验收；

10）填写监理日志。

（4）监理员的职责。

1）在监理工程师的指导下开展监理工作；

2）协助监理工程师完成工程量及工作量的核定；

3）担任现场监理工作，发现问题及时向监理工程师报告；

4）对承建单位或运维服务供方单位实施计划和进度计划检查并记录；

5）对承建单位或运维服务供方单位实施过程中的软件和设备安装、调试、测试进行监督并记录；

6）填写监理日志。

另外，为了保障切实做好信息工程监理服务工作，国家标准 GB/T 19668 规定了"监理单位应根据监理及相关服务项目的需要，从外部聘请主要业务领域的技术专家，对监理及相关服务项目提供专业技术的支持，体系应包括管理制度、专家聘用和工作流程、专家库建设等方面"。虽然这不属于监理人员的岗位和职责，但确实有利于防范风险、帮助做好监理及相关服务工作。

在实际监理工作实践中，从技术方面而言，通常要求的专家的基本职责如下：

（1）对本工程监理工作提供参考意见。

（2）为相关监理组的监理工作提供技术指导。

（3）参与对工程的重大方案的评审。

（4）接受专业监理工程师的咨询。

同时，国家标准 GB/T 19668 还对监理单位人力资源管理体系提出了要求，规定了"监理单位人力资源管理体系应涵盖招聘与配置、培训与开发、绩效管理等主要方面，并具备人力资源管理制度和流程。监理单位人力资源管理制度应在实际工作中得到贯彻执行，且有记录、可核查"。

四、监理工作的技术及内容要求

国家标准 GB/T 19668 规定了对监理工作的技术及内容要求，有基本要求、监理大纲、监理规划和监理细则（参见 2.3 "信息工程监理方面的其他规定"）。基本要求包括监理工作体系、业务流程研究能力、监理技术规范质量管理体系和监理技术。在此，只介绍几个与监理工作相关的流程。

1. 监理例会

由项目监理机构主持、有关单位参加的，在工程监理及相关服务过程中针对质量、进度、投资控制和合同、文档资料管理以及协调各方工作关系等事宜定期召开的会议。

2. 工程例会

由工程业主单位或承建单位召集并主持、监理单位参加的与工程实施的合同执行等有关的定期或不定期的会议。

3. 工程变更

在工程项目实施过程中，按照承建合同约定的程序对工程的设计和实施所做的改变。

4. 费用索赔

根据承建合同的约定，合同一方面因另一方面原因造成本方经济损失，通过监理机构向对方索取费用的活动。

5. 监理意见

在监理过程中，监理机构以书面形式向业主单位或承建单位提出的见解或主张。

6. 签认

在监理过程中，工程或运营维护任何一方签署并认可其他方所提供文件的活动。

第七节　信息工程监理方面的教育、培训和研究

在人才培养方面，最早开展这项工作的是北京市。2002 年 5 月出台的《北京市信息系统信息工程监理管理办法（试行）》中规定了各级监理资质的监理公司必须具备相应数量的监理工程师，监理工程师必须经过培训并经考核合格且具有一定的信息行业从业经验。为了配合该规定的贯彻和执行，北京市委托北京信息安全评测中心在 2002 年 9~12 月开展了 3 批信息系统监理工程师培训，共培养了监理工程师 500 多名。2003 年 10 月，人事部与信息产业部联合发布《计算机技术与软件专业技术资格（水平）考试暂行规定》和《计算机技术与软件专业技术资格（水平）考试实施办法》，规定自 2004 年 1 月 1 日起施行。文件中明确了信息系统监理师这一专业技术人员职业资格，每年开考两次，分上半年和下半年。2005 年 5 月已正式开始该专业技术资格的全国统考，从 2004 年 10 月起，中国软件评测中心和信息产业部电子五所各自开办了多期信息系统监理工程师培训班，逾千名学员获得了信息系统监理工程师技术资格培训证书。

在学历教育方面，2003 年 10 月，北京联合大学的 8 个本科生班开设了信息系统工程监理课程；与此同时，北京航空航天大学软件学院设立了我国第一个信息工程监理专业；2004 年 6 月，北京交通大学计算机学院在全国第一个设立信息工程监理工程硕士专业方向。至此，我国在 IT 监理市场的教育体系已经基本形成了 3 个台阶：职业培训认证、本科生教育、工程硕士研究生教育。2006 年，已经有第一批"信息工程监理"专业的研究生和本科生顺利毕业。2007 年 9 月，第二届信息工程监理学术会议在北京交通大学召开。

2003 年 1 月 3 日，国务院信息化工作办公室、科学技术部、信息产业部关于印发《电子政务工程技术指南》的通知中规定：同一工程的建设和监理要由相互独立的机构分别承担，监理单位要先于承建单位介入；没有确立监理单位的工程，建设单位不得

开始建设。

可见国家有关政府部门已经看到了信息系统工程监理作为第三方服务机构,在国家信息化建设过程的目标(质量、投资、进度)控制能够发挥重要的作用。在国家有关规定的指导下,应该说信息系统工程监理的理念已逐渐得到社会各界的认可和接纳。

信息系统工程监理理念逐步被社会认可,信息系统工程监理人才的培养也正逐步走上轨道,监理法规和技术规范的制定也逐步完善,已经完成了一次修订。

第三章 信息工程监理的基本内容

第一节 目标控制、管理与协调的基本知识

信息工程中目标控制的中心工作可以看作是对工程的质量、进度和投资的控制，同时进行合同管理、信息管理以及协调建设过程中参与各方的关系，即所谓"三控两管一协调"。

需要说明的是，对于信息工程而言，还应该有知识产权和系统安全方面的控制。如果不把这两个控制单独列出来，那么，可以把它们归入质量控制中，因为这两方面的工作都直接和工程质量有关。

一、目标控制的基本含义

控制活动是现代经济活动中一种必不可少的重要管理活动。在管理理论中，控制通常是一种这样的管理活动，即管理人员按计划标准来衡量所取得的成果，纠正实际过程中所发生的偏差，以保证预定的计划目标得以实现的管理活动。

从图3-1控制的流程可以看出，每个控制循环过程都要经过投入、转换、反馈、对比、纠正等基本环节。这正是所谓的PDCA循环，即计划（Plan）、实施（Do）、检查（Check）和反馈行动（Action）四个阶段。例如，当C阶段检查出由于D阶段实施时，与P阶段计划值不相符，则要在A阶段采取行动来进行修正，使其回到P阶段的要求上来，实现"动态控制"方法。按P、D、C、A四个阶段作为一个周期来循环，而一个周期可以根据总工期的长短进行合理划分，如一星期为一循环周期，或半个月、一个月，到底多长时间为一个周期，主要取决于是否便于控制、管理及发生偏差后，能在下一个周期中予以补偿纠正。

二、目标控制的基本类型

根据控制活动的方式和方法不同，控制活动可分为多种类型。按照事物的发展过程，可以分为事前控制、事中控制和事后控制；按照是否形成闭合回路，可以分为开环控制和闭环控制；根据纠正措施或控制信息的来源，可以分为前馈控制和反馈控制。

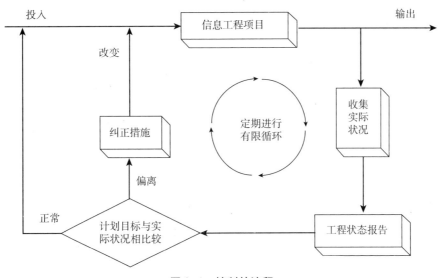

图 3-1　控制的流程

从信息工程监理的角度来看，控制活动可以分为主动控制和被动控制两大类。

1. 主动控制

主动控制，就是控制部门、控制人员预先分析实际目标成果与计划目标偏离的可能性，并以此为前提拟定和采取各项预防性措施，以使计划目标得以实现。主动控制是一种面向未来的前馈式的事前控制。

2. 被动控制

被动控制，是指当系统按照计划进行时，控制人员对计划实施的情况进行跟踪，对它输出的信息工程项目的信息进行加工、整理，再传递给控制部门，是控制人员从中发现问题、找出偏差、寻求并确定解决问题和纠正偏差的方案，然后再回送给计划实施系统付诸实施，使得计划目标一旦出现偏离就能得以纠正。被动控制是一种针对当前工作的反馈式的事后控制。

图 3-2 显示了主动控制与被动控制之间的关系。相对于主动控制，被动控制有较多的缺点，但是，对于信息工程监理单位及其监理工程师来讲，由于信息系统建设的特点，被动控制仍然是一种积极的控制，也是十分重要的控制方式，而且是经常运用的控制形式。

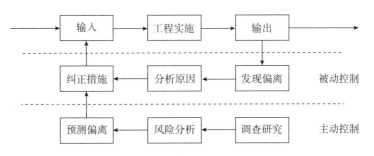

图 3-2　主动控制与被动控制的关系

在监理过程中，需要做到主动控制与被动控制相结合，这就要求监理单位及其监理工程师在进行目标控制的过程中，既要有实施前馈控制的意识，又要实施反馈控制，既要根据实际输出的信息工程信息进行控制，又要根据工作经验预测的工程信息实施控制，并将它们有机地融合在一起。

3. 事前、事中和事后控制

从事物发展的角度看，可将一个事件分成事前、事中、事后三个阶段进行控制，各阶段的工作内容既有联系，又有区别。对于信息工程监理而言，同一个监理事件也一样可以分为事前监理、事中监理和事后监理。这也是从宏观角度的一种分类。

（1）事前监理。在信息工程监理的过程中包括需求调查、分析和确认，审核设计方案，审核业主与承建方签订的合同，审核承建方质量保证体系、人员配备、施工组织计划与实施方案等。有时还要协助业主组织招标或以其他方式确定承建单位等。包括事前进行全面细致的需求分析、审核设计方案、审核承建方质量保证体系、人员配备、施工组织计划等。

（2）事中监理。就是现场跟踪项目的建设情况，检查进场的软硬件质量和知识产权，检查施工工艺，检查中间交工的质量，及时发现和解决问题，严格控制质量和进度。必要时组织现场会、技术攻关等。施工监理是这一阶段的主要内容。

（3）事后监理。做好测试、验收，保证交付的工程是合格工程，也是合法的不留知识产权隐患的产品或服务，更是通过工程建设参与各方共同依据既定标准规范、按照共同约定的方法和手段测试过而表明不大可能留下安全隐患的系统。组织工程项目的移交工作，检查竣工资料和文档的完整性，督促培训、维护和改进等工作。

总之，控制活动是现代经济活动中一种必不可少的重要管理活动。对投资目标、进度目标和质量目标这几大目标进行控制也是信息工程监理的中心工作。下文将对信息工程监理的几大目标的控制逐一进行分析，以便读者能够更好地了解信息工程监理工作是如何规范和促进信息工程建设良好发展的。

第二节 信息工程的质量控制

质量是指产品、服务或过程满足规定或潜在要求（或需求）的特征和特征的总和。信息工程质量控制是指在力求实现工程项目总目标的过程中，为满足工程项目总体质量要求所开展的一系列的管理监督活动。信息工程的质量控制符合质量控制的一般要求，它所对应的是信息工程（不同于建筑工程）。

质量控制，贯穿于信息工程项目的全过程，覆盖了可行性研究、设计、实施、验收、使用以及系统运行维护等阶段，主要包括协助建设方进行需求梳理、招标文件的技术要求的设置，承建单位技术方案的选择、进行设计方案磋商及方案审核、控制设计变更等；在项目实施中通过多种控制手段检查监督标准、规范地贯彻执行，以及通过技术节点的阶段评审反馈控制质量，在阶段验收和竣工验收过程中协助建设方和承建方控制质量等。

1. 影响工程质量的主要因素

（1）工程项目的实体质量：工序（即先干什么后干什么）、子系统子工程的质量、总体工程的质量。

（2）功能和使用价值：实用性、可靠性、安全性、经济性。

（3）工作质量：集成、开发及实施中的技术质量、管理质量。

（4）资源质量：人。人既是工程质量控制的主体，应坚持"以人为控制核心"的原则，又是质量控制的客体。

信息系统工程项目是由建设单位、承建单位和监理单位共同完成的，三方的最终目标是一致的，因此，质量控制任务也应该由三方共同完成。三方都应该建立各自的质量保证体系。

三方协同关系如图3-3所示。

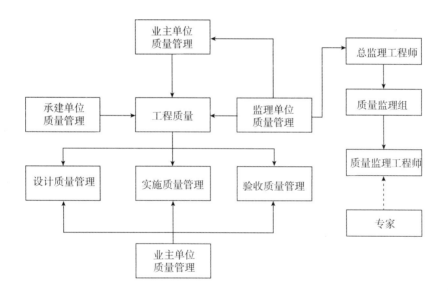

图3-3　招投标及准备阶段的质量控制

2. 质量控制的管理模式与手段

（1）质量控制点。为了对信息系统工程项目的重点控制对象或重点建设进程实施有效的质量控制，在工作实际中往往采用这样一种管理模式，即设置质量控制点。通过对控制点的设置，可以将工程质量总目标分解为各控制点的分目标，以便通过对各控制点分目标的控制，实现对工程质量总目标的控制。

设置质量控制点的原则包括：①突出重点；②易于纠偏；③有利于参与工程建设的三方共同从事工程质量的控制活动；④保持设置的灵活性和动态性。

（2）控制手段。质量控制常用的手段有：旁站；评审；测试；抽查或巡查。

1）旁站：在实施监理的过程中，监理工程师对工程的实施过程进行旁站监督，记录工程实施状况，检查项目承建单位的工作方法是否符合技术规范的要求，所用的设备是否合格，及时发现事故的苗头或技术缺陷，对相关问题进行记录、分析，并给出合理建议。由于信息工程建设的特殊性，此方式主要用于信息工程的硬件系统建设和一部分成品软件的产品到货验收、安装、调试等过程。

2）评审：对于工程实施各阶段的方案、计划、报告，承建项目负责人填写工程方案计划报审表，并提交给监理机构，由监理工程师会同业主代表审批确认或组织业主单位、监理单位、承建单位、外聘有关专家进行评审，相关评审意见可以使用监理意见或监理建议形式提交。

3）测试：实施监理的过程中，监理工程师要监督承建单位建立用于满足合同需求的测量能力，监督评审承建单位的测试计划、测试方案、测试实施以及测试结果，并独立进行测量结果分析。对重要的功能、性能、安全性等进行独立的模拟测试，并且将其结果作为质量控制、进度控制和成本控制的依据。

4）抽查或巡查：在开发过程中，监理工程师不定期对工程完成情况、测试执行情况等进行抽查以确定其是否符合系统开发约定。如果不符合约定，建议承建单位进行修改。

一、信息系统工程质量控制的原则

1. 质量控制要与工程质量监督结合

就信息系统工程的投资目标、进度目标、质量目标而言，质量目标特别受到政府监督管理部门（质量监督站）的重视，因此，衡量信息工程项目质量是否达到计划标准和要求，需要监理单位及其监理工程师与政府的工程质量监督管理部门共同担负对信息工程项目的质量进行监督管理的任务。

2. 质量控制是一种系统过程

项目的实施过程，也是其质量形成的过程。要使信息工程项目的质量控制能够产生所期望的成效，信息工程监理单位及其监理工程师就要沿着信息工程项目的实施全过程不间断地进行质量控制。

3. 质量控制要全面

由于信息工程项目质量目标的内容具有广泛性，所以实现信息工程项目总体质量目标应当实施全面的质量控制。

对信息工程项目质量实施全面控制，要把控制重点放在调查研究外部环境和内部系统各种干扰质量的因素上，做好风险分析和管理工作，预测各种可能出现的质量偏差，并采取有效的预防措施。要使这些主动控制措施与监督、检查、反馈，发现问题并及时解决，发现偏差及时纠偏等控制有机结合起来，使信息工程项目的质量能够处于监理工程师的有效控制之下。

二、信息工程监理质量控制的主要内容

（1）标准的监理合同书样本。

（2）标准的监理规划和实施细则。

（3）分别针对特种信息系统、设备与软件采购（包括大屏幕电子显示屏、大型UPS、多媒体室建设、派号排队系统、竞价拍卖系统、银行电子结算系统、选举投票系统、表决系统等）、综合布线、系统集成、网站建设、软件工程业务所制定的标准的设计、实施和验收监理流程。

（4）标准的质量控制、进度控制、投资控制程序。

（5）标准的合同管理、信息管理、风险管理和组织协调方法。

（6）分别针对设备采购、综合布线、系统集成、网站建设、软件工程的标准的监理表格。

（7）标准的设备采购、综合布线、系统集成、网站建设、软件工程的验收手段和设备。

（8）及时收集、动态更新、确保完备的相关法律法规、技术标准和规范库。

（9）简洁而完备的监理会议制度、监理日志/月报/总结制度、信息管理制度。

（10）配备高素质、全面（包括专业的技术、管理、经济、法律人员）的监理工程师队伍。

（11）简洁而完备的监理工程师岗位责任制和工作守则。

第三节 信息工程监理的进度控制

进度控制是指对工程项目的整个建设阶段的工作程序和持续时间进行规划、实施、检查、调整等一系列活动的总称。

进度控制，首先要在项目前期通过周密地分析研究确定合理的工期目标，并在实施前将工期要求纳入承包合同；在项目实施期间，通过运筹学、网络计划技术等科学手段，审查、修改实施组织设计和进度计划，做好协调与监督，排除干扰，使单项工程及其分阶段目标工期逐步实现，最终保证信息工程项目总工期的实现。

1. 进度控制是对项目实施全过程的控制

信息工程监理进度控制的目标是信息工程项目的计划所用时间，因此，进度控制就不仅仅包括项目实施阶段，还包括前期准备阶段、项目招标以及设计阶段等，其时间范围涵盖了信息工程项目的全过程。

2. 对影响进度的各项因素实施控制

信息工程实施进度不能按计划实现有多种原因，例如：管理人员、劳务人员素质和能力不高，数量不足；设备不能按时、按质、按量供应；资金缺乏，不能按时到位；

技术水平低，不能熟练掌握和运用新技术、新方法等。要实现有效进度控制，无法对上述影响进度的因素实施控制，采取措施减少或避免这些因素的影响。

3. 组织协调是有效实现进度控制的关键

做好信息工程项目的进度控制工作必须做好与有关单位的协调工作。与信息工程项目进度相关的单位较多，包括项目业主、承建单位、资金供应单位等。如果不能有效地与这些单位做好协调工作，不建立协调工作网络，不投入一定力量去做协调工作，进度控制将是十分困难的。

进度控制与质量控制密不可分，一方面，质量要求越高，进度可能越慢；另一方面，在实际工程中，则更多地体现为由质量不合格、返工而导致进度拖延。因此，为了做好进度控制，监理人员同样要事前进行全面细致的需求分析，审核设计方案，审核承建方质量保证体系、人员配备、施工组织计划等，从中寻找决定工程进度的关键路径以及最合理的工程进度安排；事中做好随工监理，对于关键路径上的工序进行严格控制，必要时加班加点；事后做好测试，及时组织验收等。

一、进度控制的主要原则

进度控制首先要明确控制范围，是对工程建设全过程的进度控制，包括对分项目、分系统的进度控制。

（1）坚持动态管理与主动预控。

（2）采用实际值与计划值进行比较的方法进行检查和评价。

（3）可以与行政管理结合。

（4）发挥经济杠杆作用。

（5）有利于管理技术进行控制。

二、进度控制的程序

进度控制的程序也如前文所述，可按照 PDCA 方法进行动态管理。

进度控制的程序：审查进度计划、进度计划的实施监控、工程进度计划的调整、工程进度报告。目标是最终实现工程项目按计划的时间投入使用。通过各种有效措施保障工程项目在计划规定的时间内完成，即信息系统达到竣工验收、试运行及投入使用的计划时间。

三、进度控制的技术比较

（1）图表控制法：简单直观，但程度不清晰。

（2）净值曲线法：可以分析项目进度的速度。

（3）网络图法：关系明确清晰，可见内容、时差等。具体内容可参看相关专著。

四、工程进度的影响因素

影响工程进度的因素有多个，常见的有：工程质量的影响；设计变更的影响；资源投入的影响；资金的影响；相关单位的影响；可见的或不可见的各种风险因素的影响；承建单位管理水平的影响。

第四节 信息工程监理的投资控制

信息工程监理的投资控制主要是：在实施前期，进行可行性研究，协助承建单位正确地进行投资决策，协助建设方准确掌握承建方签订合同的付款条款；在设计阶段，对设计方案、设计标准、总概（预）算进行审查；在项目准备阶段，协助确定标底和合同造价；在实施阶段审核设计变更，核实已完成的工程量，进行工程进度认定和工作质量认定，作请款鉴证和索赔控制；在工程竣工阶段，审核工程结算的合理性，给出监理意见。

1. 投资控制不是单一目标的控制

在监理过程中，不能简单地把投资控制仅理解为将信息工程项目实际发生的投资控制协调和统一，不仅要使信息工程项目的投资目标满足项目业主的需求，还要使进度目标和质量目标也能满足项目业主的要求。这就要求在确定信息工程目标系统时，要认真分析项目业主对信息工程项目的整体需求，特别是包含软件开发的项目的技术需求和工作量，业主方作为最终用户很难准确估计，做好投资目标、进度目标和质量目标三方面的反复协调工作，力求实现各目标之间的平衡。

在进行投资控制的过程中，要协调好与质量控制和进度控制的关系，做好三大控制的有机配合。这三方的关系是相互制约的，当质量标准过高时，必然会影响投资和进度，因此，当采取某项投资控制措施时，要考虑这项措施是否会对其他两项目标控制产生不利影响。

2. 投资控制应具有全面性

全面地对信息工程项目投资进行控制是信息工程监理控制的主要特点。因此，监理工程师需要从项目系统性出发，进行综合性的工作，从多方面采取措施实施控制。也就是说，除了从经济方面做好控制工作以外，还应当围绕投资控制的组织、技术和合同等方面开展相应的工作。在考虑问题时，还应立足于项目的经济效益，不能只局限于项目的一次性投资费用。

3. 投资控制是微观性投资控制

信息工程监理是一种微观性的监督管理工作，信息工程监理单位以及监理工程师所开展的项目投资控制也是一种微观性的工作，其着眼点并不是项目的投资方向、投资结构、资金筹措方式和渠道，而是控制住一个具体信息工程项目的投资。

一、投资控制的内容

为了控制项目的计划投资，监理工程师要从每个投资切块开始，从工程的每个专业工程或模块开始，一步一步地进行控制，一个循环一个循环地进行控制。从小处着手，放眼整个项目，从多方面实施全面投资控制。

成本估算：为完成项目各项任务所需要的资源成本的近似估算。对可能数量结果的估计，即承建单位为提供产品或服务的花费是多少。

成本估算的方法：

（1）类比估计，用先前类似项目的实际数据作为估计现在项目的基础。

（2）参数建模，把项目的一些特征作为参数，通过建立一个数学模型预测项目成本。

（3）累加估计，单个工作的逐个估计，然后累加得到项目成本的总计。

（4）计算工具，项目管理软件用于成本控制。

成本预算：将总投资估算分配落实到各个专项或模块工作上。

成本控制：控制预算的变更。

成本估算依赖的资料：工作分解结构；资源需求计划；资源价格；活动时间估计；历史资料；财务报表。成本控制技术经济分析方法的特点：综合性、系统性、实用性、数据化。

成本控制技术经济分析方法的步骤：

（1）确定目标。

（2）调查研究。

（3）拟订各种可行方案。

（4）方案评价。

方案评价的方法：分析各种技术方案在技术上的优缺点；建立各种技术方案的经济指标和各种参数间的函数关系；计算与求解数学模型；技术方案的综合评价。

信息系统工程概预算的类型：量级预算、预算估算和最终预算。

信息系统工程概预算的特点：单件性、建设周期长且程序复杂；工期的差异性。

预算方法：类比预算法、自下而上估计法。

信息系统工程计量是价款结算的基础。实际工作中工程计量有下面两种情况：

（1）由承建单位负责工程计量，并提供计量工作的记录正本和计算结果，经监理工程师和驻地工程师定期检查确认。

（2）若由监理工程师负责工程记录，则承建单位必须提供有关资料，监理工程师做现场工程计量确认，由承建单位审阅，作为施工付款的依据。

信息系统工程概预算存在问题：信息系统工程建设的成本预算不准确；进行信息系统工程成本预算的人没有太多的成本预算经验，而且有低估的倾向。因此，由信息系统工程建设监理工程师审核估计和询问重要问题，以确保预算不产生偏差，是十分必要的。

付款控制的方法：

（1）按工程标志性任务完成结算。

（2）按旬（或半月）预支，按月结算。

（3）按月（或分次）预支，完工后一次结算。

（4）按工程进度预支，完工后一次结算。

付款控制是必须体现在建设方和承建方的合同里，信息工程与土建不同，其中包含系统硬件购买与安装、软件采购和软件开发以及系统集成，特别是软件开发项目的工程，项目进度无法直接度量，只能以软件开发生命周期的里程碑阶段节点进行考察。

二、信息系统工程成本核算

成本竣工结算是以实物量和货币为计量单位，综合反映竣工验收的项目的建设成果和财务状况的总结性文件。它是项目的实际造价和成本效益的总结，是项目竣工验收报告的重要组成部分，是项目竣工验收和验收结果的反映，是对项目进行财务监督的一种手段。

信息工程监理成本控制的主要措施：组织措施、技术措施、经济措施、合同措施。

在事前合同管理阶段，要严格审核工程项目的配置和报价，首先，保证项目的合理性。其次，在谈判过程中，要主持公正、努力维护业主的利益，但也要为承建方留有合理的利润空间；项目实施过程中，要注意控制工程变更对项目进度和成本的影响；项目结束后，要仔细审核工程结算报告。此外，在付款问题上要严格按合同办事，维护双方的合理权益，保证项目顺利进行。

第五节　信息工程监理的合同管理

信息工程监理合同管理是指对依法签订的项目合同进行管理的一种活动或制度。信息系统工程监理工作的合同管理是指与工程的设计、实施、开发有关的各类合同，从合同条件的拟定、协商、签署，到执行和分析等环节进行组织管理的工作，以达到通过双方签署的合同实现信息系统工程的目标和任务，同时也要维护建设单位与承建单位及其相关方的正当权益。

一、信息工程合同分类与管理内容

监理控制的依据是监理合同和施工承包合同。监理合同主要反映业主给监理的授权范围、授权程度以及监理的物质基础，授权范围和授权程度直接决定能否充分发挥监理的潜在水平和能力；物质基础决定了监理的资源投入，包括人力资源和设备投入，投入多少与高低，直接决定监理的控制水平与成效。监理控制成效直观表现在施工合同目标的实现上，而合同目标的实现不仅取决于监理的控制水平，同时取决于合同的科学性，更重要的是取决于施工承建单位完成合同目标的综合素质，涉及建设各方的相互配合。施工承包合同是监理控制的主要依据，合同的科学性、合理性、严谨性直接决定监理控制的科学性。

合同管理主要属于事前管理的内容，监理人员对包括合同文本结构和内容，尤其是有关当事人双方的权利和义务的条款进行审核；同时，协助甲方审查对方的资质、技术、财务状况、履约能力；审查合同的可行性，进行合同风险分析，特殊问题的法律分析；为报价采信、商务谈判、合同签订提供辅助决策意见。在实施过程中，则要对照合同要求进行事中监理，项目结束时按照合同要求提供验收报告和进行维护跟踪等。

1. 合同分类

按信息系统工程范围划分，可分为总承包合同、单项项目承包合同、分包合同。按项目付款方式划分，可分为总价合同、单价合同、成本加酬金合同。信息系统合同管理的原则：事前控制原则、实时纠偏原则、充分协商原则、公正处理原则。信息系统合同的作用：合同确定了信息系统工程实施和管理的主要目标，是合同双方在工程中各种经济活动的依据。合同规定了双方的经济关系。

合同是监理工作的基本依据。利用合同可以对工程进行进度、质量和成本实施管理和控制，同时要在合同中体现对知识产权的界定，以保证建设方在使用的过程中，不会出现知识产权侵权现象。监理单位在项目实施过程中，应对承建方提交的货物和产品进行审核检验。保证交付物符合合同对知识产权的界定。知识产权界定涉及四个方面：商标及其相关标记、专利权和外观设计、著作权、商业秘密。

2. 合同争议

合同争议是指合同当事人对于自己与他人之间的权利行使、义务履行与利益分配有不同的观点、意见、请求的法律事实。合同争议的起因：建设单位违约引起的合同争议；承建单位违约引起的合同争议。

合同争议的调解程序：无论是承建单位还是建设单位，都应以书面的形式向监理单位提出争议事件，并呈一份副本给对方。

监理方的调解程序：及时了解合同争议的全部情况，包括进行调查和取证，及时与合同争议的双方进行磋商。在项目监理机构提出调解方案后，由总监理工程师进行争议调解。当调解未能达成一致时，总监理工程师应在实施合同规定的期限内提出处理该合同争议的意见；同时对争议作出监理决定，并将监理决定书面通知承建单位和建设单位。争议事件应当处理完毕，只要合同未被放弃或终止，监理工程师应要求承建单位继续精心组织实施。若调解不成，则有两种解决方式：根据合同向约定的仲裁委员会申请仲裁；向有管辖权的人民法院起诉。

3. 合同索赔

索赔是在信息系统工程合同履行中，当事人一方由于另一方未履行合同所规定的义务而遭受损失时，向另一方提出赔偿要求的行为。

索赔程序：如果是承建方索赔，应当在索赔事件发生约定时间内，向建设单位和监理单位发出索赔意向通知。同时向建设单位和监理单位提出延长工期和（或）补充经济损失的索赔报告及有关资料以及相关的法律依据。监理单位和建设单位在收到承建单位送交的索赔报告及有关资料后，应在约定时间内给予答复，或要求承建单位进一步补充索赔理由和证据。监理单位应当站在公正的立场上，对索赔中涉及与监理相关的技术问题和管理问题，客观地给出监理意见，监理单位和建设单位在收到承建单位送交的索赔报告和有关资料后，若在约定时间内未给予答复或未与承建单位做进一步商谈，则被视为该索赔已经被认可。当该索赔事件持续进行时，承建单位应当阶段性向监理单位发出索赔意向，在索赔事件终了约定时间内，向监理单位送交索赔的有关资料和最终的索赔报告。

如果是建设方索赔，索赔事件发生约定时间内，向承建单位和监理单位发出索赔意向通知。同时向承建单位和监理单位提交索赔理由和相关证据以及法律依据，监理单位应当站在公正的立场上，对索赔中涉及与监理相关的技术问题和管理问题，客观地给出监理意见，监理单位和承建单位在收到建设单位送交的索赔报告和有关资料后，在约定时间内未给予答复或未与建设单位做进一步商谈，被视为该索赔已经被认可。

二、工程变更

信息工程变更是指在信息系统工程建设项目的实施过程中，由于项目环境或者其他的各种原因，对项目的部分或项目的全部功能、性能、架构、技术、指标、集成方法、项目进度等方面作出的改变。

（1）变更产生的原因：项目外部环境发生变化，如政府政策的变化；项目总体设计、项目需求分析不够周密详细，有一定的错误或者遗漏；新技术的出现，设计人员提出了新的设计方案或者新的实现手段；建设单位由于机构重组等原因造成业务流程的变化。

（2）变更控制的基本原则：①快速响应原则。在工程实施过程中三方都有权提出变更，变更的申请提出后三方都应立即作出响应，确认变更是否合理，是否同意，需给出评估后的明确结论。②共同确认原则。任何变更都要得到三方共同确认，明确界定项目变更的目标和工作量以及费用。③风险控制原则。加强变更风险控制以及变更效果的评估，及时公布变更信息，选择对实现项目目标影响最小的方案。

（3）变更流程：接受变更申请，变更的初审，变更分析，确定变更方法，监控变更实施，评估变更结果，确认各方是否接受变更。

（4）需求变更：每一项项目需求变更必须用变更申请单提出，它包括对需求的变更的描述以及该项变更在计划、流程、预算、进度或可交付的成果上可能引起的变更结果。通过对项目计划、流程、预算、进度或可交付成果带来的变更进行评估。监理方给出客观分析的结论，提交各方讨论，变更必须获得项目各方负责人的书面批准。在准备审批变更申请单前，监理工程师必须与总监理工程师商议所有提出的变更的风险。变更申请单批准后，必须修改项目整体计划，使之反映出该项目的变更，并且使之成为项目实施计划的一部分。监理单位应做好进度计划的实际检查工作，协调处理好整个项目的人员安排问题。

（5）成本变更、成本变更控制的方法：偏差控制法；成本分析表法；进度—成本同步控制法。

（6）成本变更的条件：双方当事人确定自愿协商同意，并且能不因此变更而损害国家利益和社会公共利益；应当在确认后签订补充协议对合同作出补充。

（7）合同变更管理：建设单位或承建单位提出的项目变更，应编制变更文件，提交总监理工程师，由总监理工程师组织审查。监理应了解项目变更的实际情况，收集相关资料或信息。总监理工程师应根据实际情况，参考变更文件及其他有关资料，按照项目合同的有关条款，指定工程师完成下列工作：确定变更范围及实施难度；确定项目变更内容的工作量；确定项目变更的单价或总价。监理应就项目变更费用及工期的评估情况与建设单位、承建单位进行协商。项目变更内容经建设单位、承建单位同意后进行签认。监理应根据项目变更单监督承建单位实施。总监理工程师签发项目变更单之前，承建单位不得实施项目变更。监理应根据项目变更文件监督承建单位实施。监理应及时协调合同纠纷，公平地调查分析，提出解决建议。

由于不可抗力致使项目合同全部义务不能履行；由于另一方在合同约定的期限内没有履行合同，且在被允许的推迟履行期限内仍未履行；项目合同的变更给另一方当事人造成损失的，除依法可以免责的以外，应由责任方负责赔偿。

第六节　信息工程监理的信息管理

项目实施过程中会产生各种各样的信息，包括用户的需求、承建方的建议、承包合同、设计文档、工程建设中反映的问题和意见、验收报告、会议纪要、文档表格等，对这些信息要进行分门别类、统一有序的管理。此外，为了做好监理工作，监理公司还要做好有关法律法规、技术标准与规范等的收集归档，以及监理合同存档等内部资料管理工作。

信息系统工程信息是对参与各方主体从事信息系统工程项目管理（或监理）提供决策支持的一种载体，如项目建议书、可行性研究报告、设计说明书、售后服务协议以及实施标准等。

信息系统工程信息资料的划分：按照工程建设信息的性质划分，可分为引导信息、辨识信息。按用途划分可用于投资控制、进度、质量、合同、组织、其他。由于信息系统工程信息具有现实性、实时性、复杂性、共用性与增值性的特点，因此，在文档管理过程中应当注意文档的一致性与完整性：文档格式应该统一；文档版本要统一；文档的执行标准要统一，内容应当完整覆盖信息工程的全过程。

监理在信息管理中的主要文档：总控类文档，包括承检合同、总体方案、项目组织实施方案、技术方案、项目进度计划、质量保证计划、资金分解计划、采购计划、监理规划及实施细则等文档；监理实施类文档，包括工程项目变更监理文档、工程进度监理文档、工程质量监理文档、工程监理日报、工程监理月报、工程监理验收报告、工程监理总结报告；监理回复（批复）类文件，包括总体监理意见、系统集成监理意见、软件开发监理意见、培训监理意见、专题监理意见、其他监理意见、提交资料回复单以及监理日志及内部文件等。

其中，工程监理日报是针对近期的工程进度、工程质量、合同管理及其他事项进行综合分析，提出必要的意见。

工程监理月报包括工程概况、监理工作统计、工程质量控制、工程进度控制、管理协调、监理总评价、下月监理计划。

工程监理验收报告包括工程竣工准备工作概述、验收测试方案与规范、测试结果与分析、验收测试结论。

工程监理总结报告包括工程概况、监理工作统计、工程质量概述、管理协调概述、监理总评价、用户评价。

第七节　信息工程监理的组织协调

组织协调管理工作是监理的重要任务之一。通过组织协调工作促进建设方（业主）与承建方进行有效沟通，让承建方能够了解业主的需求，业主能及时了解项目的进展情况；处理承建方和业主之间的各种冲突和危机等。事实上，组织协调是监理工作最有效的手段，因为监理工作的主要对象不是事和物，而是人，监理工程师不是亲自去完成项目，而是通过别人去完成项目，因此，如何做好组织协调、调动业主与承建商双方的积极性就成了项目成败的关键。

组织协调的基本原则：公平、公正、独立原则，即"一碗水端平"；守法原则；诚信原则；科学原则。

组织协调的监理单位常用方法：监理会议，包括项目监理例会、监理专题会议、监理报告，包括定期的监理周报与月报、不定期的监理报告、监理通知与回复、日常的监理文件、监理作业文件；沟通，应掌握的沟通原则包括排除第一印象干扰、把握人际关系认知的规律；创造良好的人际交往条件，应注意外表问题、态度的类似性、需求的互补性、时空上的接近性。

第八节　信息工程的系统安全监理

一、信息安全监理内容

信息系统安全是指确保以电磁信号为主要形式，在信息网络系统进行通信、处理和使用的信息内容，在各个物理位置、逻辑区域、存储和传输介质中，处于动态和静态过程中的保密性、完整性和可用性，以及与人、网络、环境有关的技术安全、结构安全和管理安全的综合，就是要保证信息系统的用户在允许的时间内、从允许的地点、通过允许的方法，对允许范围内的信息进行所允许的处理。

信息系统安全属性包括可用性、保密性和完整性。

信息安全的监理要点——监理安全管理策略。

1. 完整的信息系统安全体系框架

信息系统安全体系应当由技术体系、组织结构体系和管理体系共同构建。

（1）安全管理制度：计算机信息网络系统出入管理制度；计算机信息网络系统各工作岗位的工作职责、操作规程；计算机信息网络系统的升级、维护制度；计算机信息网络系统工作人员人事管理制度；计算机信息网络系统安全检查制度；计算机信息网络系统应急制度；计算机信息网络系统信息资料处理制度；计算机信息网络系统工作人员安全教育、培训制度；计算机信息网络系统工作人员循环任职、强制休假制度。应用环境的安全管理包括计算机机房的水火防控、火灾的控制、火灾控制器的安置等。

（2）物理介质访问管理注意事项：硬件设施在合理范围内是否能防止强制入侵；计算机设备的钥匙是否有良好的控制，以降低未授权者进入的风险；智能终端是否上锁或有安全保护，以防止电路板、芯片或计算机被搬移；计算机设备在搬动时是否需要设备授权通行的证明。

逻辑访问的安全管理监理的主要原则：局域网的安全；架构安全；互联网的威胁和安全；采用加密技术；网闸，即安全隔离与信息交换系统；防火墙技术；入侵检测系统；安全漏洞扫描；病毒防范。

（3）数据备份的策略和方式：备份策略的选择，包括全备份、差分备份、增量备份和备份介质轮换。数据备份与恢复技术涉及的几个方面，包括：存储设备、存储优化、存储保护、存储管理、备份与恢复技术；备份方式的选择，硬件备份、软件备份、人工备份；灾难恢复的策略，全自动恢复系统、手动恢复系统、数据备份系统；监理单位法，建议建设单位制订灾难恢复计划，灾难恢复计划的监理工作。

2. 落实安全管理制度

必须获得建设方领导层的支持，召开解决方案研讨会，选定负责人，进行业务影响分析，评定保持业务持续性的战略，组织全体人员熟悉此项计划。提供全面的备份中心设施，灾难恢复计划以文档形式在工作人员之间共享。在系统上装载和运行必需的工具来衡量恢复解决方案的要求，保证解决方案中的所有硬件、软件和网络部件的可用性，提供可扩展的容量来满足组织的预期工作负荷。

二、信息安全相关标准

（1）GB 17859—1999《计算机信息系统 安全保护等级划分准则》。

（2）GB/T 22239—2019《信息安全技术 网络安全等级保护基本要求》。

（3）GB/T 22240—2020《信息安全技术 网络安全等级保护定级指南》。

（4）GB/T 25058—2019《信息安全技术 网络安全等级保护实施指南》。

（5）GB/T 25070—2019《信息安全技术 网络安全等级保护安全设计技术要求》。

（6）GB/T 28448—2019《信息安全技术 网络安全等级保护测评要求》。

（7）GB/T 28449—2018《信息安全技术 网络安全等级保护测评过程指南》。

（8）GB/T 36627—2018《信息安全技术 网络安全等级保护测试评估技术指南》。

（9）GB/T 36958—2018《信息安全技术 网络安全等级保护安全管理中心技术要求》。

（10）GB/T 36959—2018《信息安全技术 网络安全等级保护测评机构能力要求和评估规范》。

第九节 监理的科学性

科学是实践经验的总结。坚持控制科学化就是在工程质量、工程进度和工程投资中找出各自的内在客观规律和三者之间矛盾对立统一的内在联系，监理工程师遵循这些客观规律去运作，以促进合同目标最佳实现，从而体现监理工程师的控制水平和控制成效。控制科学化包括控制依据的科学化、控制程序的科学化、标准管理的科学化、监理方法和手段的科学化及合同管理与协调的科学性。

一、监理依据的法律法规

监理依据的科学性包括与工程建设相关的法律、法令、法规，相关的技术规范、标准、质量标准、设计文件、监理合同、工程承包合同等。这些都是监理工作之本，都是从长期工程建设与社会实践中总结提炼的科学结晶，控制是否科学的根本就在于是否按照这些依据去控制，守"理"者不问，违"理"者必究，执法要严明，做到铁面无私，一丝不苟，既要当好工程建设中的执法官，又要做好工程质量守卫者，对监理依据要全面理解、融会贯通。科学的精髓是动态的，又是不断创新的，一方面，严格按照科学技术规范、标准进行监控；另一方面，提高大胆创新，积极慎重引用新材料、新技术、新工艺，加以科学利用。对于合同的某些条款和设计文件中的不妥之处，积极通过一定程序、一定审批权限加以完善、修正和优化，使其更具科学性。

施工承建单位的综合素质是决定能否全面履行合同义务，实现合同目标的根本保证。选准一个守信用、重合同、综合素质较高的施工队伍是保证工程建设成功的关键。一个与承包工程的规模、技术不相适应的不合格施工承包单位，监理是难以通过控制来实现合同目标的，能做到的仅仅是通过监控把合同风险减少到一定程度。因为社会监理性质属于技术服务和咨询而不是承包，不是产品的直接生产者，它的责任是通过科学的控制促进合同目标的实现，而不能保证目标的实现。

当然这只是问题的一个方面，另一个方面是监理工程师是否充分发挥了主观能动作用，通过科学的控制与管理转化矛盾，化解矛盾，把不利因素最大限度地转化为对工程项目建设的有利因素，最大限度减少合同风险。因此，衡量监理控制成败不仅直接地表现在合同目标是否实现，在建筑市场未完全规范的条件下更重要的是表现在监理控制水平和水平的发挥上，即衡量监理控制成效。一方面，看所承建的项目合同目标是否实现；另一方面，当合同目标没有实现时，要分析原因，考察监理的控制水平和主观能动作用的发挥，这样才能客观地评价监理对工程建设所发挥的重要的不可替代作用。那么，怎样考察监理的控制水平呢？那就是考察监控的科学化程度。

二、监理过程程序化

控制程序化虽然能控制相应的系统的行动，但并不能保证行动内容的科学化，只有当控制程序科学化才能更好地促进合同目标的实现。监理程序的科学性表现在三个方面：其一，按照这些程序去控制，能否制约相应系统的行动（能否把各自相应系统控制起来）；其二，能制约相应系统的行动，同时程序所涵盖的内容要满足相关要求并具科学性；其三，是否有利于化解和转化各种矛盾促使合同双方维护合同的严肃性，认真履行合同中的权利与义务。

例如，施工阶段的工程质量控制程序，坚持这个质量控制程序就可以把质量系统的行动制约起来，但并不等于控制内容就合理、科学，要使其具有科学性还必须经过一系列的科学监控，包括预控（事前）、施工过程监控（事中）和后期监控（事后）。其中，事前控制内容为：施工队伍技术资质能否满足合同要求；质量保证体系及监控系统设立是否满足规定要求；施工机械设备技术性能是否满足施工需要；原材料、半成品及构件是否符合有关技术标准；新材料、新工艺、新技术鉴定与试验的科学性可用性；设计文件的会审与技术交底的科学性；测绘系统布设及精度能否满足要求。对于施工方案、施工技术及施工组织设计的科学性、合理性，审查内容包括：①编制依据的科学性；②施工程序安排是否科学；③劳动力和资源供应是否相适应；④施工的主要方法是否科学；⑤技术组织措施是否科学。事中的控制内容为：工序质量监控的科学性；质量资料和质量控制图表的真实性、完整性和科学性；设计变更和图纸修改的合理性；施工作业的规范性和检查的科学性；单元工程、分项工程、分部工程和各项隐蔽工程的检查和验收的合理性；原材料、半成品试验与抽检的科学性；组织质量信息反馈的先进性。事后控制内容为：工程验收评价的客观性、公正性；竣工验收资料的真实性、完整性、规范性。

通过事前、事中、事后一系列程序化的监控使其各项程序中控制内容满足合同要求和相关技术规范、技术标准规定，使其更具科学性。

监理程序可归纳为三大类：第一类为运行管理程序，主要为业主、监理、承包商之间联系及管理流程，保证信息的及时传递和反馈。第二类为监理内部质量体系运行程序，主要包括：信息收集及传递途径；会议协调；各种监理业务处理程序；资料的分类、整编、归档；各层次人员岗位职责；建设各方的关系及其处理。这些程序运转直接影响监理工作质量，是做好监理控制工作的内在因素和根本保证。凡是成功的项目管理必须有一个高效率的质量组织体系，质量体系的优劣除了反映在人员素质、专业配套、组织结构运转、效果可衡量性上以外，重要一条就是组织可控性，可控性依赖信息传递的畅通，信息传递、反馈的途径就是程序。内部可控程序无疑来自纵向和横向两个方面，纵向体现命令源，责任与权限控制；横向保证职能部门配合协调和信息流程。第三类就是围绕监理任务落实制定的外在控制程序，包括施工过程质量控制、施工进度控制、支付结算控制、信息管理、质量事故处理、索赔、工程变更、施工分包队伍审批、竣工验收等程序，这些程序是监理控制程序的核心与关键，它在时间和空间范围内保证先后开展顺序和衔接，保证监理监控不漏监，同时这些控制程序都在相应的系统中制约了系统的行动，保证各个系统在受控状态。监理工程师只有严格执行这些基本控制程序才能做好控制工作。

施工阶段的监理程序是在施工程序基础上形成的，严格执行监理程序就能使施工过程中各主要环节、主要工序处于受控状态，只有在受控状态下才能把握施工过程中活动脉搏，适时发现问题并及时解决问题。

例如，工程开工前须按监理规定程序报送开工申请书及相关施工技术文件，经监理批准后才能开工。这个程序无疑强化了施工承建单位充分做好开工前各项准备工作，同时保证监理的正确意见被采纳吸收，实现了事前控制。施工过程中坚持单元（工序）质量检查验收程序，即上道工序没经监理检查验收，下道工序不能施工。这个程序保证单元（工序）质量在受控状态，实现了事中单元质量控制。若工程出现质量事故，事故处理程序保证监理事后控制。从这个事前、事中、事后全过程监控程序可以看出，它反映了施工规律、顺序，制约了质量系统的行动，保证工程质量主要环节、主要工序处于受控状态。

再如，工程款支付程序，它保证了支付这个系统按照一定顺序、一定审批权限及相关支付标准和要求高效、有序运行，有效地控制支付系统；没有监理工程师付款签证，承包商就得不到付款，这就实现了监理质量一票否决，从而保证监理工程师在现场的中心地位，监理工作程序化是做好监理控制的前提与保证。

三、监理方法和手段

监理的方式方法要讲究科学化。监理方法科学化包含监理工作方法和控制方法科学化。其一，监理工作方法的科学化，首先表现在监理思想方法的科学性，就是要在监理实践中坚持"两点论"，用辩证的观点去正确对待和处理工程建设中遇到的问题，用公平、公正、客观、实事求是的工作态度去处理施工合同中发生的矛盾。工作方法的科学化就是抓主要矛盾和矛盾的主要方面，控制中分清主次，主要矛盾解决了，次要矛盾即可迎刃而解（如制定工程质量目标控制点就是抓主要矛盾的典型）；坚持严格监控与热情帮助相结合的监理方法。其二，监理控制方法科学化，主要指在施工过程中，监理对工程项目实施进行事前、事中、事后全过程的动态控制，以事前、事中控制为主，事后控制为辅相结合的控制方法，强调监理工作的预见性、计划性和指导性，最大限度地采用先进的网络技术、先进的计算机目标管理及科学化的统计资料分析，这些都构成控制方法科学化。

控制手段包括旁站监理、指令性文件、各种会议、支付手段、严格执行监理程序、工程测量、检测试验、计算机辅助管理等手段，运用这些手段时要得当，有度、合理、有效、技术先进等构成控制手段的科学化。

1. 合同管理科学化

工程质量目标、工程进度目标和工程投资目标构成了施工承包合同目标，合同目标是一个有机整体。三者之间既相互影响又相互制约，存在着矛盾对立统一的辩证关系。监理在合同管理中决不能孤立片面地追求某一方面，而忽视另外两方面，在控制中要合理、科学地统筹考虑目标的整体利益。采用定量分析和定性分析相结合的方法，具体分析质量目标、进度目标和投资目标三者之间的关系，在矛盾中求得目标的统一，寻求最佳的项目目标控制方案，这是合同管理中最具科学性化的一项工作。

索赔是合同管理中一项重要内容。合同管理科学化处理表现在：一是对合同必须融会贯通，全面理解合同文件精神，在实践中及时提醒合同双方切实履行合同；二是坚持监理决策要科学、严谨，一切以合同为依据，避免因监理决策失误而引起合同索赔；三是合同索赔发生后坚持公平、公正，用客观的科学态度去处理索赔事件，既要维护业主利益又要维护施工单位权益；四是审查索赔依据要严谨、科学、有理有据，保证索赔立据的真实性、客观性和可追溯性。索赔事件中强调监理的预见性，避免回忆录，立案调查要及时，监理原始材料要翔实，这些都构成合同管理的科学化。

在工程项目建设中要使监理控制有成效，就必须坚持控制程序化、标准化和科学化。

2. 标准化管理是做好控制工作的基础

监理标准化管理主要是指把"三控制、两管理、一协调"三方面监理内容从形式到内容都转化为标准化管理和控制，使每一项、每一步工作都有统一规定、统一要求，都有标准依据，都有定性、定量的衡量标准。标准就是对随意性的限制，因此它是控制的基础。

监理项目标准化管理一般归纳为"形象"标准化管理、"现场"标准化管理和"文档"标准化管理三大标准化管理内容。

"形象"标准化管理就是把监理组织机构、监理工作宗旨、监理人员职责、监理工作程序、监理人员值班制、承包商质量体系等都要以一定的形象形式展示出来，以有利于从形象上就一目了然地了解监理工作运行的概貌。"现场"标准化管理，就是预控、过程监控，复验和签认等都有规定程序、统一的内容要求、明确的岗位职责和相关统一标准、统一规格的图表，做到每天有监理日记、每周有协调会议纪要、每月有监理月报，同时这些日记、纪要、月报都有统一的标准规格、规定的项目内容。"文档"标准化管理，包括文件归类按照统一规格、统一标准分门别类归盒归柜，做到及时、准确和完整。

监理标准化管理内容从内涵上可分为监理内部管理标准化和外部控制标准化两个

方面。其一，内部管理标准化是监理规章制度的进一步完善，具有可操作性，是规范监理内部组织运行行为和个人行为，使监理内部组织和个人行为的好劣从定性、定量两个方面具有可衡量性，以建立起奖优惩劣和优胜劣汰的竞争激励机制，是做好监理控制的内在保证和基础。其二，外部控制标准化主要是将工程质量、进度、支付结算、信息与合同管理转化成标准化控制与管理，要求施工承建单位按照监理规定的标准化控制要求进行工程实施方案策划、实施、检查、纠偏、支付与竣工。诸如，施工过程中施工承建单位必须按照监理要求的内容标准、报表形式，报送各种工程项目签证、认证、检测、评定、支付等标准图表及标准化的各种验收资料。标准化控制一方面规范了监理服务行为，有利于监理人员提高管理水平；另一方面限制了承建单位在管理方面的随意性，推动他们施工管理水平的提高，这是外控标准化的主要目的，也是外在基础。例如，监理工程师要把工程质量、进度和投资的计划、实施和控制结合的图表制定出来，需要有相当的理论和工程经验才能做出，这样就要强化监理对合同的全面理解，迫使监理工程师去钻研业务与监理理论；与此同时，也要求施工承建单位按照监理制定的标准化管理内容去做，推动整体管理水平的提高。同时，若这些标准化管理得到业主的认可，只要监理都按照标准化去做，哪怕工程出现了偏差或没有达到合同要求，监理工作质量优劣也有衡量标准，以有利于鉴别是非，客观评价监理工作，所以它是做好控制工作的一项基础性工作。

3. 控制科学化

控制科学化是做好控制工作的核心，只有坚持控制科学化才能不断提高监理控制成效和控制水平。

从引入监理要达到的目标上看，笔者认为，信息工程监理的中心工作也可以看作是对信息工程的质量、进度、投资的控制，以及合同管理、信息管理和协调好建设参与各方的关系，即所谓"三控两管一协调"。但是，信息工程监理与传统的工程项目监理的目标控制相比，建设中还要特别关注另外两大类事情，即知识产权和系统安全的控制。控制是管理的重要职能，是保证目标、决策、部署安排得以实现的手段。控制的目的是确保一个系统目标的实现。

工程项目控制就是指项目实施过程中，经常进行投资目标值、进度目标值、质量目标值与实际投资支出值、实际进度值、实际质量值的比较，若发现偏离目标，则采取纠偏措施，以确保项目总目标的实现，这就是工程项目动态控制。

监理受业主的委托，以合同为依据，对工程项目实施进行监督与管理。控制是监理任务的核心，从根本上讲没有控制就没有监理，控制是建设监理目标实现的重要保证，是其目标实现的必要手段。

第四章 信息工程监理的实施过程

本章介绍信息工程监理的实施过程，按照"工程招标→设计→实施→验收系统"的工程建设阶段，叙述各个阶段的监理工作目标和监理工作内容（What）。从工作程序和实施内容两个方面，介绍信息工程监理在各阶段的任务（When/Which）、该干什么（What）以及怎么干（How）等。

第一节 监理阶段及其目标

按照 GB/T 19668 标准规定，监理阶段是从工程建设单位和监理单位签订的监理合同生效开始，到完成工程验收为止，主要包括四个阶段的监理工作：招投标阶段、设计阶段、实施阶段、验收阶段。监理的目标体现在这四个阶段的监理工作中，六个监理目标包括质量控制、进度控制、投资控制、合同管理、信息管理、关系协调，主要共有二十四个关键监理内容。

为保证监理工作实施的有效性、连贯性，建议采用全程式监理，即从信息工程项目立项开始，监理公司可以协助建设方梳理准确的业务需求，明确工程目标。

具体监理工作开始时间可由建设单位与监理单位根据工程实际情况，依据监理合同中有关条款执行。信息工程建设各阶段的监理工作目标如下：

1. 招标阶段的监理工作目标

监理单位协助建设单位明确工程需求，确定工程建设目标。促使建设单位、承建单位所签订的承建合同在技术上合理、在经济上高效。

2. 设计阶段的监理工作目标

监理单位牵头推动建设单位、承建单位对工程需求和设计进行规范化的技术描述，为工程实施提供优化的设计方案，促使工程计划、设计方案满足工程需求，符合相关的法律法规和标准，并与工程建设合同相符，使其具有可验证性。保证建设方案中所使用的产品和服务符合承建合同及国家相关法律法规和标准。监理单位协助建设单位、承建单位清除设计文档在工程实施前可预见的缺陷，保证文档齐全规范。

3. 实施阶段的监理工作目标

监理单位要加强监督检查工程实施方案的合法性、合理性以及设计方案的一致性。

明确工程实施计划，使整个实施过程中对于计划的调整合理、受控。促使工程实施过程满足承建合同的要求，并与工程设计方案、工程计划相符。检查工程中所使用的产品和服务是否符合承建合同及国家相关法律法规和标准，维护知识产权的合法性。

4. 验收阶段的监理工作目标

监理单位要明确工程测试验收方案（按照目标、责任双方、按时提交清单、验收标准、验收方式、验收环境等）的符合性、可行性。检查工程的最终功能和性能是否符合承建合同、法律法规和标准。检查监督承建单位所提供的工程各阶段形成的技术、管理文档的完整性和规范性。保证最终文档的内容与种类符合相关的工程标准。

第二节　各阶段的监理工作

一、工程招标阶段

监理协助业主制订招标计划，协助编写或审查招标文件，即商务标书（重点专用条款）、技术标准（注意系统需求、功能、性能、兼容性、输入输出、接口、数据的标准、类型及关系，软硬件环境、测试和调试、检验和验收的标准等内容），对潜在的投标人进行考察并推荐投标人，讨论和审查评标标准，协助业主洽谈和签订合同，从而确定基本满足需求的投标方案。

监理方协助建设单位提出工程需求方案，确定工程的整体质量目标；参与标书的编制，并对工程的技术和质量、验收准则、投标单位资格等可能对工程质量有影响的因素明确提出要求；协助招标公司和建设单位制定评标的评定标准；对项目的招标文件进行审核，协助建设方对招标书涉及的商务内容和技术内容进行确认；监理在协助评标时，应对投标中标单位标书中的质量控制计划进行审查，提出监理意见；协助建设单位与中标单位洽商并签订工程合同，在合同中要对工程活动的技术需求目标提出明确的要求，对最终交付文档提出明确的目录建议，招标投标活动的重要特点之一就是参与的相关方比较多。典型的招标投标活动应当涉及招标人、投标人、招标代理机构和监管机构等，所有参与招标投标活动的各方都从不同阶段、不同角度或不同方式影响着招标投标活动，所以招标投标活动的规范程度取决于上述各个方面自身行为的规范程度，达到招标投标活动的规范需要各方共同努力。

1. 工程招标阶段控制内容

（1）质量控制。监理机构应了解建设单位的业务需求，并将其作为监理工作的依据之一，监理机构应当参与招标书的编制；监理机构应对招标书的下列内容提出监理意见：技术和质量的要求；工程所涉及的主要产品和服务的要求；投标单位资格的要求；验收方法、接收准则；时间进度的要求。监理机构可协助建设单位参与招标答疑工作，对工程所涉及的功能、技术指标向投标单位进行解释，并保存会议纪要和相关文件。

监理机构应按计划检查承建单位工程实施状况、人员与实施方案的一致性。监理机构应执行已确定的阶段性质量监督、控制措施及方法，并做监理日志；出现工程质量问题时，经确认后监理机构签发监理通知单，报建设单位、承建单位，责令承建单位整改。

招投标质量控制要点：协助建设单位提出工程需求方案，确定工程的整体质量目标；参与标书的编制，并对工程的技术和质量、验收准则、投标单位资格等可能对工程质量有影响的因素明确提出要求；协助招标公司和建设单位制定评标的评定标准；对项目的招标文件进行审核，对招标书涉及的商务内容和技术内容进行确认；应对中标单位标书中的质量控制计划进行审查，提出监理意见；协助建设单位与中标单位洽商并签订工程合同，在合同中要对工程活动资料目标提出明确的要求。

（2）进度控制。监理机构应当参与建设单位招标前的准备工作，协助建设单位编制工程建设的工作计划。监理机构应分析工程的内容及过程，应对工程进度、工程进度安排及工程进度控制措施提出监理意见，监理机构应对本阶段的工作进度提出监理意见，监理机构应要求对工程合同中涉及的产品和服务的提供时间作出说明，并对建设单位的安排提出监理意见。

（3）投资控制。监理机构应协助建设单位对工程的目标、范围和功能进行界定，并确定工程的预算；监理机构应协助建设单位根据工程预算，在招标书中对工程的目标、范围、内容和产品及服务的技术要求作出明确说明。

（4）合同管理。监理机构应参与承建合同的签订过程，在承建合同中明确要求承建单位接受监理机构的监理，监理机构应建议建设单位在承建合同中明确规定工程包含的功能、技术要求、测试标准、验收要求和质量责任。监理机构应建议建设单位在承建合同中明确规定工程阶段划分及其质量和进度要求，并以此作为工程阶段性付款的依据。

（5）信息管理。监理机构应与建设单位及相关单位建立信息沟通机制，保持各方对工程目标、范围和业务需求等理解的一致性；监理机构应向建设单位提供与工程建设有关的法律、法规和标准等信息；监理机构应妥善管理工程招标阶段所产生的与监理相关的文档资料，包括需求说明、招投标文件和监理文档等；监理机构应向建设单位和承建单位明确应提交的文档要求，编制遵循的标准。

（6）关系协调。监理机构应与建设单位和承建单位共同确定相互间工作协调的机制；工程合同签订后，建设单位与承建单位有关工程的协调工作应通过监理机构进行；监理机构应及时对工程招标阶段协调的结果做工程备忘录，并由三方共同签字确认。

2. 需求分析阶段和需求变更阶段

依据项目特点，在签订项目合同后、系统建设前，要求项目承建单位向建设单位、监理单位提交相关人员的名单、专业、职称、职务、工作简历、所承担的任务内容等，开发计划进度表。监理单位检查监督项目承建单位制订质量保证计划，建立项目"文档化"管理体系和内部评审制度，提交软件项目的质量保证计划以及配置管理计划，对项目的整体质量保障进行说明，同时必须对上述文档的真实性、可行性等做审查。

（1）需求分析的质量控制内容。软件需求分析阶段的主体实施机构为项目承建单位，建设单位和监理单位进行充分的配合。在需求分析的初始阶段，监理单位应要求承建单位为系统需求分析过程的实施制订详细的计划，并要求建设单位予以相应的配合。承建单位提交的计划中应包含需求调研、分析过程的详细进度方案、里程碑事件表（如深入访谈阶段的需求说明书草案编写、需求建设单位确认、需求规格说明书确认）等内容，并由建设单位以及监理单位审核，三方协商通过后作为需求阶段的指导性文件。需求分析的重点为定义并分析系统建设目标，定义并分析业务流程再造、业务持续改进、信息资源规划及业务指标评价体系。监理工程师应督促承建单位正确分析系统需求，形成系统需求文档，同时监督承建单位解决需求分析中发现的问题，并形成监理意见。在需求分析过程中，监理单位的主要手段为例会、工作检查以及文档评审。在检查过程中，监理工程师要充分注意承建单位采取的需求调研方式和方法，协助承建单位使用"诱导式"或者项目原型法来和建设单位沟通、获取需求，应主动和建设单位、系统最终用户、承建单位需求分析人员交谈，了解需求分析过程中的困难和问题；尤其应当注意按照需求规格说明书的评审标准对需求调研过程作出指导，增强调研过程的覆盖面以及业务的完备性、内容的一致性、文档的合规性。

（2）需求变更的处理方法。由于电子政务软件开发的特殊性，需求变更是一个无法回避的问题，同时也是影响软件开发质量的重要因素。为保证工程质量、进度和投资，科学、规范、严格地控制变更，在系统建设过程中特别是软件开发过程中需成立需求变更控制委员会，专门负责需求变更的相关事宜，控制需求的范围，保证需求变更的合理性、公平性以及与合同内容经费的一致性。需求变更委员会由建设单位、监理单位、承建单位三方共同组成，设主席一人、委员六人（每方两人），其职责主要为：接收建设单位、承建单位针对项目所建议的变更请求，并对建议的配置项变更做出评估和评价；对变更引起的工作进度质量费用进行评估分析，对是否变更进行审核，并做最终的决策；监督已批准变更的实施。变更控制委员会议事、决策的规则和主要方法为：①变更控制委员会只确认书面的变更请求；变更控制委员会接收到变更请求后，原则上3日内给予明确的书面答复。②对于变更事项，委员会成员可以赞成、反对或弃权；变更控制委员会实行少数服从多数的原则；当变更委员会成员意见不能通过少数服从多数的原则进行决策时，由变更控制委员会主席决策。③一经变更控制委员会确认的变更，原则上不得进行更改和复议，建设单位、承建单位、监理单位必须严格遵守。

变更控制的具体流程为：①由建设单位用户方发起的变更请求，首先进入建设单位项目工作组进行讨论，确定是否需要提交给变更控制委员会；由承建单位发起的变更请求，直接进入变更控制委员会。②若进入变更控制委员会之前，未有变更技术方案，则由承建单位协助拟订变更技术方案后，进入变更控制委员会。③接收到变更意向或者书面的变更请求后，变更委员会成员填写变更初步意见并提交给监理单位，监理单位汇总后向变更控制委员会报告。④变更控制委员会主席主持对变更请求的最终确认。⑤进入变更控制委员会的变更请求有同意、反对、技术方案调整三种状态，反对的变更请求原则上不允许再次提出，技术方案调整则是由承建单位按照变更控制委员会意见对技术方案进行调整，调整完毕后，重新进入变更控制委员会确认。⑥变更请求的最终确认结果由监理单位整理、三方共同签字备查。

二、工程设计阶段

1. 系统设计阶段

项目设计阶段的监理主要是为了达到如下目标：协助建设单位审查承建单位的软件工程项目计划，确保工程计划的合理性、可行性，并满足承建合同要求；协助建设单位评审承建单位的工程项目的总体设计方案，促使总体设计方案满足工程项目的系统需求和有关法规、标准，并符合承建合同要求。

按照现有信息工程软件开发的一般模式，主要可分为软件系统研发、软件系统升级以及在成品软件基础上的个性化实现，因此，监理单位进行设计评审时应详细划分系统内容包括：成品软件需个性化的已满足建设单位需求的部分以及需进行完整开发的部分。同时，按照如下原则进行确认，并按照具体的实施情况进行增减：

（1）对于产品软件的功能，承建单位的设计文档中可进行简单的描述，明确实现的功能和用户的需求项的对应关系。对于成品软件实现功能，由于知识产权等相关因素的限制，承建单位可不进行技术实现细节的详细描述，但至少应明确采取的技术架构、数据库结构等建设单位维护或今后升级的相关的全部技术内容。

（2）对于需全新开发的内容，承建单位的设计文档要求与传统软件开发过程需一致，同时还需重点明确此部分的开发模式以及与已有功能的关系。

2. 工程设计阶段控制内容

根据工程总工期的要求，协助建设单位确定合理的设计时限要求；根据设计阶段性输出，由粗而细地制订项目进度计划，为项目进度控制提供前提和依据；协调、监督各承建（设计）方进行整体性设计工作，使集成项目能按计划要求进行；提请建设单位按合同要求向承建单位及时、准确、完整地提供设计所需要的基础资料和数据；协调各有关部门，保证设计工作顺利进行。

设计阶段监理要点：了解建设单位建设需求和对信息系统安全性的要求，协助建设单位制定项目质量目标规划和安全目标规划；对各种设计文件，提出设计质量标准；进行设计过程跟踪，及时发现质量问题，并及时与承建单位协调解决。审查阶段性成果，并提出监理意见。审查承建单位提交的总体设计方案。审查承建单位对关键部位的测试方案；协助承建单位建立质量保障体系；协助承建单位完善现场质量管理制度；组织设计文件及设计方案交底会，制定质量要求标准。

（1）质量控制。监理机构应建议建设单位和承建单位充分考虑目标系统与现有系统的兼容性和互操作性。

承建单位提交工程设计方案报审表后，监理机构应审核如下内容：①与项目需求的符合性。②工程关键技术的实施方法、流程及技术保障的合理性。③工程实施的质量保证措施的可行性、合理性及其文档的完整性。④其他必要的内容。⑤内容审核后签署监理审核意见。

工程设计方案无问题时，监理机构应在工程设计方案报审表签认；否则，监理机构应签发监理通知单，责令承建单位整改，必要时，监理机构应协助建设单位组织专业人员评审工程设计方案，工程设计方案存在缺陷时，监理机构应签发监理通知单，责令承建单位整改，并跟踪承建单位对评审整改意见的落实。

监理机构应根据建设单位工程设计方案，确定对工程进行阶段性质量监督、控制的措施及方法，作为监理细则的内容。

承建单位提交工程阶段性测试验收方案报审表，监理机构应组织建设单位及相关人员对工程阶段性测试验收方案进行审核；审核后签署监理审核意见。工程阶段性测试验收方案无问题时，监理机构应在工程阶段性测试验收方案报审表签认；否则，监理机构应签发监理通知单，责令承建单位整改。

（2）进度控制。承建单位提交设计阶段进度计划报审表后，监理机构应依据承建合同对设计阶段进度计划进行审核，审核工程进度计划的可行性、合理性和各鉴定工作成果的判定依据及其可操作性，审核后签署监理审核意见。设计阶段进度计划无问题时，监理机构应在设计阶段进度计划报审表签认；否则，监理机构应签发监理通知单，责令承建单位整改。

监理机构应根据承建单位工程进度计划，确定阶段性进度监督、控制的措施及方法，作为监理细则的内容。

（3）投资控制。监理机构应依据招投标文件、承建合同，审核工程计划以及设计方案中所说明的工程目标、范围、内容、产品和服务，对可能的投资变化，向建设单位提出监理意见。

监理机构应控制设计变更，变更应由三方达成共识，并做工程备忘录。

（4）合同管理。监理机构应及时处理建设单位或承建单位合同变更的申请，协助保持合同、协议及其附件内容的时效性、一致性；监理机构应及时对合同的变更结果做工程备忘录。

（5）信息管理。监理机构应与建设单位、承建单位建立信息沟通机制，并要求各方在项目工作中贯彻执行；监理机构应对设计阶段三方共同参与的过程与活动做工程备忘录，并由三方签认；监理机构应要求建设单位和承建单位妥善保管相关文档资料；监理机构应妥善保管工程设计阶段的文档，如工程计划、设计方案及监理文档，并监督检查工程文档的时效性和可用性。监理机构应对工程中各方提出保密要求的信息实施保密，尊重各方的知识产权。

（6）关系协调管理。监理机构应与建设单位、承建单位确定工程设计阶段的协调形式和方法,如监理例会和专题会议等,并在项目过程中执行。

监理机构应协调建设单位调动适当的资源,配合承建单位完成工程设计前期的调查和分析工作;监理机构应对设计阶段出现的变更提出监理意见,协调建设单位、承建单位达成一致;监理机构应对设计阶段协调的结果做工程备忘录。

三、工程实施阶段

信息系统工程硬件的到货与安装是全过程旁站式监理,无须赘述,这里特别强调的是软件开发监理,软件开发监理不适用旁站式监理,在软件代码编写实现与测试阶段,无法进行旁站式监理。在软件开发的过程中,监理工程师的主要任务是:要求承建单位为软件编码过程的实施制订详细的计划,并按照计划的要求开展软件编码活动;检查代码基线入库记录和版本一致性;在测试阶段,监督承建单位按照测试需求和进度安排进行单元测试;检查承建单位单元测试过程中的错误记录及其改正记录;检查承建单位及时更新用户文档;按需求一致性、测试可行性等标准评价软件编码和测试结果。

进入软件开发编码阶段,监理工程师应首先充分注意如下方面的检查:

1. 标准制定和培训

编码的标准现在已经逐渐趋向统一,但是仍然有必要在项目组中推行或制定编码标准。统一的编码标准,使项目组内可以容易地互相协助、交流,为抽查、测试等工作奠定良好的基础。编码标准制定后,首先要进行项目组内培训。这样做的主要目的是讨论和统一认识,建立未来强制执行和检查的前提。

2. 版本控制与基线入库

编码阶段要进行版本控制,良好的控制机制可以减少很多无用功,甚至避免一些灾难。良好的版本控制不是来自好的版本控制工具软件,而是版本变更控制的制度以及因此形成的良好习惯。监理工程师要督促开发小组项目经理监理可实施的版本控制制度。常用的版本控制工具有 VSS、CVS 等,在使用版本控制后,监理工程师必须要求承建单位为建设单位、监理单位分别建立用户账号,该账号需具备下载权限。

监理工程师将对项目实施的情况进行抽查,抽查的主要内容包括:代码开发是否符合规范,现场人员是否符合计划安排,团队代码是否每次都统一基线入库,单元测试过程是否符合规范等,抽查要以统一的编码标准为基础。

依据软件建设的具体内容,代码抽查工作可按照以下方法进行:开始时,安排每周1~2次抽查,每次只检查一个程序员编写的一个功能,重点是编码标准,其次是Bug,最终达到项目组编码风格的统一;风格统一后,再把抽查的重点放在程序功能上。在进行代码抽查的过程中,应明确返工标准,从而保证程序的健壮性。

在编码实现过程中伴随出现的单元测试分析过程,也是监理工程师抽查的范围之一,其主要工作内容是,及时对单元测试分析报告进行详细分析和审核。这不仅是为了规范文档,还为了保证在进行项目整体联调时,所有的代码已经经过承建单位自身的测试，保证所有的模块按计划和要求完全被测试，并且测试结果正确；同时，可以对测试中出现的问题有正确的分析结论。

在软件的功能、性能测试阶段，监理工程师应要求承建单位为实施软件合格性测试而对软件项的每一鉴定需求开发确定的测试集、测试用例（输入、输出、测试准则）以及测试规程，监督承建单位按照计划的要求开展软件合格性测试活动，并形成文档。

在测试阶段，评审和抽查工作放在一起进行，主要任务是对测试工作计划、软件测试大纲、测试问题记录表、测试报告等文档（在测试过程中承建单位至少需要提交测试计划、测试用例、缺陷报告、测试报告四种文档）的审核以及问题的处理和跟踪。特别需要注意以下各方面内容：测试规划中的测试是否具有全面性（覆盖所有接口、软件功能、边界条件等），性能、可靠性测试的完备性（包括时间、空间、精度、压力等）以及测试用例的合理性以及有效性。

当承建单位完成系统的自测后，监理工程师应协同建设单位，配合该系统开发里程碑，对其用户功能及主要访问接口等测试方案中的功能点进行同步抽测，具体抽测形式可为旁站检查或者现场测试。监理工程师将审核监理系统的性能测试过程。具体测试内容包括：

（1）系统功能测试。①根据系统需求规格说明书，明确各功能点的测试优先级别。②用户经常使用、涉及系统核心功能的功能点应具备较高优先级别且测试覆盖率应达到100%。③功能测试必须既包括正常输入和正常业务流程测试，也包括对非法数据输入和异常业务流程的测试，且对系统非正常操作的测试用例应占其总数的20%~30%。

（2）系统性能测试。①根据需求规格说明书等相关文档，测试在大用户量、大数据量和长时间连续运行等条件下，系统的响应时间和稳定运行性能。②对于分布式系统，应模拟真实环境，对系统性能指标进行测试。③根据测试结果及系统总体设计方案，发现并分析系统性能瓶颈。

（3）系统安全性测试，对系统的应用安全及数据安全特性进行测试，应包括但不限于：系统权限管理、系统日志记录、数据备份与恢复策略等。

（4）配置和安装测试。①对于软件系统开发而言，尤其是项目性软件开发，很容易忽略软件的配置和安装测试。相关测试主要检查计算机系统内各个设备或各种资源之间的相互连接和功能分配中的错误，配置测试主要分硬件配置和软件配置两种。安装测试主要是检测系统不同安装模式（初次安装、升级安装、定制安装、完全安装）下安装后是否能正确操作。②监理工程师应该明确安装测试的目的不是找软件错误，而是找安装错误。③安装测试是在系统安装之后进行测试。需要检验：用户选择的一套任选方案是否相容；系统的每一部分是否都齐全；所有文件是否都已产生并确有所需要的内容；硬件的配置是否合理。

3. 工程实施阶段控制内容

根据工程招标和实施准备阶段的工程信息，进一步完善项目控制性进度计划，并据此实施阶段进度控制；审查承建单位进度控制报告，监督承建单位做好施工进度控制，对施工进度进行跟踪，掌握施工动态；研究制定预防工期索赔措施，做好处理工期索赔工作。在实施过程中，做好投入控制及转换控制工作，做好对比和纠正；开好进度协调会，及时协调各方关系；及时处理工程延期申请。

实施阶段的监理要点：制订阶段性质量控制计划，是实施阶段性质量控制的基础。进行工程各阶段分析，分清主次，抓住关键是阶段性工程结果质量控制的目的。设置阶段性质量控制点，实施跟踪控制是工程质量控制的有效手段。严格各过程间交接检查。

（1）质量控制。工程实施前，监理单位应组织建设单位、承建单位召开工程实施准备会议，要求承建单位落实实施计划、实施方案和必要的准备工作，会议内容做会议纪要，并经三方签认。

工程实施前，承建单位应提交工程实施方案报审表，由监理机构组织审核实施方案，审核后签署监理意见。工程实施方案无问题时，监理机构应在工程实施方案报审表签认；否则，监理机构应签发监理通知单，责令承建单位整改。监理机构应审核的内容如下：①实施方案与法律法规和标准的符合性；②实施方案的合理性和可行性；③实施方案与合同、设计方案和实施计划的符合性；④工程实施的组织机构。

监理机构应组织对承建单位提供的产品及服务进行验收，对验收的结果做验收记录，并经第三方签认；对不符合合同或相关标准规定的产品和服务应拒绝签认。没有被签认的产品和服务不得在工程实施中应用。

产品及服务验收应包括如下内容：①产品及服务应与承建合同要求和产品文档的说明一致；②产品及服务的有效性和真实性。

必要时，监理机构可依据承建合同、技术标准或事先约定的方法检测产品及服务的质量，对于数量较大的同类型产品及服务，监理机构可采取抽样方法；监理机构应要求承建单位提交第三方检测机构出具的测试报告，并核验产品认证证书、检测报告的真实性、有效性；第三方测试机构应经建设单位和监理单位同意。

监理机构应按计划检查承建单位工程实施状况、人员与实施方案的一致性。

监理机构应执行已确定的阶段性质量监督、控制措施及方法，并做监理日志；出现工程质量问题时，经确认后监理机构签发监理通知单，报建设单位、承建单位，责令承建单位整改。

监理机构应及时处理承建单位提交的工程中关键环节的实施申请，审核其合理性后签认，报业主批准。必要时，监理机构应检查承建单位重要工程步骤的衔接工作，做监理日志。未经监理工程师检查认可，承建单位不能进行与之相关的下一步骤的实施。

监理机构应及时处理变更申请，审核变更的合理性，保证工程总体质量不受影响。有分包单位时，监理机构应组织审核分包单位的工程实施资格，禁止不具备工程实施资格的分包单位参与工程施工。

监理机构可以参照以下程序处理工程中出现的质量问题：监理机构应要求承建单

位在事故发生后立即采取措施，尽可能控制其影响范围，并及时签发停工令，报建设单位；监理机构应在接到事故申报后立即组织有关人员检查事故状况、分析原因，与建设单位、承建单位共同确认初步处理意见；监理机构应监督承建单位采取措施、查清事故原因，审核承建单位提出的事故解决方案及预防措施，提出监理意见，提交建设单位签认；监理机构应审查承建单位报送的事故报告及复工申请，条件具备时，由总监理工程师签发复工令。

监理机构若发现工程实施过程中存在重大质量安全隐患，应及时向承建单位签发停工令，并报建设单位，监督承建单位进行整改。整改完毕后，及时处理承建单位的复工申请。

（2）进度控制。监理机构应审核承建单位工程实施计划的合理性，审核后签署监理审核意见。实施计划无问题时，监理机构应在实施计划报审表签认；否则，监理机构应签发监理通知单，责令承建单位整改。

承建单位提交开工申请后，监理机构应审核开工申请，检查工程准备情况。工程实施条件具备时，总监理工程师应签发开工令并报建设单位签认，通知承建单位开始工程实施。

承建单位应提交阶段性进度计划报审表，监理机构审核阶段性进度计划合理性，审核后签署监理审核意见。阶段性进度计划无问题时，监理机构应在阶段性进度计划报审表中签认；否则，监理机构应签发监理通知单。

监理机构应定期检查、记录工程的实际进度情况，确保实际进度与计划进度一致。

监理机构应及时处理工程延期申请，应当按照下列程序处理工程延期：

监理机构应根据工程情况确认其合理性，并与建设单位、承建单位协商确认后，由总监理工程师对工程延期予以签认。

工程延期影响工程总体进度计划时，监理机构应要求承建单位修改工程总体进度计划，经三方签认后，做工程备忘录。

监理机构应组织审查进度纠偏措施的合理性、可行性，签发监理通知单，报建设单位，并要求承建单位按计划进行修改。

（3）投资控制。总监理工程师应依据承建合同及其补充协议，审核承建单位提交的工程阶段性报告和付款申请，总监理工程师签发工程款支付意见，报建设单位签认。监理机构应从目标系统的质量、进度和投资等方面审查工程变更，由于变更引起投资的改变应按照合同的相关条款执行。在合同中没有规定的，应在变更实施前与建设单位、承建单位协商确定变更导致的投资变化，并做工程备忘录。

监理机构应及时处理索赔申请，应当按照下列程序处理：①申请方应在合同规定的期限内向监理机构提交索赔申请；②总监理工程师指定监理工程师收集与索赔有关的资料；③总监理工程师进行索赔审查，与承建单位和建设单位协商索赔费用；④总监理工程师应在承建合同规定的期限内签发索赔通知，或在承建合同规定的期限内发出要求申请方提交详细资料的监理通知。

当申请方的索赔要求与工程延期要求相关联时，总监理工程师应综合考虑工程延期和费用索赔的关系，提出费用索赔和工程延期的建议。

（4）合同管理。监理机构应监督合同执行情况，定期向建设单位、承建单位提交监理报告，监理机构应当按照下列程序处理工程变更：

建设单位或承建单位提出的工程变更，应编制变更文件，提交总监理工程师，由总监理工程师组织审核，并由三方在工程变更单上予以签认。

了解工程变更的实际情况，收集相关资料或信息；监理机构应根据实际情况，参考变更文件及其他相关资料，按照承建合同的有关条款，对工程变更范围、内容、实施难度以及变更的投资和工期做出评估，签发监理通知单，并报建设单位、承建单位；监理机构应对工程变更过程及结果做工程备忘录；监理机构应要求承建单位在变更文件签署前，不得实施工程变更；监理机构应根据工程变更文件监督承建单位实施；监理机构应及时协调合同纠纷，公正地调查分析，提出监理意见。

（5）信息管理。监理机构应妥善管理工程实施阶段所产生的开工令、停工令、监理通知、监理报告、监理日志和工程备忘录等资料。

监理机构应对工程实施阶段三方共同参与的过程与活动做工程备忘录，并由三方确认。

监理机构应监督建设单位、承建单位按照既定的要求编制和管理工程文档，如实施计划、实施方案、产品及服务验收报告、索赔申请和变更申请等。

（6）关系协调。监理机构应与建设单位、承建单位共同建立实施阶段的协调机制，如监理例会、专题会议等；监理机构应根据需要及时组织专题会议，解决工程实施过程中的各种专项问题，并做会议纪要，提交建设单位和承建单位。

监理机构应协调建设单位、承建单位对工程变更的范围和内容等达成一致意见。

监理机构应协调建设单位、承建单位对索赔的意见达成一致。监理机构应协调建设单位配合承建单位的工程实施。

第二篇

信息工程监理实务篇

第五章 软件工程监理

第一节 软件、软件工程及软件工程监理

信息工程监理和建筑工程监理的最大区别在于软件工程监理部分。我们首先应梳理软件、软件工程的基本知识以及软件工程监理工作的基本阶段、活动和任务。实际项目工作中,可根据软件工程项目的实际规模情况加以增减。增减过程可以删除不适用的阶段、活动和任务,也可按监理合同中的规定增加专门的过程、活动和任务。

一、软件的概念与特点

软件是指包括程序、数据及其相关文档的完整集合。软件是一种逻辑实体,具有抽象性、复杂性、时效性。软件的开发与运行依赖于计算机系统。软件在使用过程中经常需要修改与维护,软件开发与使用涉及许多社会因素,因此,软件本身是复杂的。软件开发目前主要还是手工方式,所以软件成本昂贵,软件产品的质量控制主要是在软件的开发过程中。

GB/T 16260—1996《信息技术 软件产品评价 质量特性及其使用指南》指出的软件的质量特性包括功能性、可靠性、易用性、高效性、可维护性、可移植性六个方面,每个方面又都包含若干个子特性。

(1)功能性包括适合性、准确性、交互性、依从性、安全性。

(2)可靠性包括成熟性、容错性、易恢复性、安全性。

(3)易用性包括易理解性、易学性、易操作性。

(4)高效性包括时间特性、资源特性、遵循性、易替换性。

(5)可维护性包括易分析性、易改变性、稳定性、易测试性。

(6)可移植性包括适应性、易安装维护性。

二、软件的生存周期

一项计算机软件,从出现构思之日起,到这项软件开发成功投入使用,直到最后决定停止使用,并被另一项软件代替之时止,被认为是该软件的一个生存周期。

从用户的角度，在一个项目过程中，一般将软件生存周期分为计划、开发和运行三个时期。

1. 计划时期

计划时期的主要任务是调查和分析，即调查用户需求，分析新系统的主要目标，分析开发该系统的可行性。用户和系统分析员的相互理解与配合，是搞好这一时期工作的关键。计划时期的任务又可分为问题定义和可行性研究。计划时期还应制订人力、资源及进度计划。

2. 开发时期

开发时期要完成设计和实现两大任务。而设计阶段又分为需求分析（需求规格说明书）和软件设计（设计文档）阶段。实现阶段又分为编码和测试阶段。为了降低风险和尽可能避免软件缺陷，有时突出测试而将其单独列为一个阶段。

3. 运行时期

主要任务是软件的部署、运行与维护。

在实际软件开发过程中，开发者往往把软件生存周期划分成以下六个阶段：

（1）可行性与计划研究阶段：确定该软件的开发目标和总的要求，要进行可行性分析、投资—收益分析，制订开发计划，并完成应编制的文件，形成开发计划。

（2）需求分析阶段：由系统分析人员对被设计的系统进行系统分析，确定对该软件的各项功能、性能需求和设计的约束，确定对文件编制的要求，作为本阶段工作的结果。一般来说，软件需求说明书、数据要求说明书和初步的用户手册应该在该阶段编写出来。

（3）系统设计阶段：系统设计人员和程序设计人员应该在反复理解软件需求的基础上，提出多个设计，分析每个设计能履行的功能并进行相互比较，最后确定一个设计，包括软件的结构、模块的划分、功能的分配以及处理流程。在被设计系统比较复杂的情况下，应将设计阶段分解成概要设计阶段和详细设计阶段两个步骤。一般情况下，需要完成的文件包括概要设计说明书（包括数据库设计）、详细设计说明书（包括数据接口设计）和测试计划初稿。

（4）系统实现阶段：要完成源程序的编码、编译（或汇编）和调试，得到无语法错误的程序清单，编写测试计划、测试用例，进行单元测试和集成测试，准备进行部署和上线，并且要完成用户手册、操作手册等面向用户的文件的编写工作，还要完成测试用例的编制和进行单元测试。

（5）测试阶段：测试阶段主要是集成测试，部署上线的程序将被全面测试，已编制的文件将被检查审阅。一般要完成测试分析报告，作为开发工作的结束，所生产的程序、文件以及开发工作本身将逐项被评价，最后写出项目开发总结报告。

（6）运行与维护阶段：软件在运行使用中需要被维护，根据运行情况，解决运行中发现的软件存在的问题，进行必要且可能的删改和扩充，总结新发现或提出的需求。

目前最新的可供参照的国家标准是 GB/T 8566—2007《信息技术 软件生存周期过程》。

三、软件开发模型

开发软件的主要过程就是一个项目管理的过程，包括人员管理、需求分析、系统设计、程序设计、测试、维护等关键环节，软件开发模型就是对软件过程的建模，即用一定的流程将各个环节连接起来，并用规范的工程管理方式操作全过程，好比工厂的生产线，常见的软件开发模型包括以下几种：

1. 瀑布模型（Waterfall Model）

1970 年 Winston Royce 提出了著名的瀑布模型，直到 20 世纪 80 年代早期，它一直是被广泛采用的软件开发模型。瀑布模型将软件生命周期划分为制订计划、需求分析、软件设计、程序编写、软件测试和运行维护六个基本活动，并且规定了它们自上而下、相互衔接的固定次序，如同瀑布流水，逐级下落。在瀑布模型中，软件开发的各项活动严格按照线性方式进行，当前活动接受上一项活动的工作结果，实施完成所需的工作内容。当前活动的工作结果需要进行验证，如果验证通过，则该结果作为下一项活动的输入，继续进行下一项活动，否则返回修改。瀑布模型特别强调文档的作用，并要求每个阶段都要仔细验证并编写相应的文档。但是，这种模型的线性过程太过理想化，已不再适合现代的软件开发模式，几乎被业界抛弃，其主要问题在于：

（1）各个阶段的划分完全固定，阶段之间产生大量的文档，极大地增加了工作量。

（2）由于开发模型是线性的，用户只有等到整个过程的末期才能见到开发成果，从而增加了开发的风险性。

（3）早期的错误可能要等到开发后期的测试阶段才能发现，进而带来严重的后果。

人们在实践中认识到，线性是最容易掌握并能熟练应用的思想方法。当人们碰到一个复杂的非线性问题时，总是按顺序将其分解或转化为一系列简单的线性问题，然后逐个解决。一个软件系统的整体可能是复杂的，而单个子程序又是简单的，可以用线性的方式来实现。线性是一种简洁的美学。当人们领会了线性的精髓时，就不再呆板地套用线性模型的模式，而是灵活运用，因此衍生出了一些变异的开发模型，例如，增量开发模型——一种分段线性模型，螺旋式开发模型——一种接连弯曲了的线性模型，在其他许多开发模型中也能够找到线性模型的影子。

2. 快速原型模型（Rapid Prototype Model）

该模型的第一步是快速建造一个直观的软件原型，实现开发者与未来的用户可以针对原型系统进行直观交互与沟通，借助用户对原型的反馈与评价，进一步细化待开发软件的功能与其他需求，逐步调整已有原型使其功能和外观满足客户的需求，这样开发人员可以准确地确定客户的需求是什么；第二步则在第一步的基础上进一步开发出客户满意的软件产品。显然，快速原型方法可以克服瀑布模型的缺点，减少了软件需求不明确带来的开发风险，具有显著的直观效果。快速原型的关键在于尽可能快速地构造出软件原型，一旦确定了客户的真正需求，最初所构造的原型可以被丢弃。因此，原型系统的内部结构并不重要，重要的是交互界面和软件功能，所以必须迅速建立原型，随之迅速修改原型，以反映客户的准确需求。

3. 增量模型（Incremental Model）

与建造大厦相同，软件也是一步一步建造起来的。在增量模型中，软件被作为一系列的增量构件来设计、实现、集成和测试，每一个构件由多种相互作用的模块所形成的提供特定功能的代码片段构成。增量模型在各个阶段并不是交付一个可运行的完整产品，而是交付满足客户需求的一个子集的可运行产品。整个产品被分解成若干个构件，开发人员逐个构件的交付产品，这样做的好处是软件开发可以较好地适应变化，客户可以不断看到所开发的软件，从而降低开发风险。但是，增量模型也存在以下缺陷：

（1）由于各个构件是逐渐并入已有的软件体系结构中的，所以加入构件应当不破坏已构造好的系统部分，这需要软件具备开放式的体系结构。

（2）在开发过程中，需求的变化是不可避免的。增量模型的灵活性使其这种变化的能力大大优于瀑布模型和快速原型模型，但也很容易退化为边做边改模型，从而使软件开发的过程控制失去整体性。

在使用增量模型时，第一个增量往往是实现基本需求的核心产品。核心产品交付用户使用后，经过评价形成下一个增量的开发计划，它包括对核心产品的修改和一些新功能的发布。这个过程在每个增量发布后不断重复，直到形成最终的完善产品。例如，使用增量模型开发文字处理软件。可以考虑，第一个增量发布基本的文件管理、编辑和文档生成功能，第二个增量发布更加完善的编辑和文档生成功能，第三个增量实现拼写和文法检查功能，第四个增量完成高级的页面布局功能。

4. 螺旋模型（Spiral Model）

1988 年，Barry Boehm 正式发表了软件系统开发的螺旋模型，它将瀑布模型和快速原型模型结合起来，强调了其他模型所忽视的风险分析，特别适合大型复杂的系统。螺旋模型沿着螺线进行若干次迭代，图 5-1 中的四个象限代表了以下活动：

（1）制订计划：确定软件目标，选定实施方案，弄清项目开发的限制条件。
（2）风险分析：分析评估所选方案，考虑如何识别和消除风险。
（3）实施工程：实施软件开发和验证。
（4）客户评估：评价开发工作，提出修正建议，制订下一步计划。

客户评估	制订计划
实施工程	风险分析

图 5-1　螺旋模型的四象限

螺旋模型由风险驱动，强调可选方案和约束条件从而支持软件的重用，有助于将软件质量作为特殊目标融入产品开发之中。但是，螺旋模型也有一定的限制条件，具体如下：

（1）螺旋模型强调风险分析，但要求许多客户接受和相信这种分析，并做出相关反应是不容易的，因此，这种模型往往适应于内部的大规模软件开发。

（2）如果执行风险分析将大大影响项目的利润，那么进行风险分析毫无意义，因此，螺旋模型只适合大规模软件项目。

（3）软件开发人员应该擅长寻找可能的风险，准确地分析风险，否则将带来更大的风险。一个阶段首先是确定该阶段的目标，完成这些目标的选择方案及其约束条件，然后从风险角度分析方案的开发策略，努力排除各种潜在的风险，有时需要通过建造原型来完成。如果某些风险不能排除，该方案应立即终止，否则启动下一个开发步骤。最后评价该阶段的结果，并设计下一个开发阶段。

5. 各种模型的比较

每个软件开发组织应该选择适合该组织的软件开发模型，并且应该随着当前正在开发的特定产品特性而变化，以减少所选模型的缺点，充分利用其优点，表5-1列出了几种常见模型的优缺点。

表 5-1 各种软件开发模型的比较

模型	优点	缺点
瀑布模型	文档驱动	系统可能不满足客户的需求
快速原型模型	关注满足客户需求	可能导致系统设计差、效率低、难以维护
增量模型	开发早期反馈及时，易于维护	需要开放式体系结构，可能会设计差、效率低
螺旋模型	风险驱动	风险分析人员需要有经验且经过充分训练

四、软件文档及其编制

软件工程开发阶段包括需求分析、概要设计、详细设计、编码、测试、部署等过程。

如今，软件开发越来越复杂，软件功能也越来越丰富。而几乎所有成熟的商业软件，都是开发团队齐心协力的成果。因此，软件项目管理是控制软件质量和开发成本的方法。而软件文档是软件产品的重要组成部分，也是软件项目管理的关键内容，特别是对于软件实际使用中的运行维护、升级或再开发，非常重要。

以开发工作来分类，软件所包含的文件有两类：一类是开发过程中填写的各种图表，可称之为工作表格；另一类则是应编制的技术资料或技术管理资料，可称之为文件。

从产品分类构成的角度看，软件文档可以分为开发文档和产品文档两大类。

1. 开发文档

开发文档主要包括：软件需求规格说明书（含功能性需求与非功能性需求）、概要设计说明书、数据库设计说明书、项目总结等。

（1）需求规格说明书。来源于客户的基本需求和市场调查，是软件开发中最早期的一个环节。客户提出一个需要实现的业务需求的功能概念，或者要求解决一个实际问题，有软件经验的客户提供比较详细的业务需求和技术指标，把他们的要求全部书写在文档中，必要时加以图表解说。这份文档是软件开发所需要的需求分析的基础。包括项目要求、功能需求、非功能需求、用户角色分析、功能用例图、功能列表、功能描述、业务流程分析、注意事项等。以功能需求为基础，进行详细的功能分析（包括客户提出的要求和根据开发经验建议的功能），系统用例、列出本产品是什么，有什么特殊的概念，包括哪些功能分类，需要具备什么功能，操作功能的角色有哪些，该功能的操作如何，操作的流程是什么，实现时该注意哪些细节，客户有什么要求，系统运行环境的要求等。这里的功能描述跟以后的使用手册是一致的。

若项目招标，则会结合招标书中包含用户的功能和性能要求的技术需求，并经过与招标方沟通和确认。

（2）概要设计说明书。项目进度——整个项目的进度计划包括签署合同、项目启动、需求分析、系统设计、程序开发、测试维护、系统集成、用户验收、用户培训等步骤的时间规划。

技术支持——公司的技术支持能力和服务体系介绍、服务宗旨和目标、服务级别和响应时间、技术服务区域、技术服务期限、联系人、售后服务期限等。

项目进度——整个项目的进度计划包括签署合同、项目启动、需求分析、系统设计、程序开发、测试维护、系统集成、用户验收、用户培训等步骤的时间规划。

（3）数据库设计说明书包括技术选型、技术比较、开发人员、关键技术问题的解决、技术风险、技术升级方向、技术方案评价、竞争对手技术分析等。以需求分析为基础，进行详细的技术分析（产品的性能和实现方法），列出项目需要使用什么技术方案，为什么，有哪些技术问题需要解决，估计开发期间会碰到什么困难，技术方案以后如何升级，对项目的技术有什么评价等。

（4）项目总结。包括项目简介、项目参与人员和开发时间、项目风险管理过程、项目功能列表、项目结构特点、技术特点、对项目的升级建议、对以后的项目的建议、人员素质情况等。

2. 产品文档

产品文档包括：使用手册（含安装与使用）、系统维护手册、产品介绍、产品演示说明、功能介绍等。

（1）使用手册。包括产品简介、功能列表、功能描述和解释、功能操作、客户服务和联系方式等。

（2）维护手册。包括产品简介、系统须知、初始环境设置、系统配置、数据管理和备份、技术问题解答和联系方式等。

（3）产品介绍。包括公司背景、产品概念、适用范围、产品功能、功能特点、运行要求和公司联系地址。

（4）产品演示说明。包括公司简介、产品背景、产品描述、产品特点、产品作用、适用范围、使用分析、功能模块、解决问题、合作伙伴、成功案例等。一般用 Power Point 或者 VCD 录制软件实现。

（5）功能介绍。以需求分析为编写基础，包括软件介绍、软件结构、功能列表、功能描述和公司联系地址。

对于一项软件而言，其生存周期各阶段各种文件编写工作很多，并不一定需要全部编写，主要名称如表 5-2 所示，其中有些文件的编写工作可能要在若干个阶段中延续进行，并且可以根据软件的大小规模进行选择和取舍，内容也不一定很多，说明问题满足工作需要即可，可以参照国标 GB/T 8567—2006《计算机软件文档编制规范》的格式要求编写，如表 5-3 所示。

表 5-2 软件产品主要文档名称中英文对照

1	计算机操作手册	Computer Operation Manual
2	计算机编程手册	Computer Programming Manual
3	数据库（顶层）设计说明	Database Design Description
	资料条目说明	Data Item Description
	开发进度月报	Development Plan Month Report
	数据需求说明	Data Requirement Description
4	可行性分析报告	Feasibility Analysis Report
	接口设计说明	Interface Design Description
	接口（软件）需求规格说明	Interface Requirement Specification
	运行概念说明	Operation Conception Description
5	项目开发总结报告	Project Development Summary Report
6	软件配置管理计划	Software Configuration Manager Plan
	软件（结构）设计说明	Software Design Description
	软件开发文件	Software Development File
	软件开发文档	Software Development Document
7	软件开发库	Software Development Library
8	软件开发计划	Software Development Plan
9	软件安装计划	Software Installation Plan
	软件产品规格说明	Software Product Specification
10	软件质量保证计划	Software Quality Assure Plan
11	软件需求规格说明	Software Requirement Specification
	系统/子系统设计（结构设计）说明	System Subsystem Design Description
	系统/子系统需求规格说明	System Subsystem Requirement Specification
	软件测试说明	Software Testing Descrition

12	软件测试计划	Software Testing Plan
13	软件测试报告	Software Testing Report
14	软件移交计划	Software Transfer Plan
15	软件用户手册	Software User Manual

这里软件生存周期各阶段中的文件编制的有些说明是包含在主要文档内部的。

表 5-3　软件生存周期各阶段文档对照

文件	可行性研究与计划阶段	需求分析阶段	设计阶段	实现阶段	测试阶段	运行与维护阶段
数据需求说明书	—					
项目开发计划						
软件需求说明书		—				
数据需求说明书		—				
测试计划						
概要设计说明书			—			
详细设计说明书			—			
数据库设计说明书			—			
模块开发卷宗						
用户手册						
操作手册						
测试分析报告					—	
开发进度月报						
项目开发总结					—	

3. 文档管理

在整个软件生存周期中，各种文档作为半成品或最终成品，会不断生成、修改或补充。为了最终得到高质量的产品，达到上节提出的质量要求，必须加强对文档的管理。以下几个方面是应注意做到的：

（1）软件开发小组应设一位文档保管人员，负责集中保管项目已有文档的两套主文本。两套文本内容完全一致。其中的一套可按一定手续，办理借阅。

（2）软件开发小组的成员可根据工作需要在自己手中保存一些个人文档。这些一般都应是主文本的复制件，并注意和主文本保持一致，在做必要的修改时，也应先修改主文本。

（3）开发人员个人只保存主文本中与他工作相关的部分文档。

（4）在新文档取代了旧文档时，管理人员应及时注销旧文档。在文档内容有改动时，管理人员应随时修订主文本，使其及时反映更新了的内容。

（5）项目开发结束时，文档管理人员应收回开发人员的个人文档。发现个人文档与主文本有差别时，应立即着手解决。这常常是未及时修订主文本造成的。

（6）在软件开发过程中，可能会需要修改已完成的文档，特别是规模较大的项目，主文本的修改必须特别谨慎。修改以前要充分估计修改可能带来的影响，并且要按照要求提议、评审。

五、软件质量

软件质量是软件产品能够满足明确的或隐含的产品需求的能力有关的特征和特性的总和。有四层含义：一是能满足给定需要的特性之全体；二是具有所希望的各种属性的组合的程度；三是顾客或用户认为能满足其综合期望的程度；四是软件的组合特性，它确定软件在使用中将满足顾客预期要求的程度。

软件的质量可以从以下三个方面进行度量或评价：一是从业务层直接用户关注的角度来看，如何使用软件，使用效果如何，软件性能如何。二是从软件的开发维护团队的角度来看，不仅要生产出满足质量要求的最终软件产品，中间过程的质量非常重要，如何运用最少的资源、最快的进度生产出质量最优的产品。软件的可维护方面的特性也非常重要。三是从软件的投资者——企业的决策管理层的角度来看，注重的是软件能够创造的价值，优质的软件所能带来的总体效益和长远利益，能否复用和推广。

软件测试是保障软件质量的必要手段。技术的不断进步，使得软件产品的功能更加强大，软件也变得越来越大，越来越复杂。为了保证软件产品的可靠性和质量，软件测试在软件开发过程中的地位就逐渐凸显出来。软件测试是目前用来验证软件是否能够完成所期望的功能的唯一有效的方法。很多软件公司都非常重视对他们所开发的软件的测试。同时，业界也成立了很多独立的软件评测机构。

为了达到高质量的软件要求，软件开发过程需要注意遵循以下几点原则：

（1）重视静态的代码分析。在代码审查阶段可以发现超过80%的错误，所以代码分析、审查是软件质量控制的必要手段。

（2）规范编码规则。好的编程习惯可以减少很多不必要的错误，提高整个开发团队的开发技术素质。

（3）重视单元测试。有了系统测试，单元测试好像显得不重要了，实际上单元测试恰恰是系统测试的补充，系统测试注重外表测试，而内在质量的测试只有依靠单元测试。要不停地进行回归测试，对每次 Bug 修订后的新版本都要进行回归测试，且越彻底越好。修改老 Bug 经常产生更多的新 Bug，所以要不停地进行回归测试。直到确保 Bug 真正被修正，而且没有产生新的 Bug。

（4）重视测试管理。所有的测试都要有详尽的记录，以便日后查阅和分析、改进测试方法。测试工作需要很多经验积累，分析测试结果、回归测试记录是提高测试质量的重要手段。

（5）注意运用测试工具。测试工具要选用业界认可的、符合相关行业规范的。特别是高可靠性要求的产品，更要选择行业认可的测试工具。

软件测试的最终目的是提高产品的质量，通过测试发现软件存在的问题，为提高软件质量提供依据。

六、软件测试

软件测试是用来确保软件开发过程的编码的准确高效性以及保证开发出来的软件产品具有高质量、高可用性的重要手段。软件开发本身就是一件非常复杂的事情，这也决定了有效的测试不是只重视就足够了，我们需要合适的测试工具，依靠测试工具可以进行有效的测试。但在使用工具的同时，更要加强关于测试的培训、教育和对整个测试过程基线有效的管理，使测试可以有序、高效进行。只有这样，我们才能够更加有效、彻底地进行测试，才能够使测试真正起到应有的作用。

从不同的角度出发进行软件测试会派生出两种不同的测试原则，从用户的角度出发，就是希望通过软件测试能充分暴露软件中存在的问题和缺陷，从而考虑是否可以接受该产品。从开发者的角度出发，就是希望测试能表明软件产品不存在错误，已经正确地实现了用户的需求，确立人们对软件质量的信心。但目的都是希望得到高质量的软件。

1. 测试内容

对于承建方，开发过程中的主要测试工作是公司内部开发测试人员进行的自测，在软件开发过程中需要做的测试如下：

系统测试。系统测试的内容由单元测试、集成测试和验收测试三部分组成。其中，单元测试和集成测试在项目组内部完成，验收测试则以用户为主，由软件开发人员和系统测试人员参加，共同完成。

（1）单元测试。单元测试又称模块测试，是针对软件设计的最小单位（程序模块）进行正确性检验的测试。其目的在于发现并排除各模块内部可能存在的各种差错。

（2）集成测试。集成测试是系统的联调，用来发现系统中不符合总体设计的错误。在单元测试的基础上，将所有模块按照总体设计的要求组装成系统，发现并排除模块组合中出现的问题。

（3）验收测试。验收测试即确定系统的功能和性能是否满足需求分析报告、总体设计的要求。验收测试应有用户参加设计测试用例，由用户输入测试数据，分析测试的结果。除功能和性能测试外，还应进行系统的可移植性、可维护性、容错性等方面的测试。同时检验整个系统的集成环境，包括软件、硬件、网络。

2. 测试方法步骤

测试方法步骤包括设计选择测试用例、运行被测程序、检测输出结果三步。测试用例在测试中具有十分重要的作用。为了测试不同的功能，选择测试用例应满足多方面的要求，应含有一定的错误数据。在设计测试用例时，应考虑以下内容：

（1）功能测试时，应保证每个功能至少测试一次。

（2）性能测试时，记录每次测试的系统响应时间和结果输出时间。

（3）系统数据处理容量测试时，记录系统能否处理最大容量的数据，系统的处理时间、稳定性、系统资源消耗情况等。

（4）稳定性测试时，模拟系统可能运行的最长时间，不退出系统能否正常连续运行规定时间。

（5）安全测试时，模拟系统用户，测试能否执行超过用户权限的功能。

（6）多用户共享测试时，若测试多个用户同时操作，他们的操作是否产生冲突、矛盾。

3. 测试结果分析

测试结束后，测试小组应对测试的各项指标进行分析，编制测试分析报告，作为系统评审和验收的依据。

形成成果，在程序编码阶段应完成的成果包括：

（1）编程规范与源代码。

（2）测试分析报告。

（3）用户手册。

（4）操作手册。

（5）项目开发技术报告。

在软件测试的各阶段工作中，由于测试的对象不同、测试任务不同，采用的测试方法和手段不同，所要重点检测的问题也不同，因此不能相互替代。

高可靠性产品的质量，特别是航空、航天、军用电子设备的质量直接影响设备本身和操作者的安全。美国联邦航空局（Federal Aviation Administration，FAA）及军方都制定了相应的测试标准，并要求强制执行。

第三方测试由于其具有客观性和独立性，同时，专业化的测试组织在测试技术上可以深入研究并从大量的测试工作中积累工程经验，经实践证明是一种行之有效的软件质量保证手段。国内外航空、航天及军方都采用第三方测试的方式来确认最终的产品质量。独立测试组织除了具有客观性、独立性优势外，也能和开发机构形成心理和技术上的互补，同时对开发机构的工作也有一定的督促作用，保证测试工作时间和资源安排方面起到积极的作用。

目前，国内开展第三方确认测试采用的测试方法主要包括代码审查、静态分析、结构测试和功能测试四种类型。其中，代码审查和静态分析属于静态测试，即不执行程序代码而查找程序代码中的错误和缺陷，并对程序代码进行质量评估的过程；结构测试和功能测试属于动态测试，即通过执行被测程序，收集和分析程序执行及输出信息，从而发现程序错误的过程。

（1）代码审查。代码审查主要依靠有经验的程序设计人员根据软件设计文档，通过阅读程序，发现软件错误和缺陷。代码审查一般按代码审查单阅读程序，查找错误。代码审查的内容包括：检查代码和设计的一致性；检查代码的标准性、可读性；检查代码逻辑表达的正确性和完整性；检查代码结构的合理性等。代码审查虽然在发现程序错误上有一定的局限性，但它不需要专门的测试工具和设备，且有一旦发现错误就能定位错误和一次发现一批错误等优点。实践证明，该方法是一种有效的测试方法，因此被广泛采用。

（2）静态分析。静态分析主要对程序进行控制流分析、数据流分析、接口分析和表达式分析等。静态分析一般由计算机辅助完成。静态分析的对象是计算机程序，程序设计语言不同，相应的静态分析工具也就不同。尤其在控制软件开发中大量使用的汇编语言是和 C 语言结合的编程技术，动态测试存在困难。尤其是目前我们开发的产品所用微处理缺乏统一规划，给软件测试工作尤其是测试工具和设备的配置带来了很多困难，为了评定这些微处理器软件的可靠性，需要引进或开发静态分析工具，以便全面开展控制软件的静态分析工作。

（3）结构测试。结构测试是一种按照程序内部的逻辑结构和编码结构设计并执行测试用例的测试方法。采用这种测试方法，测试者需要掌握被测程序的内部结构，因此，又称为白盒测试。白盒测试通常根据覆盖准则设计测试用例，使程序中的每个语句、每个条件分支、每个控制路径都在程序测试中受到检验。结构测试需要运行程序，并能在运行过程中跟踪程序的执行路径。因此，结构测试，尤其是汇编语言的结构测试通常在虚拟机上进行，在目标机上进行测试则需要有专门的实时监控设备。

（4）功能测试。功能测试是一组根据软件需求规格说明设计的测试用例，按照测试用例的要求运行被测软件的测试方法，它较少关心程序内部的实现过程，侧重于程序的执行结果，将被测程序过程看成是不可见的黑盒子，因此，又称为黑盒测试。黑盒测试的典型应用项目包括功能测试、性能测试、边界测试、余量测试、强度测试等。功能测试着重于验证软件功能和性能的正确性，因此测试环境应力求与真实环境一致，不仅被测程序应尽可能在真实的目标机上运行，而且被测程序的控制对象及外部环境也应尽可能接近真实情况，并能受被测程序的控制。进行功能测试应建立相应的测试台。

动态测试（包括结构测试和功能测试）是软件测试的重要方法，它需要由软件测试工具和测试设备构成的测试环境辅助完成。

静态测试工具一般是对代码进行语法扫描，根据某种质量模型（符合 CMM 标准）评价代码的质量、找出不符合编码规范的地方，生成系统的调用关系图等，好的静态测试工具的测试效率非常高，并且可以生成比较完整、全面的测试报告。

静态分析有很多系统工具，如 Logiscope、Lint、McCabe QA 等，这些工具可以在软件项目的设计编码阶段、测试阶段及维护阶段提供有效的辅助，提高编码和测试活动的生产力，弥补现有的编程和调试的不足之处。软件测试涉及面广、周期长。手工管理测试流程很浪费时间，而且难度也很大，通过一套管理系统将测试过程管理起来对保证软件质量非常有效。常用的软件测试工具如表 5-4 所示。

表 5-4　常见测试工具清单

类型	配置说明
功能测试工具	仿真工具 TestQuest Pro（TestQuest）、界面测试 QuickTest Pro（Mercury）
单元测试工具	C++TEST（Parasoft）、VectorCAST（Vector）
内存测试工具	Devpartner studio（Compuware）、Insure++（parasoft）
质量度量和规则检查工具	Logiscope（telelogic）
性能测试工具	负载测试 LoadRunner（Mercury）、嵌入式软件测试 CodeTEST（Freescale）
测试管理工具	测试管理 TestDirector（Mercury）
测试系统运行环境	测试应用服务器、测试管理服务器、数据库服务器、工作站、PC 机、打印机、数据备份设备与工具、UPS 与网络设备等

七、软件工程的国家标准

监理方和开发方都需要用到现行的软件工程的国家标准，由于标准需要不断在实践中增加和修订，这里仅列出主要现行的推荐标准供参考，望读者留意选用未来最新标准：

（1）GB/T 1526—1989《信息处理—数据流程图、程序流程图、系统流程图、程序网络图和系统资源图的文件编制符号及约定》。

（2）GB/T 8566—2007《信息技术　软件生存周期过程》。

（3）GB/T 8567—2006《计算机软件文档编制规范》。

（4）GB/T 9385—2008《计算机软件需求规格说明规范》。

（5）GB/T 9386—2008《计算机软件测试文档编制规范》。

（6）GB/T 11457—2006《信息技术　软件工程术语》。

（7）GB 13502—1992《信息处理　程序构造及其表示的约定》。

（8）GB/T 14085—1993《信息处理系统　计算机系统配置图符号及约定》。

（9）GB/T 14394—2008《计算机软件可靠性和可维护性管理》。

（10）GB/T 15532—2008《计算机软件测试规范》。

（11）GB/T 18492—2001《信息技术　系统及软件完整性级别》。

（12）GB/T 20158—2006《信息技术　软件生存周期过程配置管理》。

（13）GB/T 16680—2015《系统与软件工程　用户文档的管理者要求》。

第二节　软件工程监理

软件开发型项目监理的任务主要是参照软件工程的标准，对在建软件系统的整个软件生命周期进行的全过程监理；并给用户提供咨询、帮助建设运行制度等有益的服务项目，目的是帮助用户建设一个高质量的、具有可持续生命力的软件系统。监理目标是通过监理工程师的工作，力求在项目的成本、进度和质量目标内完成建设项目。

监理既然是一种"执法"活动，必然有执行"程序"和执行"实体"。在执行"程序"方面，宏观上要执行国家法律、标准和规范，微观上要执行委托监理合同约定和最新的软件相关专业标准规范。

应该特别注意的是：对软件工程项目中涉及的产品、服务的技术规格和条件（包括直接购买的）以及知识产权保护规定，监理工程师一定要仔细审核或阅读，并有责任和义务提醒建设单位和承建单位（软件供应商/代理商），以求把问题或潜在的问题消灭在萌芽状态，把系统风险尽可能降至最低。由于合同中往往不可能规定得很仔细，需要将软件工程相关法律法规、标准、规范相结合使用。

一、软件工程监理概述

由于软件开发技术含量高，不可预见成分高，风险程度大；软件开发技术处于发展中的高科技领域，涉及当前最新的研究领域，创新成分多，涉及国民经济的各行各业。这些特点决定了从事软件工程的监理人员必须具有较高的专业水平、较宽的知识面，并且相对熟悉所涉及行业领域的知识。软件开发独有的特点决定了监理方对工程细节的理解远不如承建方，为实施有效的监督控制工作，必须制定规范的三方工作流程，并征得业主同意。对重要阶段，有必要制定相应的三方工作流程。

此处的软件工程是指信息系统工程建设中按业务目标、应用需求而构建整个软件系统的工程项目，包括新开发、修改、维护、采购或者任何会产生软件产品的其他活动。

按照信息工程监理的理论和方法，对软件工程进行的监理活动，就称为软件工程监理。软件工程应当对项目开发进行全过程监理，最大限度地避免潜在的问题和风险，使系统的运行和管理服务正常进行。

从监理工作基本要求的维度看，有"三控两管一协调"。

（1）质量监理：就是在质量方面控制和组织协调的活动，指对确定和达到质量所必需的全部活动的监理。监理自身要制定监理方的质量控制体系，如质量目标、质量策划、质量控制、质量保证和质量改进等程序及内容，同时也要对软件开发方、供应方等多个参与软件工程的实施方指定其质量策划、质量控制、质量保证、质量改进、质量测试、系统验收等程序和内容并进行审核、监理，以便使有资质的开发商在合格合法的平台上开发出符合质量要求的软件产品。质量监理贯穿于软件开发生存期过程的质量监理工作。

（2）进度监理：就是在规定的时间内，促使实施方保质保量地完成应用软件系统建设的全部工作。主要是监控项目的进度、比较实际进度与计划的差别、修改计划使项目能够返回预定"轨道"。

进度控制的监理要点有明确项目控制的目的及工作任务；加强来自各方面的综合、协调和督促；建立项目管理信息制度。项目主管应及时向领导汇报工作执行情况，也应定期向客户报告，并随时向各职能部门介绍整个项目的进程。项目控制包括对未来情况的预测、对当时情况的衡量、预测情况与当时情况的比较和及时制定实现目标、进度或预算的修正方案。

（3）投资/成本监理：监控费用执行情况以确定与计划的偏差。确保所有发生的变化被记录到费用线上，避免不正确的、不合适的或者无效的变更反映到费用线上。

从另外一个维度看，对于信息工程中的应用软件开发工程，其监理工作应当按照软件的生存周期来进行，此时，软件工程项目监理的监理对象主要是开发文档及其相关过程。

1. 设计阶段监理

设计阶段监理，对应软件工程过程中的软件需求分析和软件设计过程。

此阶段的主要任务是：评审承建单位提交的项目开发计划、质量保证计划和验收计划，这些计划可以作为合同的一部分或合同附件；对需求分析和设计进行质量控制，对由各种原因导致的变更进行控制，协调业主和承建单位的关系。

设计阶段的系统建设任务：需求分析阶段进入条件、需求分析的目标、需求分析的任务、需求分析阶段成果、设计阶段进入条件、软件设计的目标、软件设计的任务、软件设计的成果、分析设计阶段监理工作内容。

需求说明书评审内容：清晰、完整、依从、一致、可行、可管理。

软件分包合同监理：定期审查软件分包合同的管理活动；根据实际需要随时跟踪和审查软件分包合同的管理活动；评审和（或）审核软件分包合同的管理活动及其产品，并报告结果。

设计说明书：清晰、完整、依从、一致、可行、数据使用、功能、接口、可维护、性可靠、易测、可追溯。

文档的内容主要包括：标题或名称；目的；文档的使用单位及人员；有关输入、开发、评审、修改、批准、生产、贮存、发行、维护和配置管理的规程和职责；中间和最终版本的日程安排。

需求及规格的说明：功能与能力规格说明，包括性能、物理特性和软件项执行的环境条件；鉴定需求；安全规格说明；保密安全规定；数据定义和数据库需求；在运作和维护场所，对已交付的软件产品的安装与验收需求；用户文档；用户操作与执行需求；用户维护需求；如适用，可包括软件项的外部接口；如适用，可包括人机工程学规格需求。

详细设计说明书：清晰、完整、依从、一致、正确、数据使用、接口、可维护、性能、可靠、易测、可追溯。

软件测试计划：完整、依从、一致、正确、详细级别/程度、易测/可行、可追溯。

软件编码的规范性评审：评审的目的是使程序具有良好的风格，便于阅读。具体表现在：源程序文档化、数据说明、输入/输出等。

2. 实施阶段监理

实施阶段的系统建设任务：编码阶段、测试阶段（单元测试、集成测试、确认测试、系统测试）试运行及培训阶段。

编码阶段的监理活动：一是监督承建单位将合适的软件编码工程方法和工具集成到项目定义的软件过程中。二是监督承建单位依据项目定义的软件过程，包括对软件编码进行开发、维护、建立文档和验证，以实现软件需求和软件设计。三是软件监理组跟踪和记录软件编码产品的功能性和质量。

监理方法：定期审查、抽查、评审。定期审查软件编码的工程活动和工程进度，根据实际需要对软件编码工程活动、工作进度进行审查。对软件编码工程活动和产品进行评审和（或）审核，并向建设方报告结果。

测试阶段监理活动：测试方法、文档管理、监督确认测试、监督系统测试、追踪测试结果。监督承建单位将合适的软件测试工程方法和工具集成到项目定义的软件过程中。监督承建单位依据项目定义的软件过程，对软件测试进行开发、维护、建立文档和验证，以满足软件测试计划的要求。监督承建单位依据项目定义的软件过程、计划实施软件的确认测试。计划和实施软件系统测试，实施系统测试以保证软件满足软件需求。软件监理组跟踪和记录软件测试的结果。

监理方法：定期审查、必要抽查、评审。定期审查软件测试的工程活动和工作进度。根据实际需要对软件测试工程活动进行跟踪、审查和评估。对软件测试工程活动和产品进行评审和（或）审核，并报告结果。

试运行及培训阶段监理：试运行阶段包括记录问题、督促解决、监督培训。培训阶段包括监督培训计划、监督培训实施、记录培训效果。

试运行阶段监理重点：协助业主方和承建单位处理系统试运行期间出现的各项问题，并予以记录；对于一些重复出现的问题，在验收测试时给予必要的关注，督促承建单位必要的解决措施；监督检查承建单位试运行阶段的培训工作。

技术培训阶段监理重点：监督承建单位按照合同和业主的要求制订培训计划；审核培训计划的可操作性，要求在培训计划中明确培训对象、培训教材、培训时间、培训方式和培训师资；监督技术培训计划的实施，对培训教材和师资进行评估，将培训计划执行的情况和效果通报给业主。

3. 验收阶段监理

验收阶段监理重点：验收的程序是业主组织、监理辅助、承建方配合；业主的工作是审核承建方的验收方案、确定验收方案；承建方的工作是内部测试准备、验收准备工作、验收申请提交、验收方案准备。验收的过程是由承建方提出验收申请、共同制订验收计划、建设方成立验收委员会、进行验收测试和配置审计、进行验收评审、形成验收报告、移交产品。

验收阶段的监理工作：监理的重点是软件的安装配置审核、验收测试。具体分为文档审核、源代码审核、配置脚本审核、测试程序或脚本审核和可执行程序测试。

验收组织：组织机构及人员组成（不少于5人的单数，验收测试组和配置审核组，三方加专家）、验收委员会的任务及权限（判定所验收的软件是否符合合同要求；审定验收环境；审定验收测试计划；组织验收测试和配置审核，进行验收评审，并形成验收报告）、验收的地点及条件（符合合同或验收方案规定）、验收记录及报告。

验收的基本原则：验收测试和配置审核是验收评审前必须完成的两项主要检查工作，由验收委员会主持。测试组在认真审查需求规格说明、确认测试和系统测试的计划与分析结论的基础上制订验收测试计划。配置审核组在需求规格说明、确认测试、系统测试等过程中形成的产品的变更管理及审核工作的基础上开展审计。原有测试和审核结果凡是可用的就用，不必重做该项测试或审核；同时可根据业主单位的要求临时增加一些测试和审核内容。测试组在完成测试验收的同时，完成功能配置审核，即验证软件功能和接口与"合同"的一致性。配置审核组完成物理配置审核，检查程序和文档的一致性、文档和文档的一致性、交付的产品与"合同"要求的一致性及符合有关标准的情况。

配置审核：审查（程序、脚本；主要的开发类文档；主要的管理类文档）、审核（计划、预审会议（可选）、准备阶段、审核会议、问题跟踪）。

测试条件：软件开发已经完成，并全部解决了已知的软件缺陷。验收测试计划已经评审并批准，并且置于文档控制之下。对软件需求说明书的审查已经完成。对概要设计、详细设计的审查已经完成。对所有关键模块的代码审查已经完成。对单元、集成、系统测试计划和报告的审查已经完成。所有的测试脚本已经完成，并至少执行过一次，且通过评审。使用配置管理工具且代码置于配置控制之下。软件问题处理流程已经就绪。已经制定、评审并批准验收测试完成标准。

测试内容：安装（或升级）、启动与关机、功能测试、性能测试、压力测试、配置测试、平台测试、安全性测试、恢复测试、可靠性测试。

验收准则：软件产品符合"合同"或"验收标准"规定的全部功能和质量要求。不同安全性关键等级的软件均通过软件测试细则文档要求的各项测试。文档齐全，符合"合同"或"验收标准"要求及有关标准的规定。文档和文档一致，程序和文档相符。对被验收软件的可执行代码，在验收测试中查出的错误总数，依错误严重性不超过业主单位事先约定的限制值。配置审核时查出的交付文档中的错误总数不超过业主单位事先约定的限制值。

验收报告内容：验收的各项内容、评价与验收结论、验收委员会全体成员签字、验收委员会主任的意见。

验收未通过的处理：重新验收或合同争议。

移交监理实施：审查承建单位的项目资料清单，协助业主和承建单位交接项目资料，确保软件文档和软件的一致性。开发软件做好备份，保管在安全的地方，文件材料归档。

保障期监理：督导承建单位按照"合同"规定及时进行系统保障，抽查系统保障的执行情况；对项目业主方提出的质量问题进行记录；督促承建单位进行修复和维护；对承建单位进行修复的内容进行确认。

二、软件工程监理分段实施

监理阶段的划分和监理对象关系，参照 GB/T 19668 对监理阶段的划分，可以按照四监理阶段进行监理。监理阶段分工程招标阶段、设计阶段、实施阶段和验收阶段。由于前面已详细说明了实际工作中不同阶段的监理工作与要点，本部分对国标中的分段监理仅做简单介绍。

1. 招标阶段

本阶段主要监理活动：招标工作的监理、招标的监理和合同签订的监理。

本阶段对监理工作的基本要求如下：

（1）理解用户业务目标和业务模式，协助业主单位确定软件工程项目招标的要求。

（2）促使招标文件与用户需求、软件工程项目建设目标和范围相符合。

（3）协助业主单位选定合适的承建单位。

（4）协助业主单位签订承建合同，促使承建合同在技术、经济上合理有效，满足法律法规和相关标准的要求。

2. 设计阶段

设计阶段，主要监理工作是审查计划、参与调研、组织和参与评审，以及对变更进行响应。

（1）计划制订的监理：要求承建单位提交工程计划文档，根据既定的准则审查并签署监理意见，经业主单位同意后执行。另外，监理机构应组织业主单位和承建单位适时对工程计划及相关文档进行评审，并及时取得各方对工程计划的书面批准和承诺。

（2）需求分析的监理：应审查承建单位提交的需求分析计划，审查后报业主单位，监督承建单位开展需求分析活动，并协调业主单位予以相应的配合，组织对系统需求进行评审。

（3）概要（结构）设计的监理：监理机构应督促承建单位开展概要（结构）设计活动，审查承建单位的概要（结构）设计文档。

监理机构应要求承建单位提交软件结构设计文档。应督促承建单位按照计划的要求开展软件结构设计活动。

（4）详细设计的监理：监理机构应督促承建单位按照计划的要求开展详细设计活动，审查承建单位的详细设计文档，评价软件详细设计和测试需求，并应监督承建单位解决软件结构设计中发现的问题和不合格项，并提出监理意见。如适用，监理机构应当检查承建单位编制的接口的顶层设计和数据库的顶层设计。

3. 实施阶段

监理机构应督促承建单位开展编码，测试活动；促使软件编码及测试符合技术标准与合同计划要求，并及时对变更进行响应。

实施阶段的监理，可细分为编码及测试的监理、系统部署的监理。

4. 验收阶段的监理

验收阶段的监理要求：监督培训过程；协助业主单位进行初验、试运行和终验的工作；协助业主单位、承建单位进行软件工程项目的移交工作。

应特别注意的是，软件项目最重要的是软件工程开发过程中的各种文档，软件产品不仅是可执行的代码，而且包括全体设计文档，交付清单应该包括最终的需求分析、概要设计、详细设计、数据库设计、接口设计、安装手册和用户手册，以及相关的工程文档。

监理机构应当依据合同中的有关条款，协助业主单位进行工程决算及处理相关事宜，监理机构协助工程参与各方完成对工程的总结和后续系统运行的建议。监理机构应完成自己的工程监理总结，整理完成后将全部监理文档和与承建方工程有关的全部文档一并移交给建设方。

第六章　基础设施工程监理

这里基础设施工程特指信息工程的基础设施，通常包括网络和通用布缆系统、机房工程以及相关的配电工程、空调工程、消防工程、防雷工程、安防工程等。

第一节　计算机网络工程监理

一、网络基础设施

计算机网络系统是由两个或两个以上按一定协议互连的计算机组成的复合体。我们这里的计算机网络系统工程（Computer Network System Project）包括网络基础设施、网络服务、网络安全和网络管理系统。计算机网络系统工程涉及计算机网络系统的新建、升级、改造项目。网络基础设施（Network Infrastructure）为计算机网络系统的运行提供支撑的基本软件、硬件资源，包括通信线路、网络设备、主机、操作系统及其他支撑软件。网络管理系统（Network Management System）是对计算机网络各组成部分的监视和控制的软件及硬件系统。在实际中，根据网络工程建设和使用情况，一般将网络进行如下分类：

（1）专用网络。指政府部门之间的网络，因为对机密信息的交换，需要在与外部网络进行物理隔离的专用网络上传输，以保证机密信息的绝对安全。

（2）内部网络。指政府内部的办公网络，以局域网为主，有时需要有广域网，用于政府内部和政府部门之间一般的信息交换，内部网络具有传统数据网络的性能优点和共享数据网络结构的优点，同时，还能够提供远程访问，以及外部网和内部网的连接。

由于电子政务内网承担着关键的政务应用，因此，在内网上运行着具有全局性的业务系统，常见的有公文处理、公文交换、信息管理等电子政务应用。因此，网络平台由两部分平台构成，一个是安全支持平台，另一个是应用支持平台。安全支持平台主要是面向政府内部的办公系统，有统一的证书业务服务、证书查询验证服务、安全保密服务、授权服务、信息安全防御服务、基于物理隔离的安全数据交换服务等。安全应用支持平台面向政府内部具体办公业务应用，主要包括提供安全网络门户服务、可信信息交换服务、可信应用传输服务、安全电子邮件服务、安全视频会议服务等。

（3）外部网络。对于为公众提供的信息以及其他可公开的信息，可以利用政府网站等形式发布到互联网上。政务外网运行向社会管理服务的业务系统，通过建立政府网络门户系统向社会发布公共信息和提供公共服务。政务外网建立在公共通信平台之上，在安全平台和应用平台的支持下，实现政务公开和政务管理功能，各系统政务外网可以与其他政府部门的外网实现安全的互联和信息交换。

二、网络工程的监理

网络是由网络基础平台、网络服务平台、网络安全平台、网络管理平台、环境平台等组成的。无论是作为监理工程师还是业主，都应该了解信息网络系统建设准备阶段的过程划分：立项、工程准备、招标、实施等。立项评审的基本原则应遵循简单性、灵活性、完整性、可靠性、经济性等。监理工作的重点就是"三控两管一协调"。主要监理内容包括开工前的监理、实施准备阶段的监理、实施阶段的监理。

三、网络工程立项阶段的监理及其要点

1. 系统需求分析

监理机构应从如下方面审核承建单位提交的设计阶段计算机网络系统需求分析：①网络服务和应用的需求。可列出网络服务以及网络系统建成后在其上运行的应用系统的类型、特性、对网络系统的要求等。网络用户的类型、特征和数量。②网络地址和子网划分的要求。③网络性能要求，如带宽、响应时间等。④网络服务质量的要求，如服务质量模型、服务质量参数等。⑤网络可靠性要求，如单点失效、故障恢复能力等。⑥网络可扩展性要求，互联网的接入方式、带宽需求。⑦网络安全性需求、网络管理的需求、目标系统与现有网络系统的兼容性和互操作性要求以及网络系统的其他需求。

2. 工程招标阶段

（1）监理目标。理解工程的需求、目标和范围；促使招标文件与工程的需求、目标和范围相符合；协助业主单位选定合适的承建单位，促使承建合同在技术、经济上合理有效。

（2）监理内容。协助业主单位明确工程需求，如有可能，应当参与招标前的准备工作，协助业主单位编制计算机网络系统工程的业务需求和工作计划，对本阶段的工作进度提出监理意见，应当了解业主单位估算的工程总投资，协助业主单位参与招标文件的编制或对招标文件提出监理意见。应参与承建合同的签订过程，促使合同相关条款符合业主单位招标文件的要求，并且在承建合同中明确要求承建单位接受监理机构的监理，业主单位、承建单位以及相关单位建立信息沟通和工作协调机制，明确本阶段需要各方提交的文档要求，并向业主单位提供所需信息。

（3）监理要点。

1）项目需求。计算机网络系统的需求，如网络基础设施的需求，网络服务和应用的需求，网络管理的需求，网络功能、性能、可靠性和安全性需求等。

监理机构应从下面六部分内容理解业主单位对计算机网络系统工程的需求：工程建设范围；工程建设目标；工程建设应遵循的法律法规、技术标准和管理标准；工程进度计划；工程投资规模；网络系统的兼容性。网络系统的兼容性是指若存在现有网络系统，应考虑目标网络系统与现有网络系统的兼容性问题，以保护业主单位的原有投资。

2）招标文件。如有可能，参与并审核招标文件的技术内容，如果咨询监理先于承建单位招标，监理机构应当参与招标文件的编制，并对如下内容提出监理意见：①项目需求；②投标单位的资格要求；③工程的技术和质量要求；④工程的时间和进度要求；⑤主要网络设备、产品及服务的要求；⑥验收方法、接收准则；⑦投标文件的要求；⑧分包合同的要求；⑨合同主要条款或合同草案。

3）承建合同。监理机构应当参与承建合同的签订，协助业主单位对承建合同的内容进行检查，并提出监理意见。参与并审核内容工程建设目标、范围、业主单位和承建单位的责任、工程使用的主要技术标准、计算机网络系统的功能和性能要求、测试和验收要求，要求承建单位按照项目管理计划实施工程，明确监理机构在项目中的作用。

合同中应当明确工程的阶段划分及其质量和进度要求，工程付款三方相关的约束关系，主要设备的保修条款以及系统的运行维护等相关服务的要求，各阶段需要承建单位提交的工程文档以及需要完成的培训等相关服务的内容，为工程变更和扩展问题规定处理方法。

四、网络工程设计阶段的监理

1. 监理目标

推动业主单位、承建单位对计算机网络系统工程需求和设计进行规范化的技术描述，为工程实施提供优化的设计方案，促使计算机网络系统工程计划、设计方案满足工程需求，符合相关的法律法规和标准，并与承建合同相符。

2. 工程设计阶段的主要监理内容

承建单位组织人员对计算机网络系统工程需求进行调研和分析，并形成文档。监理机构对其内容进行审核后提出监理意见，协调业主单位调动适当的资源，配合承建单位完成工程设计前期的需求调研和分析工作，要求承建单位提交计算机网络系统工程设计方案和工程实施组织设计方案。监理机构对其内容进行审核后提出监理意见。

协助业主单位组织专业人员进行设计方案的评审，在投资允许的情况下优化设计方案，并且使用户了解由于其条件限制而存在的风险，确定项目阶段性进度、质量、投资控制的措施及方法，并作为监理细则的内容，协调业主单位和承建单位就设计变更内容达成一致，并对由于设计变更引起的质量、进度和投资变化提出监理意见。妥善保管工程设计阶段的文档，并检查工程文档的时效性和可用性，对提出保密要求的信息实施保密，尊重各方的知识产权，与业主单位、承建单位确定工程设计阶段的协调形式和方法。

3. 工程设计方案

监理机构应从如下方面对承建单位提交的工程设计方案提出监理意见，审核内容包括：工程设计方案的可行性及其与需求的符合性；目标系统与现有网络系统的兼容性和互操作性要求；网络系统的体系结构和网络拓扑的设计；网络地址规划和子网划分；网络系统的接口和整体连通性设计；网络基础设施，包括通用布缆的设计以及主要网络设备、主机、操作系统的选择和配置等；网络应用层协议及网络服务的选择和配置；网络安全性设计；网络管理系统的选择和配置；网络可靠性设计；工程关键技术的实现方法、流程及技术保障措施；工程实施的质量保证措施和进度计划的可行性、合理性及文档的完整性。

4. 网络基础设施

监理机构应从网络设备及其互连、硬件系统、软件系统三方面审核工程设计方案中的网络基础设施。具体审核内容如下：

（1）网络设备及其互连包括：

1）网络协议（指物理层、数据链路层、网络层协议，包括路由协议和策略）的选择和配置；

2）网络集成的设计，包括接入方式、带宽等；

3）服务质量实现方式；

4）故障恢复能力和措施；

5）网络安全机制；

6）网络设备关键部件的冗余能力；

7）网络设备端口的可扩容性；

8）固件的维护、升级和可管理能力。

（2）硬件系统，特别是主机包括：

1）对网络服务和应用的支持能力；

2）处理能力；

3）可靠性指标；

4）可扩充能力；

5）冗余能力。

（3）软件系统，特别是操作系统包括：

1）软硬件资源配置和可管理性；

2）系统组件的选择和配置；

3）网络协议（指网络层、传输层和应用层协议）的选择和配置；

4）安全性设计，包括安全等级、安全机制、安全策略、安全组件的选择等。

5. 网络服务

监理机构应审核工程设计方案中的网络服务内容，包括：对应用系统的支持能力；与操作系统的兼容性；应用层协议的选择和配置；网络服务软件的配置；网络服务的可靠性；网络服务的可扩展性；网络服务的可维护性；网络服务的安全性。

6. 网络管理系统

监理机构应从以下三个方面审核工程设计方案中网络管理系统的内容：

（1）网络管理系统的功能。

1）故障管理。对网络系统中的故障进行检测、隔离以及对异常操作进行处理，包括维护和检查错误日志、接收错误检测通知并采取相应措施、跟踪和确定故障、执行诊断测试、排除故障等。

2）记账管理。根据网络系统中资源的使用状况确定开销收费，包括费用或消耗资源的通知、记账限额的设置、通信费用的确定等。

3）配置管理。对网络系统进行识别、实时控制，从中搜集数据，以便准备、初始化、启动网络互连服务；提供网络互连服务的连续操作以及终止互连服务，包括：设置网络系统例行程序操作的参数，将名字与被管客体和被管客体组相关联，初始化和关闭被管客体，搜集网络系统当前环境信息，获得系统环境重大改变的通知，改变网络系统的配置等内容。

4）性能管理。评估网络系统的资源行为和通信活动，包括：搜索统计信息、维护和检查系统历史状态日志。确定系统在自然和人工环境下的性能，改变系统操作模式以便实施性能管理活动。

5）安全管理。通过安全管理功能，支持安全策略的应用，安全管理功能包括：安全服务和机制的创建、删除与控制，安全相关信息的分发，安全相关事件的报告。

（2）网络管理系统的性能。

1）统计信息搜索的准确性；

2）故障处理的响应时间；

3）网络管理数据的存储能力；

4）日志存储能力；

5）时间精度。

（3）其他需要考虑的因素。

1）系统的开放性；

2）系统遵循的网络管理协议和标准；

3）系统的安全性；

4）网络管理信息对网络吞吐量的影响。

7. 网络安全性设计

承建单位应针对业主单位网络安全方面的风险和需求，设计网络各部分的安全性解决方案，监理机构应从以下方面提出监理意见：

（1）对业主单位的网络安全目标和安全需求理解的准确性。

（2）与国家相关法律法规、标准的符合性。

（3）网络安全风险分析。

（4）所选网络安全技术的开放性、兼容性、可扩展性。

（5）网络安全所遵循的标准和达到的相应等级。

（6）网络安全管理，包括安全策略、组织安全、资产分类和控制、人员安全、物理与环境安全、通信和操作管理等。

五、工程实施阶段的监理

开工前准备阶段：了解实施的各种活动准备情况，审核实施方案、进度计划、实施组织计划、承建单位及个人相关资质。

实施阶段：组织布线、网络和安全系统方案评审；对现场布线施工情况等进行检查；评审项目验收大纲。

1. 监理目标

加强计算机网络系统工程实施方案的合法性、合理性与设计方案的符合性，促使计算机网络系统工程中使用的产品和服务符合承建合同及国家相关法律法规、计算机网络技术规范与标准；明确计算机网络系统工程实施计划，对于计划的调整应合理、受控，促使计算机网络系统工程实施过程满足承建合同的要求，并与工程设计方案、工程实施方案、工程实施计划相符。

2. 监理内容

工程实施阶段的主要监理内容如下：

审核承建单位提交的工程实施方案和工程质量管理计划（包括质量管理、工程实施组织、工程实施阶段性进度计划等），组织召开工程实施准备会议，要求承建单位落实工程实施前的准备工作；进行工程实施过程监理，执行阶段性质量控制措施，并做监理日志；处理承建单位提交的工程关键环节实施申请，进行承建单位工程实施状况、人员与实施方案的一致性检查；组织对承建单位提供的主要网络设备、产品及服务进行验收，对验收结果做验收记录，对不符合承建合同或相关规定的设备、产品及服务拒绝签认；审核承建单位提交的工程阶段性报告和付款申请；处理工程变更申请，促使工程变更合理、受控；按照既定程序处理工程中出现的质量事故；按照既定程序处理工程索赔；做好实施阶段的信息管理和协调工作。

3. 监理要点

（1）工程实施方案。审核内容包括：设备的安装调试、网络系统集成、网络图、实施方案、工程实施组织、工程实施计划、项目分包工程实施方案。

监理机构应从如下方面对承建单位提交的工程实施方案提出监理意见：各类设备的采购、进场、配置、调试和管理等；软硬件系统集成、系统连通性验证等；网络系统拓扑图、网络设备布局图、配线图；网络基础设施、网络服务、网络安全和网络管理系统各部分实施方案的合理性和可行性，与承建合同、工程设计方案的符合性；实施人员、实施顺序、实施测量、安全措施、特殊处理措施等；实施步骤、实施组织、实施方法、实施进度，以及有关质量、安全等主要技术和组织措施等。

（2）工程实施过程。工程实施过程中，监理机构应从如下方面开展监理工作：工程现场实施人员与实施方案中规定的实施人员的一致性检查；检查设备的互联线缆是否经过测试并符合要求；设备安装环境和条件的检查，应检查主要网络设备的安装环境是否符合设备的运行要求；设备安装、调试和网络系统集成的检查；工程实施的安全性检查；定期检查、记录工程的进度情况；如适用，检查设备到货和工程实施的变更请求的合理性和必要性，评估变更对工程的质量、进度和投资的影响，并提出监理意见；工程有分包单位时，监理机构应审核分包单位的工程实施资格，不具备工程实施资格的分包单位不得参与工程实施；按照既定程序处理工程中出现的质量事故。

（3）主要设备到货验收。设备采购的监理主要职责：审核承建方的采购计划和采购清单；设备质量、到货时间的审核；订货、进货确认；组织到货验收；设备移交审核；外购硬件和软件的监理。设备采购监理的重点：设备是否与工程量清单、合同规定的规格相符；设备说明书等证明文件是否齐全；到货是否及时；配套软件是否成熟。监理流程：承建商提前三天通知设备到货地点、时间，提交清单；协助业主方做好到货验收，发现缺损由承建商负责更换；提交验收报告。

设备到货验收中，监理机构应从如下方面开展监理工作：监理机构应组织对承建单位提供的主要网络设备、产品及服务进行验收。对于重要网络设备可依据承建合同、网络技术标准或事先约定的方法检测其功能和性能；对于数量较大的同类产品，监理机构可进行抽样检查。必要时，监理机构应要求承建单位提交第三方测试机构出具的测试报告，并核验产品认证证书、检测报告的真实性和有效性；监理机构应从以下方面对主要网络设备进行到货验收，并提出监理意见：①外包装检查；②开箱检查，包括设备型号、类别、数量、附件及文档等；③记录各个产品的唯一性标识，如产品序列号等；④必要时，可确认主要设备的合法性；⑤进行加电自检测试；⑥三方共同填写设备到货验收单。

（4）系统安装调试。任何一个网络系统的实施都至少包括两个部分，逻辑设计与物理实现。网络系统的调试与安装通常分为以下几步：网络系统的详细逻辑设计；全部网络设备加电测试；模拟建网调试及连通性测试；实际网络安装调试。监理机构应从以下方面对网络系统的安装调试进行监理，确认其达到工程设计方案和实施方案的要求：网络设备和主机的安装、配置及调试；操作系统、网络管理系统、网络服务及其他软件的安装和配置，网络系统集成的调试。

六、工程验收阶段的监理

信息网络系统的验收应以网络设计的总体设计为基础，主要验证系统的整体性能和主要设备运行性能，同时，应用系统是信息网络系统的核心。

验收的前提条件：所有建设项目按照批准设计方案要求全部建成，并满足使用要求；各个分项工程全部初验合格；各种技术文档和验收资料完备，符合集成合同的内容；系统建设和数据处理符合信息安全的要求；外购的操作系统、数据库、中间件、应用软件和开发工具符合知识产权相关政策法规的要求；各种设备经加电试运行，状态正常；经过用户同意验收方案的审核与实施；确认工程验收的基本条件（是否符合合同规定的各项内容，文档是否完备，售后服务和培训计划是否完备）。

监理的主要内容：系统整体功能、性能；主要设备（或子系统）的功能、性能；承建方提交文档的种类和内容；系统设计、开发、实施、测试各个阶段涉及的工具和设备都具备合法的知识产权；承建方的质量保证和售后服务体系；承建方采取必要的管理和工程措施，以方便系统的扩容和升级。

建议由建设方（业主）、承建方共同推荐人员组成验收组，确认工程验收应达到的标准和要求，确认验收程序（验收准备—初步验收—正式验收—验收资料存档）。

工程验收的组织：工程验收组一般由业主方组织，监理方、承建方共同参与，验收组应有明确分工，一般为测试小组、资料文档评审小组、工程质量鉴定小组进行内部核查。核查内容要点：

（1）售后服务与培训。监理应督促承建方按照合同规定，向业主提供相应的培训服务。

（2）网络基础平台的验收。验收检查的重点是网络基础平台的整体性能：网络整体性能（网络连通性能、网络传输性能、网络安全性能、网络可靠性能、网络管理性能）；服务器整体性能（服务器设备连通性能、服务器设备提供的网络服务、服务器设备可靠性能、服务器设备的压力测试）；系统整体压力测试验收（网络压力测试、系统运行监控测试）。

（3）网络设备的验收。进行网络检测主要考虑的指标包括吞吐量、丢包率、延时、背靠背性能等。

（4）网络安全和管理平台的验收。主要是对系统中的网络安全设备进行验收，包括防火墙、入侵检测和漏洞扫描系统（入侵检测、漏洞扫描）、其他网络安全系统（网络防病毒、安全审计、Web 信息防篡改系统）、网络管理系统（网络管理、系统管理、运行维护管理）等设备。

（5）环境平台的验收。环境的验收主要是机房和综合布线系统。机房工程主要是机房工程主要系统的验收：UPS 电源系统、接地系统、门禁系统、消防系统、照明系统、空调系统。综合布线系统主要是各配线间场地的选择、温湿度的控制、器材的验收，必须与合同约定的规格指标等要求相符，符合国家的相关标准，线缆必须满足各项参数要求，机柜设备等的安装注意事项。

1. 监理目标

确认工程达到验收条件，明确计算机网络系统工程测试验收方案的可行性、与承建合同的符合性；确认按照验收方案所规定的验收程序，实施初验、试运行和终验，促使计算机网络系统工程的最终功能和性能符合承建合同、法律法规和相关技术标准的要求；推动承建单位所提供的工程各阶段形成的技术、管理文档的内容和种类符合相关标准。

2. 监理内容

协调业主单位和承建单位在验收计划、验收目标、验收范围、验收内容、验收方法和验收标准等方面达成一致，填报工程备忘录，并经三方签认，处理承建单位提交的工程验收申请，审核其中的验收计划、验收方案等，并签署监理意见，检查并确认工程达到验收条件。

协助业主单位按照工程验收方案所规定的验收内容和方式组织初验、试运行和终验，对其结果进行确认，对验收过程中发现的问题提出监理意见，并要求承建单位进行整改，敦促业主单位、承建单位按照事先约定，编制、签署并妥善保存验收阶段的各类工程文档，敦促业主单位和承建单位及时整理并妥善保管整个工程的相关文档，编制项目监理总结报告，整理并向业主单位提交与工程有关的全部监理文档，督促承建单位完成项目实施方案中确定的培训。协助业主单位和承建单位完成工程移交工作。

3. 监理要点

监理工作的要点是工程验收方案、工程验收条件、工程验收测试和工程移交。

（1）工程验收方案。监理机构应当审核承建单位提交的工程验收（终验）方案，确认其符合承建合同、法律法规及相关标准的要求，细节包括：验收计划和组织、验收目标、验收方式（包括测试方式）、验收流程、验收环境、验收内容及合格指标（包括验收提交清单，网络系统的主要功能和性能指标、验收报告内容约定等）。

（2）工程验收条件。工程验收（终验）前，监理机构应当协助业主单位确认工程达到验收（终验）条件，包括：检查工程建设内容已经按照合同要求全部完成，各种技术文档和验收资料完备，系统已通过初验、试运行，并且初验和试运行中出现的问题已解决，用户已出具初验和试运行意见，承建单位提交了符合要求的验收（终验）方案和计划，并且验收（终验）方案和计划已通过审核，业主单位同意进行验收。

（3）工程验收测试。监理机构应当协助业主单位在初验和试运行的基础上，进一步依照承建合同提出终验测试内容及相关指标（包括网络系统的功能测试、性能测试等），并同承建单位协商，最终形成工程终验测试方案，同时确定承建单位应提供的测试文档清单，工程终验的测试机构可以是三方共同成立的测试小组，或业主单位聘请的专家测试小组，必要时可委托专业的第三方测试机构进行测试，监理机构应对测试机构提交的测试报告进行审查，测试结果应经三方签认。

（4）工程移交。

第二节 通用布缆系统及机房工程监理

一、通用布缆系统工程

通用布缆系统（Generic Cabling System）是指能支持广泛应用范围的结构化信息布缆系统，一般是由双绞线、光缆、同轴电缆、无线等传输媒体组成。通用布缆系统工程（Generic Cabling System Project）指涉及通用布缆系统建设的工程项目。

二、招标阶段的监理

1. 监理目标

理解通用布缆系统工程应用需求，促使工程招标文件与通用布缆系统工程应用需求相符。协助业主单位签订通用布缆系统工程承建合同。

2. 监理内容

协助业主单位明确通用布缆系统工程的需求，审查业主单位通用布缆系统工程应用需求相关文件，对业主单位的工程预算、工程工作计划等提出监理意见，监理机构可向业主单位提出工程招标文件技术部分内容。监理机构可对招标文件中承建单位的能力要求提出监理意见，协助业主单位签订通用布缆系统工程承建合同。

3. 监理要点

监理要点是工程应用需求、招标文件、承建合同。协助业主单位明确工程应用需求，包括：传输媒体的类型，支持的带宽，通用布缆系统的稳定性、可靠性和安全性的要求，建筑物的相关图纸和建设规划，施工环境和施工限制情况，通用布缆系统管线路由与建筑物其他系统的关系，如与供配电、给排水、暖通空调、自动控制等子系统管线路由的关系。

三、工程设计阶段的监理

1. 监理目标

促使形成可行的、优化的工程设计方案，协助业主单位明确工程施工的关键点，明确工程施工的要求。

2. 监理内容

推动业主单位和承建单位明确工程建设的具体需求，规范工程设计过程，确定工程各方往来文档的种类、格式、签批人等事项，应当审核承建单位提交的设计需求说明书，经确认的设计需求说明书作为工程设计的依据，协助业主单位组织召开设计技术交流会，澄清设计技术细节，并做会议纪要会签，审核设计变更的合理性，并对变更引起的质量、进度和投资变化提出监理意见，协调业主单位和承建单位就设计变更内容达成一致，审核承建单位提交的工程设计方案，并提出监理意见。

3. 监理要点

工程设计阶段监理审核，由承建单位提交的设计需求说明书、工程设计方案，并提出监理意见。内容包括：

（1）通用布缆系统结构。

1）室内外管线路由；

2）配线间的布局及位置；

3）电信插座的位置；

4）电源的要求；

5）无线设备的位置等。

（2）技术细节。查看承建单位技术负责人审核签认，并审核：工程名称、范围、内容、目标；设计依据；线缆材料选择说明；施工工艺要求；测试验收方案；设计图纸（系统结构图、平面布置图等）等。

（3）设计依据。应依据招标书、投标书、设计需求说明书等文件，审核以下方面：所依据的标准及文件是否为现行可用，并且符合业主单位需求；设计是否满足工程应用需求，并符合相关设计规范要求；通用布缆系统设计是否包括园区主干、楼宇主干、水平布缆三个布缆子系统，其结构是否支持总线型、星型、环型等不同的拓扑结构；线缆材料类别和型号选择是否符合工程应用需求；设备间内的环境要求是否明确且符合设计规范；屏蔽系统的接地措施是否符合设计规范或要求；关键施工点的工艺流程是否符合施工规范或要求；隐蔽工程实施方案是否明确；图纸是否与实际环境相符等。

审查方案中无线局域网部署技术关键点，要点如下：设备与天线的选型是否符合标准规范；每个无线电的天线增益、高度、方位及信道的选择是否符合设计规范；天线架设位置是否合适，接收发射信号方向上有无遮挡物，所有天线位置是否在避雷针的保护范围内；架设天线的支架或铁塔是否与接地系统连接良好，天线接地电阻是否满足标准要求。

四、工程实施阶段的监理

1. 监理目标

促使工程质量满足设计要求和工程应用需求，促使工程在预定工期内完成，促使工程投资受控且合理。

2. 监理内容

监理机构在工程实施阶段的监理工作的主要内容如下：审核承建单位提交的工程实施组织设计方案，并提出监理意见。根据工程实施组织设计方案及相关标准制定监理实施细则，根据工程设计方案、工程实施组织设计方案、标准及规范，对工程实施的质量进行监理，核实施工人员，并按照既定程序处理工程实施中的质量事故，根据工程实施组织设计方案，对承建单位的实施计划进行审核并监督执行，审查工程分包单位的资格，确认其具备完成所分包部分的能力，检查验收进场的线材和连接硬件，并出具验收报告，检查确认承建单位的示范施工，响应承建单位提出的隐蔽工程报验，并对隐蔽工程进行检查签认，响应承建单位提出的工程变更申请，审核工程变更的可行性、合理性、经济性，审核承建单位提交的付款申请，并根据合同和工程实际实施的进度和质量，签认付款证书，按照既定程序处理工程索赔申请，根据监理规划和监理实施细则，做好实施阶段的信息管理和协调工作。

3. 监理要点

监理对象是工程实施组织设计方案、工程分包、施工准备、质量保证措施、线材、连接硬件验收、示范施工、抽检测试、隐蔽工程。

（1）工程实施组织设计方案。对承建单位提交的工程实施组织设计方案进行审核，审核重点是：①施工组织结构配置的合理性，配备的项目经理、安全员和质量检查员等应符合工程建设要求；②施工进度计划应合理，应和其他系统建设的进度计划协调一致；③施工进度计划应包括人力配备计划、设备配备计划、材料供应计划、实施进度计划等；④施工工艺应符合技术规范，工序合理，符合设计方案要求；⑤隐蔽工程工序应合理，有质量检验保证措施；⑥测试仪器设备精度应满足设计方案中规定的测试规范要求；⑦测试计划方案应满足相关标准及设计方案要求；⑧系统维护计划及培训计划合理。

（2）工程分包。审查工程分包的内容包括：范围、质量要求、工期要求、检测验收标准或要求、分包单位的能力、分包单位的施工组织方案等。

4. 施工过程

根据监理实施细则确定的检查控制点，对承建单位的施工进行现场检查，并做检查记录，对承建单位的施工进行阶段性的监理抽检测试，并形成报告。

（1）保护设施安装的检查工作：①安装位置、路由和设计方案的符合性；②桥架与线槽连接的紧密性；③金属桥架接地连接的可靠性；④桥架及线槽的密闭性；⑤室外立杆或管道施工与相关标准的符合性；⑥对于屏蔽布缆系统，屏蔽和等电位联结应完整、可靠且连续，屏蔽系统接地应符合设计规范。

（2）机柜、机架安装的检查工作：①安装符合技术规范要求；②安装应牢固；③接地极进行可靠连接；④配线架标识规范。

（3）电信插座安装的检查工作：①安装位置和设计方案的相符性；②安装应牢固；③施工符合施工规范；④电信插座标识规范。

（4）连接硬件安装的检查工作：①园区主干子系统、楼宇主干子系统和水平布缆子系统设备间内的连接硬件安装应符合规范要求；②连接硬件应使用压接跳线或快接跳线；③连接硬件应有标识和管理手段。

（5）线缆敷设的检查工作：①路由与设计方案的符合性；②线缆标识应满足技术标准的要求；③线缆在管、槽中的填充量应符合规范要求；④线缆敷设转弯处弯曲半径应符合设计规范；⑤敷设时应有消除拉伸、急剧弯折和紧捆线缆引起的线缆张力的保护措施；⑥铜缆与其他系统线缆之间的距离应满足相关技术标准要求。

（6）标识、记录的检查工作：①所有线材和连接硬件应标识并记录；②变更的线缆或连接硬件应做记录。

（7）无线施工的检查工作：①设备放置位置的温湿度应符合设备工作要求，馈线长度符合要求；②天线、馈线安装时不能有碰撞，防止受力变形，影响技术性能；③天线安装的高度和方位，各安装部件要紧固良好；④馈线弯曲和扭转时，弯曲半径和扭转角度要符合馈线安装要求；⑤天线接地应可靠，馈线固定应牢固；⑥馈线衰耗值符合设计要求；⑦所需线缆的类型应合适，敷设应规范。

五、工程验收阶段的监理

对通用布缆系统的验收包括环境验收和布缆系统测试。环境验收主要是各配线间场地的选择以及温湿度的控制与器材等的验收，必须与合同规格和相关标准要求相符，各项指标必须符合相关的国家标准，线缆必须满足各项参数要求，机柜等的安装注意事项，设备安装必须符合相关标准规范；布缆系统测试内容主要是干线、支线连通情况，跳线测试，数据线参数测试。

1. 监理目标

通过监理工作，实现如下目标：使在设计阶段形成符合设计要求和工程应用需求的测试验收方案；使验收通过的工程顺利移交。

2. 监理内容

工作的主要内容是：审核承建单位提交的测试验收方案，并提出监理意见；审核并确认工程的验收条件；监督检查承建单位工程自测，并审核承建单位自测报告；协助业主单位委托第三方检测机构对通用布缆系统进行检测；督促承建单位按照业主单位存档要求编制竣工文档，并审核竣工文档；编制工程监理总结报告，整理并向业主单位提交工程全部监理文档；协助业主单位组织验收，协助完成工程移交。

3. 监理要点

此阶段的监理要点是工程自测、验收方案、初验条件、竣工文档四部分内容。

（1）工程自测。由承建单位完成、监理机构负责检查。检查承建单位的测试仪器的有效性和可用性；要求承建单位对通用布缆系统工程包括的所有链路进行测试，并提交自测报告；审核承建单位提交的测试报告，测试应符合设计方案依据的验收标准；对于测试不合格的链路，监理机构应要求承建单位在测试报告中记录，采取整改措施，并复测；监理机构应对布缆系统进行抽检测试，验证承建单位施工及测试情况，并向业主单位提交抽检测试报告。

（2）验收方案。由承建单位提交、监理机构审核。验收目的、范围、内容与承建合同的一致性；验收计划安排的合理性；验收的标准；测试的方法和设备。

（3）初验条件。由承建单位提交申请，监理机构需要核实，工程建设全部完成（除承建单位、业主单位同意，并签认工程备忘录的未完成工作外），工程建设文档齐备，审核并确认验收方案。承建单位工程自测、监理机构抽检测试或第三方测试已完成，承建单位对于不合格项目已进行了整改并复测。

（4）竣工文档。承建单位应提交、监理机构核认核签承建合同；招标文件、投标文件、设计方案、工程实施组织设计方案、工程施工报告、隐蔽工程记录、变更记录、自测报告、信息点分布图（表）、园区、楼宇、水平配线表、竣工图纸等。

第三节　机房工程

一、机房工程的组成

在信息系统工程中，机房工程是为保证计算机、电信等所有电子设备的安全有效运行而提供的配套工程。它包括供配电工程、空调工程、装饰装修工程、消防工程、安全防范和环境等子系统工程。详细组成情况见表6-1。

表6-1　机房工程组成

序号	子系统名称	作用或含义	系统工程组成
1	供配电系统工程	为电子设备机房中所有电源设备和设施提供符合要求电源的系统工程	主要包括：①配电柜（箱）安装、测试；②不间断电源（UPS）设备安装、测试；③蓄电池安装、测试；④电缆桥架安装和桥架内电缆敷设；⑤电线电缆导管和线槽敷设；⑥电线电缆穿管和线槽敷线；⑦电缆头制作、接线和绝缘测试，照明、开关、插座安装、检查；⑧防雷、接地装置安装
2	空调系统工程	为电子设备机房内所有电子设备提供满足运行环境（温度、湿度）要求的系统工程	主要包括：①空调机组设备安装；②风管制作；③风管及部件安装；④管道安装；⑤风管、管道保温，空调系统调试及综合效能试验
3	装饰装修系统工程	为保护建筑物的主体结构、完善建筑物的使用功能和美化建筑物，采用装饰装修材料和饰物，对建筑的内外表面及空间进行的各种处理过程	主要包括：①地面工程；②吊顶工程；③隔断墙工程；④抹灰工程；⑤防水工程；⑥门窗工程；⑦涂饰工程
4	消防系统工程	机房消防系统工程	主要包括：①气体消防；②火灾自动报警、广播；③火灾早期报警；④干粉灭火及消防联动
5	安全防范系统工程	以机房和设备安全为目的，运用安全防范产品和其他相关措施的工程	主要包括：①入侵报警系统；②视频安全防范监控系统；③出入口控制系统；④防爆安全检查系统；⑤机房管理系统等；⑥或由上述系统为子系统组合或集成的电子系统
6	环境系统工程	电子设备机房的室内环境工程	主要包括：①室内空间环境；②室内电磁环境；③室内空气环境；④视觉照明环境；⑤室内噪声环境

二、机房工程监理

在实际的监理工作中，电子设备机房系统工程的监理往往没有被单独列出来，而是被分散划入各个子系统中。比如，划入供配电系统工程的监理中、划入消防系统工程的监理工作中，而每个子系统都会有自己独立的监理。但机房工程作为信息工程建设的配套工程，信息系统工程需要上述子系统的配套配合才能够实现正常功能和性能，才能够发挥效益。因此，现实的信息工程监理中的机房工程监理工作主要是查验各个子系统的建设结果是否符合信息工程方面预定的要求，即根据相关标准规范特别是信息系统工程对上述子系统的要求来查验在信息系统工程设备进入机房安装调试前是否合格。机房工程主要系统的各子系统项监理内容包括：供配电工程，安全防范系统、门禁系统、消防系统、照明系统、空调系统等。

监理重点：审查好施工组织方案，重点检查是否有保证工程质量的措施；审查施工人员资质；严格遵循 GB 50174—2017《数据中心设计规范》与其他相关标准规范，进入现场落实随装随测的要求，检查是否按照相关标准施工。

隐蔽工程的监理金属线槽安装：吊架按照相关标准安装；线槽按照规范安装；线槽内配线按照要求安装，线缆不得扭绞，两端贴标签等。管道安装：要点与金属线槽基本相同，应注意管道的弯曲半径要大于管道直径的六倍。

1. 工程招标阶段

（1）监理目标。

1）主要工作内容：协助业主单位，理解工程的需求、目标和范围；促使招标文件与工程的需求、目标和范围相符合，协助业主单位在与选定的承建单位签署合同过程中深刻理解合同条款中的技术指标，促使承建合同在技术、经济上合理有效。

2）注意事项：核对核查并提供建议，但注意不要越权。

（2）监理内容。

1）协助业主单位明确工程需求，协助业主单位编制电子设备机房系统工程的工作计划。对本阶段的工作进度提出监理意见，了解业主单位估算的工程总投资，对比"招投标法"，对招标文件提出监理意见，对招标书的合理性提出监理意见，应参与承建合同的签订过程，对比"承建合同范本"，促使合同相关条款符合业主单位招标的需求，并且在承建合同中明确要求承建单位接受监理机构的监理，与业主单位、承建单位以及相关单位建立信息沟通和工作协调机制，明确本阶段需要各方提交的文档要求，并向业主单位提供所需信息，加强协调与信息管理。

2）项目需求，掌握业主单位对电子设备机房系统工程的需求，包括：建设项目内容、工程建设目标、工程建设范围、电子设备机房系统工程的功能、性能需求，工程投资规模，工程进度计划，工程建设应遵循的法律法规、技术标准和管理标准，若存在现有网络系统，应考虑目标网络系统与现有网络系统的兼容性，以保护业主单位的原有投资。

3）承建合同，协助业主单位对承建合同的如下内容进行检查，并提出监理意见：工程建设目标、范围；业主单位与承建单位的分工和责任；工程使用的主要技术标准；电子设备机房系统的功能和性能要求、测试和验收要求；要求承建单位按照项目管理计划实施工程；明确监理机构在工程款支付中的作用；工程阶段划分及其质量和进度要求，以及和工程付款相关的约束关系；主要设备的保修条款以及系统的运行维护等相关服务的要求；各阶段需要承建单位提交的工程文档，以及需要完成的培训等相关服务内容；工程变更和扩展问题规定的处理方法。

2. 工程设计阶段

（1）监理目标。推动业主单位、承建单位对电子设备机房系统工程项目需求和设计进行规范化的技术描述，为工程实施提供优化的设计方案；促使计算机网络系统工程计划、设计方案满足工程需求，符合相关的法律法规和标准，并与承建合同相符。

（2）监理内容。要求承建单位组织人员对电子设备机房系统工程需求进行调研和分析，并形成文档。监理机构对其内容进行审核后提出监理意见；协助业主单位与承建单位签订工程设计委托合同，明确双方的责、权、利及设计文件的质量要求；审核设计概算及施工图预算的合理性和业主单位投资能力的可行性；全面审查设计合同的执行情况，核定设计费用。

3. 工程实施阶段

（1）监理目标。电子设备机房系统工程实施方案的合法性、合理性、与设计方案的符合性；促使电子设备机房系统工程中使用的产品和服务符合承建合同及国家相关法律法规、电子设备机房系统工程技术规范与标准；明确电子设备机房系统工程实施计划，对于计划的调整应合理、受控；促使电子设备机房系统工程实施过程满足承建合同的要求，并与工程设计方案、工程实施方案、工程实施计划相符。

（2）监理内容。组织监理人员进场，熟悉监理合同和承建合同，对监理人员进行合理分工，建立监理人员岗位责任制，编制和审批监理实施细则；审查承建单位的资质，符合国家相应的规定方准进场施工；审核承建单位报审的工程实施组织设计方案、工程实施方案、工程实施计划，并签署意见，督促承包商实施，其审核内容主要有以下几点：①施工采用的标准是否适当；②工程实施计划编制是否符合实际情况要求；③关键工序的施工工艺是否符合规范要求；④施工安全保护措施是否全面和可行；⑤项目组织机构人员配置是否满足施工要求，相关人员是否具备相应的资格证书或上岗证；图纸会审，并形成图纸会审纪要。

4. 工程验收阶段

确认工程达到验收条件，明确电子设备机房系统工程测试验收方案的可行性、与承建合同的符合性；确认按照验收方案所规定的验收程序，实施初验、试运行和终验，促使电子设备机房系统工程的最终功能和性能符合承建合同、法律法规和相关技术标准的要求；推动承建单位所提供的工程各阶段形成的技术、管理文档的内容和种类符合相关标准。

电子设备机房系统工程验收阶段的主要监理工作内容包括：监理内容协调业主单位和承建单位在验收计划、验收目标、验收范围、验收内容、验收方法和验收标准上达成一致，并填报工程备忘录；处理承建单位提交的工程验收申请，审核其中的验收计划、验收方案等，并签署监理意见；检查并确认工程达到验收条件；协助业主单位按照工程验收方案所规定的验收内容和方式组织初验、试运行和终验，对其结果进行确认，对验收过程中发现的问题提出监理意见，并要求承建单位进行整改；敦促业主单位、承建单位按照事先约定，编制、签署并妥善保存验收阶段的各类工程文档；敦促业主单位和承建单位及时整理并妥善保管整个工程的相关文档；督促承建单位完成项目实施方案中确定的培训，并对培训效果做出评估；编制项目监理总结报告，整理并向业主单位提交与工程有关的全部监理文档；协助业主单位完成验收工作，协助业主单位和承建单位完成工程移交工作。

第四节　各子系统工程的监理要点

一、供配电工程

供配电工程主要包括：供配电，不间断电源（UPS）设备，蓄电池，电缆桥架和桥架内电缆敷设，电线电缆导管和线槽及线缆敷设，照明、应急照明，开关、插座，防雷及接地装置等。对于八个方面的内容，监理机构应从如下方面进行监理工作：

1. 设计阶段

监理的主要工作是需求与功能设计指标的检查与标准符合性的审核。

协助业主单位及时、准确、完整地向承建单位提供经业主单位签字的设计所需基础数据和原始资料；审查设计文件中供配电的容量配置，各项技术指标是否满足用电设备、设施的需求；协助业主单位及时、准确、完整地向承建单位提供经业主单位签字的不间断电源需求数据和原始资料；审查设计文件中不间断电源类型、容量、负荷计算、冗余、运行时间、转换时间、充放电时间、远程监控接口、维修旁路、噪声、设备型号规格等是否满足要求；审查不间断电源的安装位置及地板承重能力，是否符合现场情况的要求；审查设计文件中蓄电池的类型、电池容量、运行环境是否满足使用、维护和安全的需要；检查电缆桥架的设计是否满足电缆敷设数量要求，设计的路由走向、标高是否符合现场要求；检查电线电缆导管和线槽的设计规格是否满足电线电缆敷设要求；检查设计的灯具型号、数量和安装位置是否合理，能否满足电子设备机房对照度、亮度、均匀度等的技术要求；应急照明灯应由双路电源供电；检查设计的开关、插座的规格型号、数量、安装位置是否符合电子设备机房要求，各类型号的开关、插座必须符合相关国家标准要求；检查防雷及接地装置的设计等级是否满足电子设备机房内各类设备的要求；电子设备机房的防雷及接地装置的设计必须符合 GB 50057—2010《建筑物防雷设计规范》的要求。

2. 实施阶段

监理的主要工作是检查与审核实施内容和材料是否按照设计和标准严格执行。审核内容包括但不限于：供配电设备的型号规格等应符合设计要求；供配电设备的安装应符合相关规范；不间断电源设备的型号规格等应符合设计要求；不间断电源设备的安装应符合相关规范及厂家的技术要求；蓄电池设备的型号规格等应符合设计要求；蓄电池设备的安装应符合相关规范及厂家的技术要求；对超过规范规定长度的电缆桥架设置伸缩节；电缆桥架和桥架内电缆的型号规格等应符合设计要求；电缆桥架和桥架内电缆的安装应符合相关规范及厂家的技术要求；电线、电缆导管和线槽的型号规格等应符合设计要求；电线、电缆导管和线槽的敷设应符合相关规范；照明、应急照明灯具的型号规格等应符合设计要求；照明、应急照明灯具的安装应符合相关规范；开关、插座的型号规格等应符合设计要求；开关、插座的安装应符合相关规范；当接插有触电危险电器的电源时，采用能断开电源的带开关插座，开关断开相线；电线、电缆的接线、并联运行电线和电缆的型号、规格、相位等应符合设计要求；电缆头制作、接线和绝缘测试要严格按照相关标准及规范实施；电子设备机房的防雷及接地装置的接地电阻测试必须符合设计及规范要求；电子设备机房内设备的防过流、过压的接地装置、防电磁干扰屏蔽的接地装置、防静电接地装置应连接可靠，其设置应符合设计要求。

3. 验收阶段

监理的主要工作是检查审核最后交付内容是否符合相关标准和规范。具体内容细则包括：供配电的测试检查结果必须符合规范 GB 50303—2015《建筑电气工程施工质量验收规范》及设计文件的要求；配电等电气设备系统交接试验结果应符合相关交接试验标准、设计文件和产品技术文件要求；不间断电源的各项技术性能指标的测试结果必须符合设计文件要求及产品技术文件要求；设备的各项技术指标应符合设计及产品说明书的要求；桥架安装定位应符合设计要求及相关规范；金属导管和线槽必须可靠接地或接零；不同导管和线槽其接地符合规范 GB 50303—2015《建筑电气工程施工质量验收规范》中 14.1.1 条款的规定；导线绝缘测试合格，才能进行灯具接线，灯具的导线线芯最小截面应符合规范 GB 50303—2015《建筑电气工程施工质量验收规范》中 19.2.1 条款的规定；灯具的安装高度、位置和使用电压等级应符合设计要求，设计无要求时，应满足相应规范 GB 50303—2015《建筑电气工程施工质量验收规范》中 19.1.5 条款的规定；应急照明在正常电源切断后，电源转换时间应符合设计要求和相应规范；插座接线应符合设计和 GB 50303—2015《建筑电气工程施工质量验收规范》中 22.1.2 条款的规定；电线、电缆的接线、并联运行电线和电缆的型号、规格、相位等应符合设计要求；电缆头制作、接线和绝缘测试要严格按照相关标准及规范实施；电子设备机房的防雷及接地系统应与依据 GB 50303—2015《建筑电气工程施工质量验收规范》验收合格的建筑共用接地装置；采用建筑物金属体作为接地装置时，接地电阻不应当大于 1 欧姆；电子设备机房电源系统中各设备应按规范 YD 5098—2005《通信局（站）防雷与接地工程设计规范》中 5.2 条款的规定加装避雷器和浪涌吸收装置；电子设备机房电源系统所装防雷避雷器的残压应符合规范 YD 5098—2005《通信局（站）防雷与接地工程设计规范》中附录 B 的规定；电子设备机房电源系统耐雷电冲击指标应符合规范 YD 5098—2005《通信局（站）防雷与接地工程设计规范》中 4.0.1 和 4.0.3 的规定；电子设备机房的接地装置应符合规范 YD 5098—2005《通信局（站）防雷与接地工程设计规范》中第 6 章的规定；子设备机房与建筑物等电位联结应符合规范 GB 50303—2015《建筑电气工程施工质量验收规范》中的相关规定。

二、空调系统工程

1. 设计阶段

监理机构应审查承担电子设备机房空调工程的承建单位和设计人员具有相应资质；协助业主制定电子设备机房内空调工程项目的需求及空调设备、主要材料的质量目标要求；空调设备的选型及设备性能的稳定性需保障电子设备机房的需求；审查设计图纸的合理性、可靠性及安全性。

2. 实施阶段

协助业主单位组织各承建单位参加的施工图纸会审和设计交底会，领会设计意图，了解工程特点和工程质量要求，对图纸中的问题提出监理意见；审查施工单位是否具有相应资质，特殊工种人员需持证上岗；审核施工单位提交的工程实施组织设计和工程实施方案，重点审查有无可靠的组织措施、技术措施和安全措施，有无完整的质保体系，经批准后方可实施；电子设备机房空调工程所使用设备、主要材料必须具有质量合格证明文件，产品型号、规格及性能检测报告应符合国家技术标准、设计要求及合同规定要求，随带技术文件齐全，进口设备还应有商检证明。

（1）空调机组设备安装。设备基础的位置、强度、尺寸、标高、预留孔洞及预埋件应符合设计要求；设备的搬运和吊装应符合产品技术文件和规范 GB 50243—2016《通风与空调工程施工质量验收规范》中的规定；设备稳固性、设备安装垂直及水平度应符合设计及规范要求；组合式空调机组及柜式空调机组的组装应符合设计规定顺序和要求；组合式空调机组的室外机和风冷式空调机组冷却器的安装，除应满足冷却风循环空间的要求外，还应符合卫生环境保护有关的规定；分体式空调机组的室内机的位置应正确，并保持水平，冷凝排放应畅通，管道穿墙处需有相应防雨水措施；风冷式空调机组管道的连接应严密、无渗漏，四周应留有相应的维修空间。

（2）风管制作。风管制作的材料品种、规格与性能等应符合设计和现行国家产品标准的规定；风管下料、咬口、加固、法兰制作应按 GB 50243—2016《通风与空调工程施工质量验收规范》相关要求进行设计及施工。

（3）风管及部件安装。检查水平风管安装后的水平度和垂直风管安装后的垂直度；

检查风管安装的位置、标高、走向；检查支、吊、托架排列距离，预埋件或膨胀螺栓牢固度；检查法兰连接风管的连接垫片及连接后的严密性和牢固性，其检查结果必须符合设计及 GB 50243—2016《通风与空调工程施工质量验收规范》的要求；检查双层活动百叶风口叶片松紧程度；检查风口与风管连接的严密度、牢固度；其检查结果必须符合设计及 GB 50243—2016《通风与空调工程施工质量验收规范》的要求；检查各类风阀的安装位置；检查转动装置灵活和可靠性及阀板关闭的严密性；检查防火阀、止回阀安装位置及安装方向；其检查结果必须符合设计及 GB 50243—2016《通风与空调工程施工质量验收规范》的要求。

（4）管道安装。管道布放安装位置符合设计要求，管道排列安装工艺及管道焊接工艺应符合 GB 50235—2010《工业金属管道工程施工规范》和 GB 50236—2011《现场设备、工业管道焊接工程施工规范》的要求；制冷管道的接驳工艺检查；冷凝水管的安装应符合设计及规范要求；支吊架的形式、位置、间距、标高应符合设计文件要求；各种管道密闭性检查应符合设计及 GB 50235—2010《工业金属管道工程施工规范》的要求；风管、管道的安装应符合设计及 GB 50264—2013《工业设备及管道绝热工程设计规范》的要求。

3. 验收阶段

监理机构应从如下方面进行监理工作：根据不同空调机型，空调系统调试记录及其检查测试结果必须符合设计、通信机房的安全可靠特殊性要求、GB 50243—2016《通风与空调工程施工质量验收规范》及 GB 50274—2010《制冷设备、空气分离设备安装工程施工及验收规范》的要求；空调系统综合效能试验检测调试结果必须符合空调设备技术文件、设计文件及在保证通信机房安全、可靠情况下节能高效运行。

三、消防系统工程

监理机构应从如下方面进行监理工作：

1. 设计阶段

消防系统工程的设计应针对电子设备机房的特点，遵循安全适用、技术先进、经济合理的原则，电子设备机房的耐火等级为特级和一级，设有自动灭火设备时，可按二级耐火等级的要求。电子设备机房的火灾自动报警系统按一级保护进行设计。电子设备机房的火灾自动报警系统形式应当按集中报警系统或控制中心报警系统进行选择，火灾自动报警控制器和消防联动控制设备在消防控制室内的布置，应按现行国家标准 GB 50016—2014《建筑设计防火》等的有关规定执行，消防联动控制系统设计应按现行国家标准 GB 50116—2013《火灾自动报警系统设计规范》的有关规定执行；火灾应急广播的设置应符合相关规范规定，工程设计前，协助业主单位与设计单位沟通，尽可能将业主单位的需求形成书面意见，在工程设计前由业主单位签认，协助业主单位与设计单位签订工程设计委托合同，明确双方的责、权、利及设计文件的质量要求。

2. 实施阶段

（1）审查承建单位的施工基线、标高，对承建单位的施工基线、标高进行复测和验收，消防产品及设备，应采用经国家有关产品监督检测单位检验合格的产品，消防系统工程的施工，必须受国家工程建设的有关政策及公安消防监督机构监督。

（2）火灾自动报警系统工程。火灾自动报警系统的布线施工应符合 GB 50254—2014《电气装置安装工程低压电器施工及验收规范》、GB 50255—2015《电气装置安装工程 电力变流设备施工及验收规范》、GB 50256—2014《电气装置安装工程 起重机电气装置施工及验收规范》、GB 50257—2014《电气装置安装工程 爆炸和火灾危险环境电气装置施工及验收规范》、GB 50303—2015《建筑电气工程 施工质量验收规范》及 GB 50166—2019《火灾自动报警系统施工及验收标准》的有关规定：①典型火灾探测器的安装位置应符合设计文件、GB 50314—2015《智能建筑设计标准》和有关规定。②探测器、报警按钮、火灾报警控制器、引入控制器、消防控制设备的外接导线、消防控制设备盘（柜）、工作接地线与保护接地线的检查结果必须符合 GB 50116—2013《火灾自动报警系统设计规范》、GB 50166—2019《火灾自动报警系统施工及验收标准》及设计文件的要求。

（3）气体灭火系统工程。工程实施应符合一般规定：①气体灭火系统应采用洁净气体灭火剂：惰性气体、七氟丙烷、三氟甲烷、二氧化碳。②防护区应当为单个封闭空间，一个防护区的面积不应当大于 500 平方米，容积不应当大于 2000 立方米；防护区内的围护结构应能承受 1.2Kpa 的压力；防护区内应设置泄压口，并应位于防护区净高的 2/3 以上。系统组件的外观检查，应符合设计文件及相关规定；装前应检查灭火剂贮存容器内的充装量与充装压力，应符合设计文件及相关规定；气体灭火系统安装前应对选择阀、液体单向阀、高压软管和阀驱支装置中的气体单向阀逐个进行水压强度试验和气压严密性试验，应符合设计文件及相关规定；在气体灭火系统安装前应对阀驱动装置进行检查，应符合设计文件及相关规定；灭火剂贮存容器的安装，应符合设计文件及相关规定；集流管的制作与安装，应符合设计文件及相关规定；阀的安装，应符合设计文件及相关规定；灭火剂输送管道的施工，应符合设计文件及相关规定；喷嘴的数量和口径应满足喷嘴最大保护半径和灭火剂喷放量的要求，喷嘴的最大安装高度为 5 米，超过 5 米时应在高度方向另加装喷嘴。

3. 验收阶段

监理工程师应按 GB 50166—2019《火灾自动报警系统施工及验收标准》、GB 50300—2013《建筑工程施工质量验收统一标准》的有关标准和检验办法对已完成的消防系统工程进行检验评定，保证工程质量；消防系统工程在交付使用前必须经过公安消防监督机构验收；对工程整改的质量控制与实施阶段一致，对工程整改的质量作出评价；各阶段的进度与投资控制、合同管理与信息管理及协调工作参照 GB/T 19668.1—2014《信息技术服务 监理 第 1 部分：总则》的相关规定进行。

四、安全防范系统工程

监理机构应从如下方面进行监理工作：

1. 设计阶段

（1）需求审核。安全防范系统工程设计的防护级别必须符合被保护对象的风险等级，配置先进、可靠、合理、适用，审核设计文件与业主单位需求的符合性，重点审查门禁控制的房间以及通道、摄像机监视范围、入侵报警探测范围和巡更路线是否满足业主单位的需求。

（2）能力审核。组织监理人员进场，熟悉监理合同和承建合同，对监理人员进行合理分工，建立监理人员岗位责任制，编制和审批监理实施细则；审查承建单位的资质，符合国家相应的规定方准进场施工；项目组织机构人员配置是否满足施工要求，相关人员是否具备相应的资格证书或上岗证。

（3）方案审核。审核承建单位报审的工程实施组织设计、实施方案，并签署意见，督促承建单位实施，其审核内容如下：①施工采用的标准是否适当；②施工计划编制是否符合实际情况要求；③关键工序的施工工艺是否符合规范要求；④施工安全保护措施是否全面和可行；⑤组织图纸会审，并形成图纸会审纪要，安全防范系统工程设计必须符合国家公共安全行业的有关规定。

2. 实施阶段

实施阶段的核心是质量控制，安全防范系统施工质量检查和观感质量验收，应根据合同技术文件、设计施工图，从以下几方面进行监理：①电（光）缆敷设与布线应检验管线的防水、防潮，电缆排列位置，布放、绑扎质量，桥架的架设质量，缆线在桥架内的安装质量，焊接及插接头安装质量和接线盒接线质量等；②对接地线应检验接地材料、接地线焊接质量、接地电阻等；③对系统的各类探测器、摄像机、云台、防护罩、控制器、辅助电源、电锁、对讲设备等的安装部位、安装质量和观感质量等进行检验，应符合 GB 50348—2018《安全防范工程技术标准》的有关规定；④同轴电缆的敷设、摄像机、机架、监视器等的安装质量检验应符合 GB 50198—2011《民用闭路监视电视系统工程技术规范》的有关规定；⑤控制柜、箱与控制台等的安装质量检验应遵照 GB 50303—2015《建筑电气工程施工质量验收规范》的有关规定执行；⑥督促承建单位对各类探测器、控制器、执行器等部件的电气性能和功能进行自检，自检采用逐点测试的形式进行；⑦检查承建单位用于工程的材料、构配件，必须符合国家相应的法律法规和现行标准的要求，并与正式设计文件、工程合同的内容相符合，设备及器材的进场验收按照 GB 50339—2013《智能建筑工程质量验收规范》的相关规定执行；⑧督促承建单位完善质量保证体系，把影响工序质量的因素都纳入受控状态。安全防范系统线缆敷设、设备安装前，现场应具备下列条件：预埋管、预留件、桥架等的安装符合设计要求；机房、弱电竖井的施工已结束；安全防范系统的电缆桥架、电缆沟、电缆竖井、电线导管的施工及线缆敷设必须符合 GB 50303—2015《建筑电气工程施工质量验收规范》的有关规定，如有特殊要求应以设计施工图的要求为准；检查现场的设备安装必须符合 GB 50339—2013《智能建筑工程质量验收规范》的有关规定和设计文件要求，系统功能与主要性能检验必须由国家或行业授权的检测机构进行检测，并出具检测报告，检测内容、合格判据应执行 GB 50348—2018《安全防范工程技术标准》的有关规定；检查设备和系统的防雷接地必须符合 GB 50057—2010《建筑物防雷设计规范》和 GB 50343—2012《建筑物电子信息系统防雷技术规范》的有关规定和设计文件的要求。

3. 出入口控制（门禁）系统

监理机构应从如下方面进行功能性能核验，包括但不限于控制系统的主要功能的检测：

（1）出入口控制（门禁）系统的功能检测：①系统主机在离线的情况下，出入口（门禁）控制器独立工作的准确性、实时性和储存信息的功能；②系统主机对出入口（门禁）控制器在线控制时，出入口（门禁）控制器工作的准确性、实时性和储存信息的功能，以及出入口（门禁）控制器和系统主机之间的信息传输功能；③检测掉电后，系统启用备用电源应急工作的准确性、实时性和信息的存储和恢复能力；④通过系统主机、出入口（门禁）控制器及其他控制终端，实时监控出入控制点的人员状况；⑤系统对非法强行入侵及时报警的能力；⑥检测本系统与消防系统报警时的联动功能；⑦出入口管理系统的数据存储记录保存时间应满足管理要求；⑧根据安全管理的要求，出入口控制系统必须与消防报警系统联动，保证火灾情况下的紧急逃生。

（2）系统的软件检测：①演示软件的所有功能，以证明软件功能与任务书或合同书要求一致；②根据需求说明书中规定的性能要求，包括时间、适应性、稳定性等，以及图形化界面友好程度，对软件逐项进行测试；③对软件系统操作的安全性进行测试，如系统操作人员的分级授权、系统操作人员操作信息的存储记录等；④在软件测试的基础上，对被验收的软件进行综合评审，给出综合评审结论，包括：软件设计与需求的一致性，程序与软件设计的一致性，文档描述与程序的一致性、完整性、准确性和标准化程度等。

4. 视频监控系统

监理机构应从如下方面进行监理工作：

（1）功能核验。包括但不限于视频监控系统如下的主要功能的检测：云台转动，镜头、光圈的调节，调焦变倍，图像切换，防护罩功能的检测，图像质量检测（在摄像机的标准照度下进行图像的清晰度及抗干扰能力的检测）。①功能检测应包括视频安全防范监控系统的监控范围；矩阵监控主机的切换、控制、编程、巡检、记录等功能。②对数字视频录像式监控系统，还应检查主机死机记录、图像显示和记录速度、图像质量、对前端设备的控制功能以及通信接口功能、远端联网功能等。③对数字硬盘录像监控系统，除检测其记录速度外，还应检测记录的检索、回放等功能，系统联动功能检测应包括与出入口管理系统、入侵报警系统、巡更管理系统等的联动控制功能。

（2）文档和记录。实施的过程文档，审核记录内容的时效性、完整性；视频安全防范监控系统的图像记录保存时间应满足管理要求。

5. 入侵报警系统

监理机构应从如下方面进行监理工作：

（1）功能核验。包括但不限于如下系统的主要功能：探测器的盲区检测，防动物功能检测；探测器的防破坏功能检测，应包括报警器的防拆报警功能，信号线开路、短路报警功能，电源线被剪的报警功能；探测器的灵敏度检测；系统控制功能检测，应包括系统的撤防、布防功能，关机报警功能，系统后备电源自动切换功能等；系统通信功能检测，应包括报警信息传输、报警响应功能；系统的联动功能检测，应包括报警信号对相关报警现场照明系统的自动触发、对监控摄像机的自动启动、视频安全防范监视画面的自动调入、相关出入口的自动启闭、录像设备的自动启动等；报警系统管理软件（含电子地图）功能检测；报警信号联网上传功能的检测功能。

（2）文档和记录。审核记录内容的时效性、完整性；报警系统报警事件存储记录的保存时间应满足管理要求。

6. 巡更管理系统

监理机构的主要监理工作如下：

（1）功能核验。按照巡更路线图检查系统的巡更终端、读卡机的相应功能；检查巡更管理系统编程、修改功能以及撤防、布防功能；检查系统的运行状态、信息传输、故障报警和指示故障位置的功能；对在线联网式巡更管理系统，还需要检查电子地图上的显示信息、遇有故障时的报警信号以及视频安全防范监控系统等的联动功能。

（2）文档和记录。审核记录内容的及时性、完整性；检查巡更管理系统对巡更人员的监督和记录情况，安全保障措施和对意外情况及时报警的处理手段和记录内容，巡更系统的数据存储记录保存时间是否满足管理要求。

7. 防鼠害

从工作内容上，防鼠害工作要求机房内所有的孔洞在施工完后都必须及时封堵，所有的线槽都必须盖好、密封，所有电缆竖井都必须用防火泥封堵。

监理机构应检查工程的验收是否按照 GA 308—2001《安全防范系统验收规则》的有关规定执行。

第五节 数据中心工程监理

数据中心是以信息技术为支撑，由计算机场地（机房）、其他基础设施、信息系统软硬件、信息资源（数据）和人员，以及相应的规章制度组成的，以实现应用集中处理和数据集中存放，提供数据的构建、交换、集成、共享等信息服务的基础环境。

数据中心工程监理的内容包括：数据中心的硬件、软件和数据中心信息资源（数据）的监理。

硬件主要包括网络主机和存储设备，这部分和机房建设监理内容相同，监理检查设备的性能指标，重点是计算机网络设备安装、计算机网络软件安装、网络安全设备安装。

软件主要包括网络安全软件和信息化应用系统，这部分和软件监理内容相同，重点是监理检查应用软件的业务功能和业务流程、应用软件功能和性能测试、应用软件修改后回归测试，以及运行软件产品的设备中与应用软件无关的其他软件检查。

这些内容的监理在前面都有相关的专门介绍，这里有别于其他已有部分的内容是和信息资源有关的，包括信息资源（数据）的监理和数据中心操作人员和相关管理制度，其中特别需要监理关注的是已有的数据备份和数据迁移部分。

一、数据中心信息资源（数据）监理

（1）监理机构监督承建单位根据需求方案进行信息资源规划，提高数据中心应用系统数据管理质量，实现信息资源整合与应用系统集成；检查承建单位建设方案是否满足业主单位需求以及标准要求，并且提供监理意见。

（2）监理机构检查承建单位的数据交换和共享技术实施过程是否符合信息资源规划，所采用信息共享的服务内容是否满足业主单位应用需求，并且提供监理意见。

（3）做好数据中心信息资源（数据）检查的监理记录。

二、数据中心操作人员以及相关规章制度的监理内容

（1）监理机构协助业主单位明确数据中心人员岗位职责，依照实际情况分为实施岗及管理岗，以保证数据中心的稳定运行。

（2）监理机构协助业主单位制定数据中心相关规章制度，制度的拟定要体现其全面性、完整性和实时性。

（3）监理机构对承建单位现场作业人员实施能力和设备进行检查。检查重点包括关键施工工艺、新技术、新工艺的实施，施工规范和施工技术操作规程的贯彻，安全施工、文明施工的管理要求是否完善、到位。

（4）监理机构协助业主单位建立灾难预警和预告机制，明确灾难恢复环境必需的资源和配置，并定期进行测试演练，以保证灾难恢复所需资源和配置的有效性。

（5）监理机构定期检查和核对数据中心预案中的变更情况，如成员及联络方式的变更、信息系统的日常变更等，协助业主单位对预案进行及时的文档更新及分发，确保预案的切实有效。

三、数据中心实施阶段监理人员所作监理记录的内容要求

（1）项目当前情况，记录项目有关监理工作，如当前所处里程碑、项目质量、进度、投资的控制，合同、信息、安全的管理及事务协调等的推进情况，存在的问题及

相应的对策措施、工作安排等。

（2）项目巡查情况。据实记录现场巡查情况，针对发现的质量、安全、文明施工等问题提出改进措施并跟踪其落实情况。

（3）业主单位交办事项及应当落实的情况。记录业主单位交办工作的进展、结果等。

（4）会议情况。据实记录各种与所记录事件有关会议的重点内容、决议等。

（5）其他。记录人认为应该记录的与项目管理有关的其他情况。

监理需要特别注意的是：要检查和审核承建方的数据备份方案和数据迁移方案，并检查在数据迁移前是否已做好数据备份工作，防止在数据迁移过程中出现数据丢失和迁移失败的情况，在迁移失败的时候能做到数据的快速恢复。

第七章 信息系统安全监理

本章遵循 GB/T 19668.1—2014《信息技术服务 监理 第1部分：准则》的一般原则和要求，重点描述信息系统工程安全监理各监理阶段的监理目标、监理内容和监理要点等。在信息系统工程的安全监理工作中，应同时使用监理规范 GB/T 19668.1—2014《信息技术服务 监理 第1部分：准则》和 GB/T 19668.5—2018《信息技术服务 监理 第5部分：软件工程监理规范》。

第一节 信息系统安全体系

目前，在信息安全管理体系方面，英国标准 BS7799 已经成为世界上应用最广泛与典型的信息安全管理标准。BS7799 于 1993 年由英国贸易工业部立项，1995 年英国首次出版 BS 7799—1：1995《信息安全管理实施细则》，它提供了一套综合的、由信息安全最佳惯例组成的实施规则，其目的是作为确定工商业信息系统在大多数情况下所需控制范围的参考基准，并且适用于大、中、小组织。1998 年英国公布标准的第二部分 BS 7799—2：1999《信息安全管理体系规范》，它规定信息安全管理体系要求与信息安全控制要求，它是一个组织的全面或部分信息安全管理体系评估的基础，可以作为一个正式认证方案的根据。BS 7799—1：1999《信息安全管理实施细则》与 BS 7799—2：1999《信息安全管理体系规范》经过修订于 1999 年重新予以发布，1999 年版考虑了信息处理技术，尤其是随着网络和通信领域应用的发展，还强调了商务涉及的信息安全及信息安全的责任。2000 年 12 月 1 日，国际标准化组织（International Organization for Standardization，ISO）将 BS 7799—1：1999 修改为国际标准，为 ISO/IEC 17799：2000《信息技术信息安全管理实施规则》。

2005 年 6 月，ISO 对 ISO/IEC 17799：2000《信息技术 信息 安全管理实施规则》进行了较大幅度的修订后重新发布，即 ISO/IEC 17799：2005《信息技术 安全技术 信息安全管理实用规则》。ISO/IEC 17799：2005《信息技术 安全技术 信息安全管理实用规则》是一个通用的信息安全控制措施集，是解决组织信息安全问题的最佳实践。标准共 15 章，分为 4 个部分，从 11 个方面阐述了 39 条信息安全控制目标和 133 条控制措施，力求打造组织全面的信息安全体系。2011 年 1 月，ISO 发布公告，从 2007 年

4 月正式更名为 ISO/IEC 27002，更名后的标准已于 2007 年 6 月 15 日正式出版发行。这套标准体系是目前信息安全实施过程中由实施单位参考的基本标准，也是信息系统安全监理标准的主要参考标准。

第二节　安全监理的实施

信息安全（Information Security）是指保持信息的保密性、完整性、可用性；另外，也可包括诸如真实性、可核查性、不可否认性和可靠性等，参见 ISO/IEC 17799：2005《信息技术　安全技术　信息安全管理实用规则》。

信息系统工程安全监理（Information System Project Security Surveillance）是指信息系统工程新建、升级、改造过程中涉及信息安全的监理活动。

信息系统工程安全监理的监理对象为 GB/T 19668.1—2014《信息技术服务　监理第 1 部分：准则》所包括的各类信息系统工程中涉及的信息安全的工程活动。信息系统工程安全监理以保障信息系统安全作为监理活动的最终目标，对各类监理对象实施监理。

一、工程招标阶段

1. 监理目标

协助业主单位明确工程的安全需求。最重要的是协助业主单位确定系统安全保护等级。协助业主单位编制的招标文件中保证与安全相关的内容在技术上合理有效，协助业主单位对投标文件中与安全相关的内容进行评审，给出投标单位的安全资质等级建议，选出合适的承建单位。通过对承建合同的审核监理，促使业主单位、承建单位所签订的承建合同中与安全相关的条款在技术、经济上合理有效。

2. 监理内容

招标阶段的主要监理内容如下：监理机构应根据监理合同编制监理规划，经业主单位签认后作为监理工作的依据；如适用，监理机构应协助业主单位依据国家等级保护相关标准，确定系统安全保护等级；监理机构应协助业主单位在深入调研的基础上，明确信息系统工程的安全目标和安全需求；监理机构应检查业主单位提出的安全需求与安全目标是否一致，与国家和地方的信息安全政策法规、行业要求及技术标准是否相符合；监理机构应检查招标文件中工程的安全需求、安全范围、产品及服务等技术要求是否明确；监理机构可参与招标文件的需求编写工作，协助业主单位对工程所涉及的安全功能、安全技术指标向招投标单位进行解释，并保存会议纪要和相关文件；在承建合同的签订过程中，监理机构应该协助业主单位检查承建合同中安全功能、技术要求、测试标准、验收要求和质量责任等条款的合理性，在承建合同中应明确要求承建单位接受监理机构的监理；若工程建设中涉及各方的内部敏感信息，监理机构应促使三方（业主单位、承建单位、监理单位）签署保密协议。

3. 监理要点

（1）安全需求。监理机构应从如下方面了解业主单位的安全需求：了解、查找标准、规范、资料等；监理机构应协助业主单位通过调查研究，明确信息系统工程建设的安全目标，从安全目标导出安全需求；监理机构应检查业主单位提出的安全需求与安全目标的一致性，与国家和地方信息安全法律法规的符合性；确定安全等级。

（2）招标文件。监理机构参与招标文件的编制，应当从如下方面对招标文件提出监理意见：了解、查找标准、规范、资料等；工程安全体系建设，应能达到预定的安全目标与安全需求；投标单位的资格要求，如信息系统安全集成或服务资质、类似成功案例等；投标单位项目组人员的资格要求，如信息安全领域的相关资质、安全领域的工作年限和项目经验等；新建工程项目对原有信息系统安全性的可能影响及处理；所参照的相关法规、标准，投标文件应符合国家信息安全相关法律法规和标准。

（3）承建合同。监理机构应参与承建合同的签订，协助业主单位对承建合同的如下内容进行检查，并提出监理意见：了解、查找标准、规范、资料等；信息安全相关建设内容包括名称、范围和要求等；潜在安全风险的处理办法；保密条款和安全责任条款；项目验收标准、方法及文档交付；监理机构在工程款支付中的作用；工程变更和扩展引发安全问题的处理方法。

二、工程设计阶段

1. 监理目标

促使业主单位与承建单位进行充分的沟通，形成深化的设计需求。推动承建单位对工程的安全设计进行规范化的技术描述，形成优化的安全设计方案。促使业主单位、承建单位消除设计文档在进入工程实施前可预见的信息安全缺陷。

2. 监理内容

工程设计阶段的主要监理内容如下：

（1）监理机构应根据监理规划、承建合同、安全设计方案等文档编制监理细则。

（2）监理机构应促使业主单位和承建单位就工程安全需求进行专门的讨论，对系统的安全需求形成一致的理解。

（3）监理机构应建议承建单位在信息安全需求调研和信息安全风险评估的基础上进行安全设计。

（4）如适用，已确定的信息安全保护等级也应作为安全设计的基础。

（5）监理机构应建议承建单位在进行系统安全性设计时，充分考虑新建项目对现有系统和目标系统安全性可能造成的影响，并在设计方案中有所体现。

（6）要求承建单位提交工程设计方案和工程实施组织设计方案，监理机构对其中的安全设计内容进行审核后提出监理意见。

（7）监理机构应协助业主单位调动适当的资源，配合承建单位完成工程设计前期的安全需求调查和分析工作。

（8）监理机构应协助业主单位和承建单位与信息安全相关主管部门进行充分的沟通和协调，确保安全设计方案符合政策要求。

（9）监理机构应就设计阶段的各种变更对工程安全性的可能影响提出监理意见。

3. 监理要点

监理要点是安全需求分析与安全设计方案。

（1）安全需求分析。监理机构审核承建单位提交的工程安全需求文档，并提出监理意见，审核内容包括：承建方设计分析依据的信息安全相关法规、标准、其他因素；系统的用途及其与业主单位业务安全的关联性；检查系统设计方案中的安全功能、性能、互操作性、接口要求的描述是否明晰；实施过程中系统安全性检验的手段。

（2）安全设计方案。对设计方案进行审核提出监理意见，审核方案内容包括：安全目标与安全需求的一致性；技术设计和施工组织的安全性；残余风险的考虑；对项目实施过程中可能存在的安全风险和处理办法的考虑；技术方案的开放性、兼容性、可扩展性；设计方案中安全设计与承建合同的符合性；与国家相关法律法规、标准的符合性。

三、工程实施阶段

1. 监理目标

促使工程实施方案安全、合理，与设计方案符合。促使工程中所使用的产品和服务符合国家相关法律法规和标准。促使工程实施计划合理、受控。确认工程实施过程满足承建合同提出的安全要求，并与安全设计方案、实施方案、实施计划相符。

2. 监理内容

在工程实施前，监理机构应督促承建单位提供工程实施方案、工程实施计划、工程进度安排等文档，确定实施人员组成；监理机构应对工程实施方案进行审核，检查实施方案与承建合同、安全设计方案的一致性，并提出监理意见；监理机构应对承建单位提交的工程进度安排进行审核，保证信息系统工程中的各项安全措施实施符合信息系统工程的总体时间安排，在时间进度上合理、有效；在工程实施中，监理机构应检查工程实施过程与实施方案的一致性，对工程实际建设中的变更进行记录并给出监理意见；监督对到货安全设备的验收；督促承建单位按照规范进行系统和设备的安装与调试；监理单位应促使业主单位和承建单位做好工程实施中的安全管理工作；如工程实施中存在重大变更，监理单位应督促承建单位对系统安全性进行再评估。

3. 监理要点

（1）安全设备验收。监理机构应从如下方面对主要设备进行到货验收，并提出监理意见：具有合法销售许可证；由合法供应商供应；符合设计规定的功能、性能；安全设备及型号与安全产品认证证书一致；由第三方测试机构出具测试报告；设备运转正常，功能、性能达到合同要求。

（2）工程实施管理。监理机构应从如下方面对工程实施中的安全管理进行监督：督促承建单位严格按照审批通过的实施方案进行施工；对承建单位施工人员的身份与资格进行审查；督促承建单位在施工中严格遵守业主单位的相关安全管理规定。

四、工程验收阶段

1. 监理目标

明确工程安全测试验收方案的符合性及可行性。促使工程的最终安全性能和功能符合承建合同、法律法规和标准的要求。促使承建单位所提供的工程技术、管理文档的内容符合相关标准。

2. 监理内容

依据承建合同、安全设计方案、实施方案、实施记录、国家或地方相关标准和技术指导文件，对信息系统工程进行安全符合性检查，以验证项目是否实现了项目设计目标和安全等级要求；根据信息系统的安全等级，协助业主单位委托外部测评机构对安全建设项目进行测评；协助业主单位建立验收工作机构，组织最终的项目验收会议；协助验收工作机构审核承建单位提供的验收工作方案，并提出监理意见；协助业主单位对承建单位提供的项目验收报告进行评审，并提出监理意见；协助业主单位收集、整理、完善工程实施中的各种关键文档。

3. 监理要点

（1）测试。监理机构应从如下方面开展测试中的监理工作：应督促承建单位按照网络、操作系统、应用系统、各类产品等安全功能及性能的不同，采用不同的技术检测方法，设计详细的测试技术方案和控制流程；应督促承建单位对工程进展中安装的设备或产品进行测试，以评估产品是否符合业主单位或工程的安全要求；督促承建单位在系统建设完成之后，在开通和交付业主单位验收、使用之前，进行总体安全性测试；督促承建单位对安全测试的内容做详细的工作文档记录，包括安全工程测试方法、测试结果、测试指标结果等；督促承建单位及时纠正测试中发现的安全问题；监理机构应从以下方面对测试结果进行审查，并提交监理意见：①系统安全功能，如用户授权管理、访问控制、传输加密等；②系统安全性能，如密码算法强度等。

（2）信息系统安全测评。监理机构应从如下方面开展信息系统安全测评中的监理工作：协助业主单位做好与安全测评机构的沟通，协调项目各方与测评机构做好配合工作；协助业主单位审核测评机构编写的安全验收测评方案；对业主单位和承建单位进行的安全验收测评的技术准备、文档准备和人员准备情况进行检查；如适用，监理机构应协助业主单位，并督促承建单位整改安全测评中发现的问题；承建单位应提供由国家授权信息安全测评机构提供的系统安全测评报告，作为工程验收的材料。

第三节 各类信息系统工程的安全监理要点

一、通用布缆系统工程的安全监理要点

监理机构可从如下方面对通用布缆系统工程进行安全监理：

（1）电源和运载数据或支持信息服务的电信布缆应免受窃听或损坏。

（2）线缆的选择除满足数据传输的技术要求外，还应注意电缆敷设的环境要求，如在强电磁干扰区域应采用屏蔽线或光缆。

（3）进入信息处理设施的电源和通信线路应当在地下，若可能，或提供足够的可替换的保护。

（4）线缆应免受未授权窃听或损坏，如利用电缆管道或使路由避开公众区域。

（5）为了防止干扰，电源电缆要与通信电缆分开。

（6）对于敏感或关键的系统，还应考虑以下措施：①在检查点和终结点处安装铠装电缆管道和上锁的房间或盒子；②使用可替换的路由选择和/或传输介质；③使用光纤或屏蔽线布缆；④使用电磁防辐射装置保护电缆。

二、电子设备机房系统工程的安全监理要点

监理机构可从如下方面对电子设备机房系统工程进行安全监理：

（1）电子设备机房的安全设计应符合 GB/T 9361—2011《计算机场地安全要求》的规定。

（2）电子设备机房应保证供配电系统的安全，包括安装防雷和接地装置、部署不间断电源设备等。

（3）电子设备机房应安装消防设施，包括安装火灾报警装置，放置手提式灭火器等。

（4）凡设有气体灭火装置的电子设备机房，都应安装排气装置。

（5）电子设备机房应根据其重要性，安装门禁系统、视频监视系统、入侵报警系统等安防系统。

（6）电子设备机房应保证电子设备运行的温度、湿度要求，部署空调系统；重要的电子设备机房应安装精密空调等装置以保证对温湿度的精确控制。

（7）电子设备机房应保证对静电的防护或处理，采取防静电地板、接地等措施，防止静电对机房内电子设备的损害。

三、计算机网络系统工程的安全监理要点

监理机构可从如下方面对计算机网络系统工程进行安全监理：

（1）网络系统工程中的中心机房应满足机房工程的各项安全的要求，各种服务器及网络核心设备应当放置在专门的电子设备机房。

（2）信息网络平台中涉及的防火墙、防病毒系统等网络安全软硬件设备产品等一般需要通过国家相关安全测评认证机构的认证。

（3）交换机、路由器和防火墙等网络设备初始安装后应重新配置，以符合系统安全策略或系统对应的安全等级保护要求。

（4）信息网络平台中涉及的防火墙、防病毒系统等网络安全软硬件设备应通过国家相关安全测评认证机构的认证。

（5）合理划分网络安全域，对外提供服务的区域应和内部网络隔离。

（6）内部服务器及办公主机应放置在内网，对外提供服务的服务器应放置在对外服务区。

（7）在网络系统与外部网络接口处应设置防火墙、隔离网闸等边界保护设备。

（8）应分别从网络防病毒、主机防病毒等各个层次加强网络对病毒的防范能力。

1. 网络安全

网络安全监理的要点是：结构安全、访问控制、网络设备防护、安全审计、边界完整性、入侵防范、恶意代码防范等。

（1）结构安全。①网络全局和结构设计应保证关键网络设备的业务处理能力具备冗余空间，满足网络各个部分业务高峰期需要，等级保护第三级以上系统应保证主要网络设备的以上能力。②应绘制与实际部署情况相符的网络拓扑结构图，需标识出所有服务器、网络设备和安全设备，以及相应的设备型号 IP 地址和连接端口等，标识出安全区域划分情况。③等级保护第三级以上系统，应在业务终端与业务服务器之间进行路由控制建立安全的访问路径，如使用静态路由，或启用加密认证的 OSPF。④等级保护第三级以上系统，应避免将重要两段（如服务器区、数据存储区）部署在网络边界处且直接连接外部信息系统，重要网段与其他网段之间采取可靠的技术隔离手段（防火墙、UTM、网闸等）。⑤等级保护第三级以上系统，应按照对业务服务的重要次序来制定带宽分配优先级别，保证在网络发生拥堵的时候优先保护重要主机，在核心交换机或边界设备上配置并启用 QOS 策略。⑥应根据各部门的工作职能、重要性和所涉及信息的重要程度等因素，划分不同的子网或网段，并按照方便管理和控制的原则为各子网、网段分配地址段。

（2）访问控制。①应在网络边界处部署访问控制设备（如防火墙、UTM、SG 等），启用访问控制功能，并配置合理的访问控制策略。②应根据会话状态信息为数据流提供明确的允许或拒绝访问的能力，控制粒度为网段级，等级保护第三级以上系统要求控制粒度为端口级。③等级保护第三级以上系统，应对进出网络（Internet 边界）的信息内容进行过滤，实现对应用层 HTTP、FTP、TELNET、SMTP、POP3 等协议命令级的控制。④网络应具备会话超时中断、最大并发数限制功能。⑤重要网段应采取 IP/MAC 地址绑定，或其他防地址欺骗手段。⑥应按用户和系统之间的允许访问规则，决定允许或拒绝用户对受控系统进行资源访问，控制粒度为单个用户。⑦如网络提供了拨号接入功能，需要对拨号用户数量进行限制。

（3）网络设备防护。①应对登录网络设备的用户进行身份鉴别，网络设备的管理用户标识应具有唯一性。②应对网络设备的管理员登录地址进行限制。③管理用户的身份鉴别信息应具有不易被冒用的特点，口令应有复杂度要求并定期更换，设备具备口令复杂度限制和口令生存周期限制功能的，应启用。④等级保护第三级以上系统的网络中，网络设备与安全设备应对同一用户选择两种或两种以上组合的鉴别技术来进行身份鉴别。⑤应具有登录失败处理功能，可采取结束会话、限制非法登录次数和当网络登录连接超时时自动退出等措施。⑥当对网络设备进行远程管理时，应采取必要措施防止鉴别信息在网络传输过程中被窃听，如启用 SSH、HTTP 等安全协议进行远程管理登录。

（4）安全审计。①应对网络系统中的网络设备运行状况、网络流量、用户行为等进行日志记录。审计记录应包括事件的日期和时间、用户、事件类型、事件是否成功及其他与审计相关的信息。②等级保护第三级以上系统，应对审计记录进行保护，避免受到未预期的删除、修改或覆盖等，并能够根据记录数据进行分析，并生成审计报表。

（5）边界完整性。①应部署终端管理类系统对内部网络用户私自联到外部网络（如越权访问、连接非授权的无线网络和私自安装 3G 上网卡连接 Internet）的行为进行检查，并对其进行有效阻断。②等级保护第三级以上系统应部署基于 802JX 等认证的网络准入控制系统，对非授权设备私自联到内部网络（如非授权的终端、服务器及网络设备）的行为进行检查，并对其进行有效阻断。

（6）入侵防范。①应在网络边界处部署 IPS、UTM 等设备，或在网络核心部署 IDS 设备，监视以下攻击行为：端口扫描强力攻击、木马后门攻击、拒绝服务攻击、缓冲区溢出攻击、IP 碎片攻击和网络蠕虫攻击等。②等级保护第三级以上系统应在检测到攻击行为时，记录攻击源 IP、攻击类型、攻击目的、攻击时间，在发生严重入侵事件时应报警。

（7）恶意代码防范。①等级保护第三级以上系统应在网络边界处部署网络反病毒设备（如防毒墙、UTM 等），对恶意代码进行检测和清除。②等级保护第三级以上系统网络反病毒设备应具备恶意代码库自动升级和检测系统更新功能。

2. 主机安全

主机安全监理的要点是：身份鉴别、访问控制、剩余信息保护、入侵防范、恶意代码防范、资源控制等。

（1）身份鉴别。①应对登录操作系统和数据库系统的用户进行身份标识和鉴别。②管理用户的身份鉴别信息应具有不易被冒用的特点，口令应有复杂度要求并定期更换，设备具备口令复杂度限制和口令生存周期限制功能的，应启用。③当对服务器进行远程管理时，应采取必要措施，防止鉴别信息在网络传输过程中被窃听，如启用

SSL、SSH 等安全协议进行远程登录。④应为操作系统和数据库系统的不同用户分配不同的用户名，确保用户名具有唯一性，避免操作系统与数据库系统共享同一账号进行认证。⑤等级保护第三级以上系统重要服务器应采用两种或两种以上组合的鉴别技术对管理用户进行身份鉴别。

（2）访问控制。①应启用访问控制功能，依据安全策略控制用户对资源的访问。②应实现操作系统和数据库系统特权用户的权限分离。③应限制默认账户的访问权限，重命名系统默认账户，修改这些账户的默认口令，并及时删除多余的、过期的账户，避免共享账户的存在。

（3）剩余信息保护。①等级保护第三级以上系统应保证操作系统和数据库系统用户的鉴别信息所在的存储空间，被释放或再分配给其他用户前得到完全清除，无论这些信息是存放在硬盘上还是在内存中。②等级保护第三级以上系统应确保系统内的文件、目录和数据库记录等资源所在的存储空间，被释放或重新分配给其他用户前得到完全清除。

（4）入侵防范。①操作系统应遵循最小安装的原则，仅安装需要的组件和应用程序，并通过设置升级服务器等方式保持系统补丁及时得到更新。②等级保护第三级以上系统应部署 HIDS 类系统，检测到对重要服务器进行入侵的行为，能够记录入侵的源 IP、攻击的类型、攻击的目的、攻击的时间，并在发生严重入侵事件时报警。③等级保护第三级以上系统所属服务器应能够对重要程序的完整性进行检测，并在检测到完整性受到破坏后具有恢复的措施。

（5）恶意代码防范。恶意代码防范，应安装杀毒软件，建议使用企业版杀毒软件，等级保护第三级以上系统应使用与网络防恶意代码产品不同的恶意代码库，能够进行病毒库升级。

（6）资源控制。①应通过设定终端接入方式、网络地址范围等条件限制终端登录，并根据安全策略设置登录终端的操作超时锁定。②应部署 ITMN 监控系统，对服务器和网络设备的运行状况进行监测。其中包括监视服务器的 CPU、硬盘、内存、网络等资源，网络设备的 CPU，内存、端口状态和带宽的使用情况等。

四、软件工程的安全监理要点

监理机构可从以下方面对软件工程进行安全监理：

（1）应用软件在设计上应考虑合适的控制和审核跟踪或活动日志，以防止丢失、修改或滥用应用系统中的用户数据，包括输入数据确认、内部处理控制、输出数据确认等。

（2）软件系统应采用适当的密码系统和技术来保护信息的保密性、真实性和完整性。

（3）对于重要的信息系统，应分离开发、测试和运行设施，规定从开发状态到运行状态的安全控制措施并形成文件，以防止开发和测试活动可能引起的问题。

（4）软件的测试过程应注意保护和控制测试数据，避免使用包含个人信息的运行数据库。

（5）软件的开发过程中，对源程序库的访问应严格控制，以防止计算机程序被损坏的可能。

（6）如存在外包的软件开发，应注意对外包过程的信息管理。

五、数据中心工程的安全监理要点

1. 应用系统安全

（1）身份鉴别。①应提供专用的登录控制模块对登录用户进行身份标识和鉴别，启用身份鉴别、用户身份标识唯一性检查功能，并根据安全策略配置相关参数。②应提供用户身份标识唯一和鉴别信息复杂度检查功能，保证应用系统中不存在重复用户身份标识，身份信息不易被冒用。③应提供登录失败处理功能，可采取结束会话、限制非法登录次数和自动退出等措施，并根据安全策略配置相关参数。④等级保护第三级以上系统，重要应用系统应对同一用户采用两种或两种以上组合的鉴别技术实现用户身份鉴别。

（2）访问控制。①应提供访问控制功能，依据安全策略控制用户对文件、数据库表等客体的访问。②访问控制的覆盖范围应包括与资源访问相关的主体、客体及它们之间的操作。③应由授权主体配置访问控制策略，并严格限制默认用户的访问权限，授予不同账户为完成各自承担任务所需的最小权限，并在它们之间形成相互制约的关系。④等级保护第三级以上系统，应具有对重要信息资源设置敏感标记的功能，并依据安全策略严格控制用户对有敏感标记重要信息资源的操作。

（3）安全审计。①应提供覆盖到每个用户的安全审计功能，对应用系统重要安全事件进行审计，审计记录的内容至少应包括事件日期、时间、发起者信息、类型、描述和结果等。②等级保护第三级以上系统应保证无法单独中断审计进程，无法删除、修改或覆盖审计记录。③等级保护第三级以上系统应提供对审计记录数据进行统计、查询、分析及生成审计报表的功能。

（4）通信完整性和保密性。①应采用校验密码技术、等级保护第三级以上系统需要采用密码技术或其他等效手段保证通信过程中数据的完整性。②在通信双方建立连接之前，应用系统应利用密码技术进行会话初始化验证。③等级保护第三级以上系统，应对通信过程中的整个报文或会话过程进行加密，保证通信过程中数据的保密性。

（5）剩余信息保护。①等级保护第三级以上系统，应保证用户鉴别信息所在的存储空间被释放或再分配给其他用户前得到完全清除，无论这些信息是存放在硬盘上还是在内存中。②等级保护第三级以上系统，应保证系统内的文件、目录和数据库记录等资源所在的存储空间被释放或重新分配给其他用户前得到完全清除。

（6）抗抵赖。等级保护第三级以上系统应采用数字签名或其他等效手段，为数据原发者或接收者提供数据原发证据和数据接收证据。

（7）软件容错。①应提供数据有效性检验功能，保证通过人机接口输入或通过通信接口输入的数据格式或长度符合系统设定要求。②等级保护第三级以上系统应提供自动保护功能，当故障发生时自动保护当前所有状态，保证系统能够进行恢复。

（8）资源控制。①应用系统应具备会话超时断开、最大并发连接数限制和单点登录控制功能。②应提供服务优先级设定功能，并在安装后根据安全策略设定访问账户或请求进程的优先级，根据优先级分配系统资源。

2. 数据备份与恢复

（1）数据完整性。①应能够检测到系统管理数据、鉴别信息在传输过程中完整性受到破坏，等级保护第三级以上系统还应对重要业务数据进行检测，并在检测到完整性错误时采取必要的恢复措施。②应能够检测到系统管理数据、鉴别信息在存储过程中完整性受到破坏，等级保护第三级以上系统还应对重要业务数据进行检测，并在检测到完整性错误时采取必要的恢复措施。

（2）数据保密性。①应采用加密或其他保护措施实现鉴别信息的存储保密性，等级保护第三级以上系统还应采用加密或其他保护措施实现系统管理数据、鉴别信息和重要业务数据存储保密性。②应采用加密或其他保护措施实现鉴别信息的传输保密性，等级保护第三级以上系统还应采用加密或其他保护措施实现系统管理数据、鉴别信息和重要业务数据传输保密性。

（3）备份和恢复。①应能够对重要信息进行备份和恢复，等级保护第三级以上系统应提供本地数据备份与恢复功能，完全数据备份至少每天一次，备份介质场外存放。②等级保护第三级以上系统应提供异地数据备份功能，利用通信网络将关键数据定时批量传送至备用场地。③应提供关键网络设备、通信线路和数据处理系统的硬件冗余，保证系统的可用性，等级保护第三级以上系统应提供主要网络设备、通信线路和数据处理系统的硬件冗余，保证系统的高可用性。④等级保护第三级以上系统应采用冗余技术设计网络拓扑结构，避免关键节点存在单点故障。

第三篇

信息工程监理案例篇

第八章 案例一：××素材库建设项目监理规划

第一节 项目概述

一、编制目的

监理规划是针对××素材库建设项目实施监理的工作计划，是为完成建设管理全过程的监理工作任务所编制的指导性文件，也是建设方（业主）对监理方进行监督管理的主要工作内容。监理规划的主要目的是：具体体现监理职能，用于指导监理全面工作的开展，是监理履行监理服务的重要依据。

二、项目背景

依据人才选拔要求和课程标准，科学设计命题内容，增强基础性、综合性，着重考查学生独立思考和运用所学知识分析问题、解决问题的能力的原则，立足学科特点，以提高综合运用能力和基于教学的核心素养为目标，通过考试内容与形式的改革，着力实现教学考试立德树人、服务选才、引导教学的三大核心功能。

助力推进教育评价改革，引导基础教育教学克服"唯分数"的顽瘴痼疾，促进学生全面而有个性地发展。为了满足教学学科日趋严苛的质量要求，以及数量日渐增多、种类更加多样化的命题素材需求，计划建设满足学科资源储备需求的素材库系统（以下简称"素材库系统"）。

素材库系统的预期效益是在一定程度上显著扩大试题素材来源的广度，命题教师能够从素材库系统中按照话题、篇幅、文体等条件选取材料进行命题，提高命题效率，有效降低选材重复率，为考试安全提供一定保障，为教学考试命题以及试题管理提供强大有力的支撑。

三、项目建设内容

项目建设主要包括题库用户管理和权限管理、网站素材入库管理、纸质素材入库管理、入库素材评价、多种语言管理、数据导入导出、单机版功能、网络版功能、内容爬虫服务功能、语音转文字服务、OCR 识别服务、WORD 交互服务、素材难度预估服务、命题适应度评价服务、素材索引服务、数据层功能需求、非功能需求等。

第二节　监理工作目标、范围和内容

一、监理目标

按照项目建设目标和要求，遵循国家、行业信息系统工程建设和监理的标准和规范，依据项目建设合同和用户需求，应用现代的项目管理技巧及手段，对项目的各个层面进行管理和控制协调。在项目建设实施过程中进行质量、进度、投资、变更等控制，同时，对工程合同的执行、工程开发信息文档、知识产权等进行管理，并用先进的、适合信息工程行业特点的项目管理手段进行本工程的建设监理，使项目按期保质、高效节约完成。

二、监理范围

在项目中，监理团队的任务既包括咨询又包括监理，监理的服务范围为项目建设的全过程监理，包括前期准备、方案设计、实施和验收。

三、监理工作内容

按照国家标准的规定，实行"三控制、两管理、一协调"，同时结合信息系统项目的特点，加强安全控制、变更控制、知识产权管理。保证项目在规定的时间内完成，并实现项目建设的目标。具体工作内容如下：

1. 审核总体实施方案

主要包括但不限于：①审核和确认承建单位的组织实施方案；②审核和确认承建单位的工程质量保证计划及质量控制体系；③审核和确认承建单位的测试内容；④审核和确认承建单位的工程进度计划；⑤明确项目质量控制的关键性环节。

2. 质量控制

质量控制目标是质量控制预期应达到的结果，以及应达到的程度和水平，即在预定的时间范围和投资范围内，监理方将促进项目根据相关的标准和技术规范，达到承建合同中规定的技术指标要求。

（1）应用软件质量控制。①审核承建单位的需求分析说明书，提出监理意见；②审核软件部署、功能测试、验收等方案并提出监理意见；③监督承建单位按照质量保证体系要求进行系统测试、联调及验收等，对各个环节进行质量控制；④协助建设方组织应用软件验收工作；⑤协助建设方组织源代码、应用程序及相关文档的验收、移交等工作。

（2）培训的质量控制。①审核承建单位的培训计划，提出监理意见；②协助建设方组织项目培训；③监督承建单位实施其培训计划，并征求用户的反馈意见；④审核承建单位的培训总结报告，提出监理意见。

3. 进度控制

保证项目在预定的时间内完成。主要任务内容包括：①审核承建单位的进度分解计划，以及与总体计划目标的匹配情况；②跟踪项目实施进度，督促承建单位按项目总进度计划及时进行动态调整，以确保项目的阶段目标和总体进度目标的实现；③当工程进度出现任何偏离时，协助建设方确定应对措施，并督促相关单位及时采取补救措施。

4. 投资控制

确保投资合理、高效、节约和高性价比。主要任务内容包括：①协助建设方面做好项目支付预算的现金流量表；②参与付款前的工程完成量确认，确保付款进度与工程质量及工程进度相匹配；③所有付款，必须在总监理工程师对工程完成量进行评估并签字确认后，再行支付；④控制项目的各类变更引起的投资量变化应小于项目总投资的10%。

5. 变更控制

主要任务内容包括：①协助建设方制定变更控制程序，明确变更流程；②对项目变更进行管理，明确变更产生的原因和可能导致的风险，并提出相应的处理措施建议；③协助建设方按照变更流程处理变更事项；④任何变更都要得到三方（业主单位、监理单位和承建单位）的书面确认，跟踪变更执行情况，及时向建设方反馈。

6. 合同管理

主要任务内容包括：①通过合同手段（措施）对项目进度、质量标准、成本目标进行量化约定；②跟踪检查合同的执行情况，监督承建单位按时履约；③对合同工期的延误和延期进行审核；④对合同变更、索赔等事项应当进行审核；⑤根据合同约定，审核承建单位提交的支付申请，报建设方审核确认。

7. 信息管理/工程文档管理

主要任务内容包括：①做好合同批复等各类往来文件的存档；②做好项目协调会、技术专题会的会议纪要；③管理好实施期间的各类技术文档；④向建设方提交项目月报；⑤根据需要提交监理专题报告和监理建议；⑥阶段性项目总结及工程大事记；⑦协助建设方管理各承建方提交的技术文档。

8. 知识产权管理

主要任务内容包括：①根据合同约束和相关规定有效保护各方知识产权；②负责项目建设过程中涉及知识产权的产品和系统的合法性审核，确保建设方及其用户在使用承建单位提供的产品和服务过程中不受到第三方关于侵犯专利权等知识产权的指控；③协助建设方对项目建设过程中所产生的成果和知识产权进行保护，防止被非授权使用。

9. 组织协调

主要任务内容包括：①负责协调项目所涉及的各承建单位之间的工作关系，并协调解决项目建设过程中的各类纠纷；②对于建设过程中出现的可能影响工程进度和质量的情况，及时予以通报并召开相关会议，进行组织协调。

第三节　监理团队

一、监理项目组设置

监理方派出由总监理工程师、总监代表、专业监理工程师、咨询顾问组成的监理机构，总监理工程师全面负责项目的管理和协调工作。根据项目的复杂性，监理方案项目监理机构按专业分为软件监理组，硬件和系统集成监理组，合同、知识产权、文档监理组三个专业组，如图 8-1 所示。各监理组均由监理方资深监理工程师担任组长，具备与项目相关的知识经验。此外，还针对项目专门选派资深专家担任咨询顾问，负责总体路线规划图、标准规范体系建设、安全体系、运维体系等的咨询。

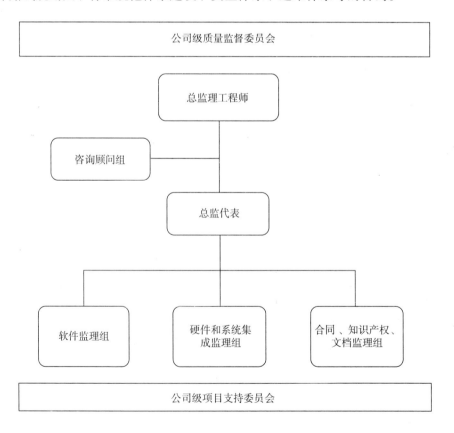

图 8-1　组织结构

二、监理组织机构

总监理工程师全面负责项目的管理和协调工作，各专业组的主要职责如下：

（1）软件监理组。软件监理组负责项目软件部分的监理工作，具体对软件应用系统的需求调研和分析、系统架构与设计、系统开发过程、系统测试等多个环节进行把关。

（2）硬件和系统集成监理组。项目涉及的硬件监理工作由资深专业监理工程师担任。负责基础设施建设、系统集成、网络建设等的设备选型审查、到货验收、安装调试的现场跟踪的监理服务，以及整个项目的系统集成的监理工作。

（3）合同、知识产权、文档监理组。由于项目工程内容多，涉及大量的信息管理工作和合同管理工作，监理方为项目设置了专门的文档监理工程师，负责文档和信息管理工作，同时负责项目的信息保密工作。

三、监理人员

监理人员名单如表 8-1 所示。

表 8-1 监理人员名单

姓名	年龄	职称	专业
总监理工程师			
×××	40	信息系统监理师/项目管理师	计算机
×××	36	信息系统监理师	网络工程
×××	33	信息系统监理师/程序员	软件工程

四、监理人员职责

1. 总监理工程师职责

（1）确定项目监理机构人员的分工和岗位职责。

（2）审查和监督监理人员的工作，根据工程项目的进展情况进行监理人员的调配，对不称职的监理人员调换工作等。

（3）主持监理工作会议，签发项目监理机构的文件和指令。

（4）审定承建方提交的开工报告、施工组织设计、技术方案和进度计划。

（5）审核签署承建方的申请、支付证书和竣工结算。

（6）审查和处理工程变更。

（7）主持或参与工程质量事故的调查。

（8）调解业主单位和承建方的合同争议、处理索赔，审批工程延期。

（9）组织编写和签发监理月报、监理工作阶段报告、专题报告和项目监理工作总结。

（10）审核确认工程的质量检验评定资料，审查承建方的竣工申请，组织质量检查，参与工程项目的竣工验收。

（11）主持整理工程项目的监理资料。

（12）领导并指导监理机构的相关人员进行监理工作。

2. 总监理工程师代表职责

（1）监理工程师代表按照监理工程师授权，行使其部分职责和权力。

（2）侧重于监理技术工作的管理，协调专业监理工程师完成现场技术监理工作。

（3）主持编写所负责项目的监理规划、负责管理项目监理机构的日常工作。

（4）审查承建单位的资质，并提出审查意见。

（5）负责监理工程师制定的监理工作。

3. 专业监理工程师职责

（1）负责编制本专业的监理实施细则。

（2）负责本专业监理工作的具体实施。

（3）审查承建方提交的涉及本专业的计划、方案、申请、变更，并向监理工程师提交报告。

（4）负责本专业分析工程的验收。

（5）定期向项目总监提交本专业的工作报告，对重大问题及时向其请示汇报。

（6）负责本专业监理工作实施及工作日志的写作。

（7）负责本专业资料的收集、汇总及整理，参与编写监理月报。

（8）核查进场材料、设备的原始凭证，检测报告等质量证明文件及其质量情况，必要时进行平行检验，合格后予以签认。

（9）负责本专业的工程计量工作，审核工程量的数据和原始凭证。

（10）检查承建方投入项目的人力、材料、主要设备及其使用、运行情况。

第四节　监理依据

一、监理工作依据

1. 基本监理服务依据

（1）监理国标，包括：

1）GB/T 19668.1—2014《信息技术服务　监理　第1部分：总则》；

2）GB/T 19668.2—2017《信息技术服务　监理　第2部分：基础设施工程监理规范》；

3）GB/T 19668.3—2017《信息技术服务　监理　第3部分：运行维护监理规范》；

4）GB/T 19668.4—2017《信息技术服务 监理 第4部分：信息安全监理规范》；

5）GB/T 19668.5—2018《信息技术服务 监理 第5部分：软件工程监理规范》；

6）GB/T 19668.6—2019《信息技术服务 监理 第6部分：应用系统：数据中心工程监理规范》。

（2）业主单位与承建单位签订的承建合同。

（3）业主单位与监理单位签订的监理合同。

（4）有关国家和行业的技术标准。根据合同执行的具体情况选择适用的有关规范、规程和技术标准。

2. 针对项目的其他服务依据

（1）软件工程标准，包括：

1）GB/T 19000.3—1994《质量管理和质量保证标准 第三部分：GB/T 19001—ISO9001 在软件开发、供应和维护中的使用指南》；

2）SJ/T 11234—2001《软件过程能力评估模型》；

3）SJ/T 11235—2001《软件能力成熟度模型》；

4）GB/T 18493—2001《信息技术 软件生存周期过程指南》；

5）GB/T 8566—2007《信息技术 软件生存周期过程》；

6）GB/T 8567—2006《计算机软件文档编制规范》；

7）GB/T 9385—2008《计算机软件需求规格说明规范》；

8）GB/T 9386—2008《计算机软件测试文件编制规范》；

9）GB/T 11457—2006《信息技术软件工程术语》；

10）GB/T 18304—2001《信息技术 因特网中文规范 电子邮件传送格式》；

11）GB/T 14814—1993《信息处理文本和办公系统标准通用置标语言（SGML）》；

12）GB/T 12505—1990《计算机软件配置管理计划规范》；

13）GB/T 14079—1993《软件维护指南》；

14）GB/T 14394—2008《计算机软件可靠性和可维护性管理》；

15）GB/T 15532—2008《计算机软件测试规范》。

（2）质量控制标准，包括：

1）GB/T 19000.3—2000《质量管理和质量保证标准 第3部分：GB/T 19001 在计算机软件开发、供应、安装和维护中的使用指南》；

2）GB/T 19016—2021《质量管理 项目管理质量指南》。

（3）信息安全工程标准，包括：

1）GB/T 18231—2000《信息技术 低层安全模型》；

2）GB/T 16264.7—2005《信息技术 开放系统互连 目录 第8部分：公钥和属性证书框架》；

3）GB/T 17963—2000《信息技术—开放系统互连—网络层安全协议》；

4）GB/T 18336.1—2015《信息技术 安全技术信息技术安全评估准则—第1部分：简介和一般模型》；

5）GB/T 18336.2—2015《信息技术 安全技术信息技术安全评估准则—第2部分：安全功能组件》；

6）GB/T 18336.3—2015《信息技术 安全技术信息技术安全评估准则—第3部分：安全保障组件》；

7）GA 163—1997《计算机信息系统安全专用产品分类原则》；

8）GB 4943—1985《数据处理设备的安全》；

9）GB/T 17900—1999《网络代理服务器的安全 技术要求》；

10）GB/T 18018—1999《路由器安全技术要求》；

11）YD/T 1132—2001《防火墙设备技术要求》；

12）GB/T 18019—1999《信息技术 包过滤防火墙安全技术要求》；

13）GB/T 18020—1999《信息技术 应用级防火墙安全技术要求》；

14）GA 135—1996 DOS《操作系统环境中计算机病毒防治产品测试方法》；

15）GA 243—2000《计算机病毒防治产品评级准则》；

16）GB 17859—1999《计算机信息系统 安全保护等级划分准则》；

17）GB/T 9387.2—1995《信息处理系统 开放系统互连 基本参考模型 第2部分：安全体系结构》；

18）GB/T 15278—1994《信息处理—数据加密—物理层互操作性要求》；

19）DODD 5215.2—1986《计算机安全保密技术脆弱性报告程序》。

二、监理工作准则

监理方按照"守法、诚信、公正、科学"的准则执业，维护国家和项目各方的利益，在坚持按监理合同的规定向项目单位提供技术服务的同时，帮助被监理单位完成其担负的建设任务。工作准则是：

（1）坚持科学的态度和实事求是的原则。

（2）遵守国家的法律和政府的有关条例、规定和办法等。

（3）执行有关工程建设的法律、法规、规范、标准和制度，履行监理合同规定的义务和职责。

（4）认真履行工程建设监理合同所承诺的义务和承担约定的责任。

（5）坚持公正的立场，公平地处理有关各方的争议。

（6）不收受被监理单位的任何礼金。

（7）不泄露所监理工程需保密的事项。

（8）不泄露所监理工程各方认为需要保密的事项。

第五节　监理工作流程

一、启动阶段

启动阶段的工作流程如图 8-2 所示。

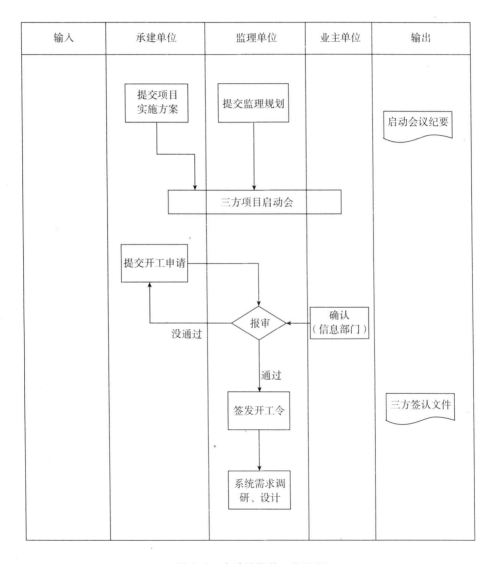

图8-2　启动阶段的工作流程

二、需求调研与设计阶段

需求调研与设计阶段的工作流程如图 8-3 所示。

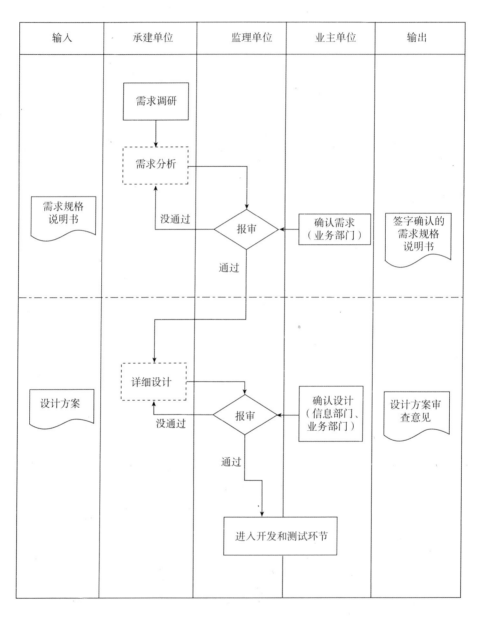

图 8-3　需求调研与设计阶段的工作流程

三、系统开发与测试阶段

系统开发与测试阶段的工作流程如图8-4所示。

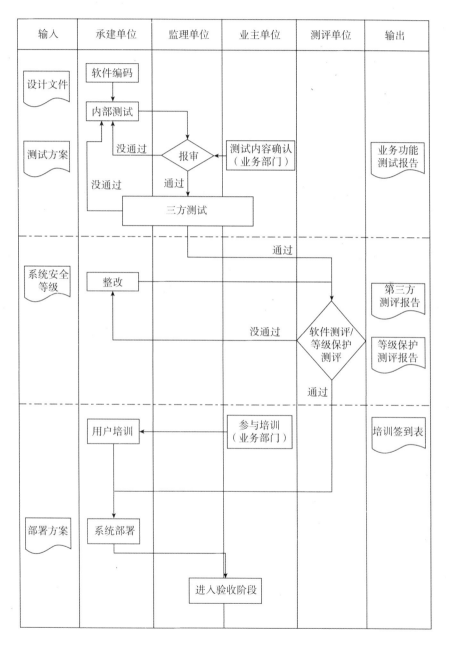

图8-4　系统开发与测试阶段的工作流程

四、验收阶段

验收阶段的工作流程如图8-5所示。

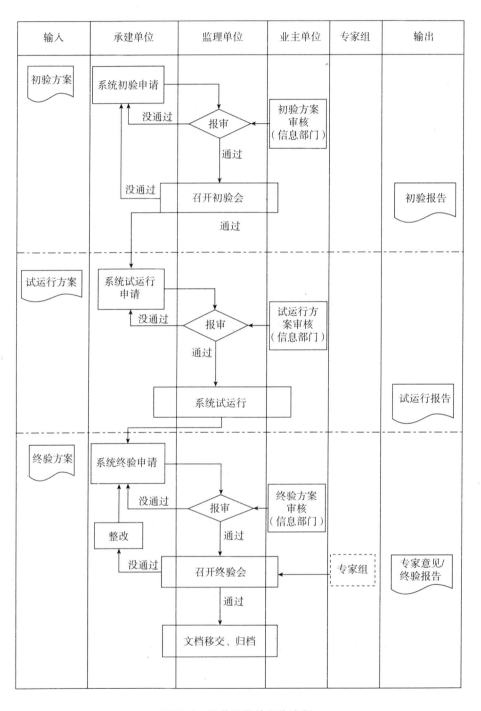

图8-5 验收阶段的工作流程

五、变更控制

变更控制的工作流程如图 8-6 所示。

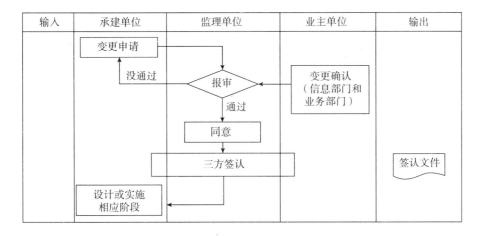

图 8-6 变更控制的工作流程

六、投资控制

投资控制的工作流程如图 8-7 所示。

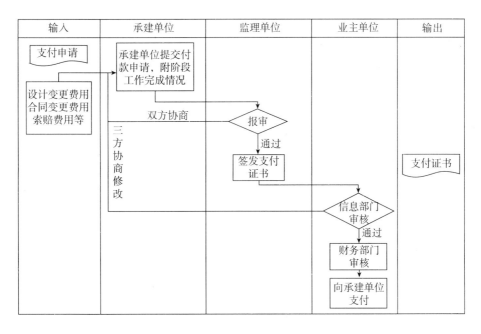

图 8-7 投资控制的工作流程

第六节　监理工作方法

一、启动阶段

启动阶段的工作内容如表8-2所示。

表8-2　启动阶段的工作内容

子阶段划分	监理的主要工作内容
三方项目启动会	工作内容： 督促承建单位提交以下文件： 项目实施方案 开工申请 项目经理任命书 项目监理单位对承建单位提交的文件进行审查 配合业主单位召开项目启动会
	审查的标准与依据： 项目招标书、投标书、项目合同
	文档模板： 开工申请单

二、需求调研与设计阶段

需求调研与设计阶段的工作内容如表8-3所示。

表8-3　需求调研与设计阶段的工作内容

子阶段划分	监理的主要工作内容
需求调研	审核承建单位需求调研计划，督促承建单位输出需求规格说明书，根据项目需要配合业主单位组织需求评审，督促承建单位和业主单位进行需求确认
	审查的标准与依据： 项目招标书、投标书、项目合同 根据项目内容，把项目划分为软件开发、系统集成等类型，并根据各自类型的特点依据不同的方法进行审查
	文档模板：无
系统设计	工作内容： 依据项目的类型，对设计进行审查 根据项目需要配合业主单位组织设计评审 设计变更确认
	审查的标准与依据： 项目招标书、投标书、项目合同 从项目方案的先进性、合理性等内容上进行审查
	文档模板：无

三、系统开发和测试阶段

系统开发和测试阶段的工作内容如表8-4所示。

表8-4　系统开发和测试阶段的工作内容（软件）

子阶段划分	监理的主要工作内容
开发阶段	工作内容： 对项目的人员安排、进度、质量保证、风险控制、安全保护和知识产权等方面进行审查
	审查的标准与依据： 本阶段工作计划 项目设计方案
	文档模板：无
测试阶段	工作内容： 审核承建单位提交的测试方案、用户培训方案，组织进行三方功能测试 根据项目需要配合组织压力测试、第三方软件测评等 检查用户培训情况
	审查的标准与依据： 项目招标书、投标书、项目合同
	文档模板：无

四、验收阶段

验收阶段的工作内容如表8-5所示。

表8-5　验收阶段的工作内容

子阶段划分	监理的主要工作内容
初验阶段	工作内容： 对承建单位提出的项目初验申请进行审查，配合业主单位组织初验会
	审查的标准与依据： 项目招标书、投标书、项目合同 初验测试报告
	文档模板： 初验报审表 初验报告

子阶段划分	监理的主要工作内容
试运行阶段	工作内容： 对承建单位提交的试运行方案进行审查，跟踪试运行期间发现的问题，对承建单位提交的试运行报告进行审查
	审查的标准与依据： 项目招标书、投标书、项目合同
	文档模板：无
终验阶段	工作内容： 对承建单位提出的项目终验申请进行审查，根据项目情况，配合业主单位组织终验会
	审查的标准与依据： 项目招标书、投标书、项目合同 终验测试报告 等保测评报告（依据情况） 第三方测评报告（依据情况）
	文档模板： 终验报审表 终验报告

五、变更控制

变更控制的工作内容如表 8-6 所示。

表 8-6　变更控制的工作内容

子阶段划分	监理的主要工作内容
变更流程	工作内容： 对项目变更申请进行审查
	审查的标准与依据： 项目招标书、投标书、项目合同 项目实施方案 项目需求文件 项目设计文件
	文档模板： 工程变更单

六、投资控制

投资控制的工作内容如表 8-7 所示。

表 8-7 投资控制的工作内容

子阶段划分	监理的主要工作内容
投资控制流程	工作内容： 对承建单位提出的付款申请进行审查，检查付款金额、比例是否与合同约定一致
	审查的标准与依据： 项目招标书、投标书、项目合同
	文档模板： 付款申请表 工程款支付证明

第七节 监理工作制度

一、设计方案、项目计划审查制度

建立设计方案、项目计划审查制度，对承建方提交的设计方案和项目计划从技术、应用、管理几个层面进行全面审查，保证设计方案和项目计划的可行性和可操作性。

二、工程交底制度

首先审核开工前的准备情况，确保项目符合开工条件。同时，召开工程交底会，明确项目的各项管理规章和协调方式，明确各方的责任义务，明确工程的方向目标，调动工程各方的积极性，力求项目以一种齐心协力、振奋向上的态势进行。

三、工程质量监督和检验制度

监理方坚持工程质量第一的理念，坚持做好质量控制，包括对承建方的质量体系的监督、对工程质量过程的检查、对工程实施结果的检测。监理方将以结果为导向，以事实为基础，以检测报告为依据，全面开展质量管控工作。

监理与第三方测试负有不同的责任，监理并不是作为权威的测试机构出现，但测试是监理工作的必要手段，是监理质量管控工作的事实基础，也是监理把握工程质量的必要措施。因此，坚持测试检查制度，是监理的一项例行工作。对于重要的、要求高的测试，建议由第三方专业测试机构参与。

四、工程质量事故处理制度

坚持掌握第一手资料的原则，监理方及时了解工程中出现的各种问题，对于出现的事故，要分清事实，明确责任，分析原因，找出办法。坚持事故审查制度、事故报告制度、事故跟踪制度。

五、工程进度监督制度

监理方审核承建方提交的进度计划，并把计划分解为周计划、周前审核计划、周末检查计划落实情况，并制订下周的工作计划。对于工程进展的各个阶段，监理方及时向业主单位提交工程进度报告，说明项目进展情况。

六、投资监督制度

监理方按照合同授予的权利，审核承建方的项目质量，在质量符合国家、行业标准和规范，满足承建合同要求的情况下，签署工程款支付证书。有效地利用支付审核的权限，确保工程质量符合用户要求。

七、监理报告制度

监理方定期向业主单位提交周报（或月报）、进度报告，对项目实施中的各种情况和进展进行记录。建立监理备忘录、会议纪要、工程总结制度，对于项目大事进行记录；对于业主单位和监理方召集的会议进行记录；定期总结监理工作，发现不足并加以改正；对于项目实施过程中产生的重要问题，及时向业主单位汇报；对于重要的处罚措施，先向业主单位报告，在征得同意后，再采取相应的措施。

八、工程竣工验收制度

工程验收是坚持按国家、行业标准和规范检验评估工程质量的最后阶段，必须高度重视。监理方应坚持先测试、后验收的原则，承建方自测、监理方抽测是必须完成的过程。监理方应坚持先评估、后验收的原则，在验收会之前，先召集有关的专家对工程进行评估，审查是否达到了验收的要求，只有通过评估后，才能安排验收。验收前，一定要按照验收方案，审核全部的工程文档，确保文档符合合同要求。最后，验收过程三方参与，验收报告三方签章确认。

九、监理会议制度

监理会议是实施工程监理的有效手段，会议形式具有公开性、讨论的深入性，能够引起各方的重视，从而有助于解决问题。对于业主单位和监理方召集的会议，监理方应做好会议记录，整理后向业主单位提交会议纪要，同时抄送与会各方。

1. 监理例会

监理例会是各方沟通的最佳时机。在例会上，各方提出项目实施中出现的问题，共享讨论解决方案。监理例会应形成会议制度定期召开，监理方认真做好记录，并监督落实会议决定的事项。监理例会由监理方主持。

2. 专业性监理会议

对于项目中出现的重要的技术问题，通常需要请有关专家召开专题分析会，进行专项讨论。监理应及时了解和掌握项目中的重要问题，协调、联系有关的专家开展技术咨询和研讨。

第八节　监理工作成果

在为业主单位代管承建单位提交的各类工程实施文档的同时，监理单位自身应产生一系列监理工作文档如下：

（1）项目管理制度。项目初期形成。主要内容包括组织结构、各方职责、流程、沟通方法等。

（2）项目监理实施方案。即在监理规划基础上形成的带有进度表的具体工作方案。

（3）阶段监理报告。在过程周期、里程碑时提交。主要内容包括进度报告、存在问题、改进建议等。

（4）专题监理报告。包括专题报告和评审、验收报告等。

（5）监理例会记录。每次例会沟通内容，三方签字确认。

（6）会议纪要。根据监理项目需要召开的各类会议，形成会议纪要。

（7）监理日常审核工作报告。监理日常工作的内容和记录。

（8）监理总结报告。监理项目完成最终成果时提交，主要包括监理工作总结、监理建议等。

监理工作所需文档模板格式应统一化，在文档模板方面，应特别关注文档的内容和基本格式信息，包括文档编号规则、文档格式设置等。

第九章 案例二：YYY 信息系统开发工程监理细则

第一节 引言

本监理细则由监理部依照业主单位签认的监理规划提出、总监签认，并业主单位确认，在整个 YYY 工程过程中贯彻执行。

各项目组（均所属于承建单位）均应以本细则所确定的工程事项来约束自己的开发行为。

本监理细则的制定目的是保证 YYY 工程的规范有序，重点做好工程的质量控制和软件文档的收集整理，为系统的维护、运行和升级扩展奠定基础。

本监理细则书的制定、解释、执行、变更权力在监理部。

第二节 标准

一、信息系统开发工程所依据的国家标准

主要依据的国家标准有：

（1）GB/T 1526—1989《信息处理 数据流程图、程序流程图、系统流程图、程序网络图和系统资源图的文件编制符号及约定》。

（2）GB/T 8566—2007《信息技术 软件生存周期过程》。

（3）GB/T 8567—2006《计算机软件 文档编制规范》。

（4）GB/T 9385—2008《计算机软件需求规格说明规范》。

（5）GB/T 9386—2008《计算机软件测试文档编制规范》。

（6）GB/T 11457—2006《信息技术 软件工程术语》。

（7）GB/T 12504—1990《计算机软件质量保证计划规范》。

（8）GB 13502—1992《信息处理 程序构造及其表示的约定》。

（9）GB/T 14085—1993《信息处理系统　计算机系统配置图符号及约定》。

（10）GB/T 14394—2008《计算机软件可靠性和可维护性管理》。

（11）GB/T 15532—2008《计算机软件测试规范》。

（12）GB/T 16680—2015《系统与软件工程　用户文档的管理者要求》。

（13）GB/T 25000.1—2021《系统与软件工程　系统与软件质量要求和评价（SQuaRE）第1部分：SQuaRE 指南》。

（14）GB/T 19000.3—2001《质量管理和质量保证标准　第3部分：GB/T 19001—1994 在计算机软件开发、供应、安装和维护中的使用指南》。

有些标准现已作废或被取代，为示例，暂时没有修正。

监理部针对 YYY 项目的具体情况，依照上述标准剪裁必要子集，经与项目建设方和项目承建单位商定予以确定，并且体现在本细则的章节中。

二、面向对象开发范式中的工程约定

由于计算机信息系统开发技术的快速发展，一些已经被采纳的开发方法尚未纳入国家标准，为统一本项目的工程一致性，本细则对面向对象的开发方法结合已有的国家标准作出补充约定。

约定采用面向对象的建模技术（Object Modeling Technique，OMT）进行项目开发，在系统开发的概要设计阶段和详细设计阶段中采用面向对象的分析（Object Oriented Analysis，OOA）和面向对象的设计（Object Oriented Design，OOD），以数据流图、对象图和状态图完成功能模型、对象模型和动态模型的建模工作，进而在实现阶段进行面向对象的编程（Object Oriented Programming，OOP）。

承认开发人员使用计算机辅助系统工程（Computer Aided Softuare Engineering，CASE）工具形成的图表，但文字表述应明确周全。

第三节　开发过程的工作环节与工程文件

信息系统的软件开发过程是将用户要求转化为软件需求，把软件需求转化为逻辑设计、物理设计，然后用编码来实现设计、对编码进行测试，完成文档编制，并确认软件可以投入运行性使用的过程。本细则对上述各阶段提出如下要求：

一、用户需求定义阶段

1. 工作目标

本阶段的工作目标是明确信息系统的环境与边界，描述系统在整个业务流程中的作用和地位，定义系统的功能和性能方面的能力。

本阶段直接的文档文件是需求说明书，又称需求规格说明。该说明书由项目承建单位经对项目用户业务调研后提出，并由项目建设方签署书面同意意见后成为后续开发工作的主要依据；如果在后续工作中对需求说明书有不同的意见，建设方和承建单位均可以用项目洽商的方式协调，取得一致时对需求说明书进行变更。

2. 需求说明书

遵循 GB/T 8567—2006《计算机软件文档编制规范》和 GB/T 9385—2008《计算机软件需求规格说明规范》的要求，在可行性研究报告和项目开发计划之后，首先应制定软件需求说明书（Software Requirements Specifications，SRS）。本监理细则要求依照 GB/T 9385—2008《计算机软件需求规格说明规范》中 SRS 大纲的目录组织需求说明书。

在需求说明书的具体需求中，必须讲明所开发系统的功能定义，要求做到无歧义性、完整性、可验证性、一致性、可修改性、可追踪性以及运行和维护阶段的可使用性。为方便管理和统一需求说明书的形式语言，本细则指定采用系统流程图和功能结构图作为需求说明书的形式语言描述工具。

（1）系统流程图。系统流程图表示系统的操作控制和数据流。其作用是在整个人机交互的系统环境中对本信息系统的各个功能定位。系统流程图的图符要求符合 GB/T 1526—1989《信息处理　数据流程图、程序流程图、系统流程图、程序网络图和系统资源图的文件编制符号及约定》。

系统流程图应以具体功能为中心，以图符的形式表明其周边的业务流和信息流（控制流和数据流），表明人工处理功能、系统外处理功能和系统内处理功能的相互关联。通过系统流程图可以清楚地把握和理解每一个功能在具体业务处理过程中的位置、边界和作用。

（2）功能结构图。功能结构图是对系统流程图中系统内处理功能的汇集整理，加之离散的必要功能（如系统管理功能）组织而成。功能结构图是一张按功能类别分层次的树状图，它与系统流程图的系统内处理功能有对应关系，同时应对照可行性研究报告进行检查，查看有无疏漏的功能项，如有疏漏，应及时在系统流程图和功能结构图中加以补充。

功能结构图中的各个功能均应在需求说明书中逐一阐述。

二、系统逻辑设计阶段

1. 工作目标

系统逻辑设计阶段又称为系统分析阶段、概要设计阶段。本阶段不涉及任何物理设计工作，而是在需求说明书的业务分析基础上进一步对系统做功能分析、数据分析和处理逻辑分析。通过系统逻辑设计为系统物理设计做好准备。

2. 逻辑设计说明书

本阶段的重要文档是逻辑设计说明书，其间产生的各种分析图表和说明是整个软件系统开发过程不可缺少的一环。由于现代软件开发工具与 GB/T 8567—1988《计算机软件产品开发文件编制指南》标准制定的 1988 年相比已经发生较大变化，本细则参照该标准给出逻辑设计说明书参考大纲。

本细则指定在功能分析中采用数据流图作为形式语言描述工具；指定在数据分析中采用数据字典的表格方式描述数据组织；对于处理逻辑分析，由开发者在决策树、判定表和结构化语言中自行确定适应当前的描述工具。

（1）功能分析（数据流图）。数据流图是重要的功能分析工具，它是在功能结构图的基础上以各个功能为顶图逐一采取 HIPO（Hierarchy plus Input Processes Output）方法求解功能细节，直至底图披露全部数据存储和处理逻辑功能。数据流图采用 GB/T 1526—1989《信息处理　数据流程图、程序流程图、系统流程图、程序网络图和系统资源图的文件编制符号及约定》的图符。

（2）数据分析（数据字典）。数据字典是对数据流图中的数据流和数据存储进行必要说明的表格，并从中归纳整理出数据结构和数据元素的说明表格。这是一项细致繁杂的开发工作，使用计算机辅助系统工程（CASE）工具绘制数据流图的开发人员，可以通过 CASE 工具帮助生成数据字典；没有使用 CASE 工具的开发人员则需要自己设计数据字典的表格并认真填写。本细则要求数据字典包括数据流、数据存储、数据结构和数据元素。分别说明如下内容：

1）数据流：数据流编号、数据流名称、数据流说明、来源、去向、所包含的数据结构、流量、峰值；

2）数据存储：数据存储编号、数据存储名称、数据存储说明、输入、输出、存储内容、立即存取分析；

3）数据结构：数据结构编号、数据结构名称、数据结构说明、数据结构描述、有关的数据流和数据存储；

4）数据元素：数据元素编号、数据元素名称、数据元素说明、类型、长度、范围、编码规则。

其中，编码规则可以在物理设计阶段补充填入。

（3）处理逻辑分析。对于数据流图中的处理逻辑，要以无二义性的形式化语言进行描述。这种描述是下一步编程的脚本。开发人员可以根据不同的处理逻辑选用或混用三种不同的描述语言：决策树、判定表和结构化语言。结构化语言限定为顺序、分支和循环三种结构，可以用框图方式表达，框图绘制比照程序流程图并使用 GB/T 1526—1989《信息处理　数据流程图、程序流程图、系统流程图、程序网络图和系统资源图的文件编制符号及约定》的图符标准。

三、系统物理设计阶段

1. 工作目标

本阶段的工作目标是根据前两个阶段工作的结果进行具体的物理设计（包含软硬件），又称为系统设计或系统详细设计阶段。本阶段的成果是物理设计说明书。

通过本阶段的工作可以为程序开发人员准备一系列可以执行的编程任务书，即完成系统的蓝图设计。

应当指出，由于采用了面向对象的开发方法，计算机工具世界的对象和现实世界的对象趋于一致，因此，面向对象的分析和面向对象的设计所使用的逻辑对象和物理对象也趋于一致，这样许多逻辑设计的概念和方法也就体现在物理设计阶段之中，即体现在物理设计说明书之中。同理，由于采用了面向对象的编程方式，物理设计说明书给出的模块设计不再是过程范式的过程说明和数据说明，而是一个个将属性和操作封装在一起的独立对象。

2. 物理设计说明书

物理设计包括两个方面：一是硬件系统的设计，二是软件系统的设计。

硬件系统设计要在系统设计阶段完成。少数内容或实验可以放在系统实施过程中最终确定，但不允许出现失败，要有用户认可的备份或变通准备，并确保整个信息系统的顺利实现。

软件系统分为系统软件、工具软件和应用软件。系统软件要随硬件系统的确定而确定；工具软件则要依照新系统的功能要求和技术的先进性、成熟性和经济性来综合考虑，应当在系统设计阶段确定；应用软件的层次结构和功能模块要求在系统设计阶段解决，程序的编制在系统实施阶段进行。

物理设计关注从平台到应用的所有软硬件设备，包括选型和开发的双重要求。物理设计包括系统结构设计、代码设计、输入输出设计、人机界面设计、数据库设计和模块设计，并以设计说明书的形式汇集各部分的设计结果，以编程任务书的形式从中分解出子集指导编程工作。

（1）系统结构设计。系统结构设计标准中未归纳的符号（如结构化布线系统）按项目建设单位习惯意见行文统一绘制方法并给予无二义性的说明。

1）系统硬件体系设计。系统硬件体系设计包括总体结构设计、计算机系统设计和数据通信系统设计。下面一一给出设计要素的内容：

硬件系统设计的主要内容之一：总体结构设计如图 9-1 所示。

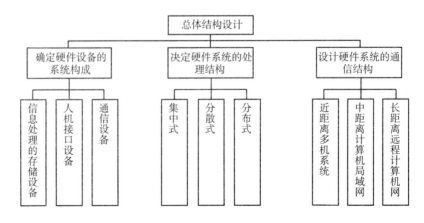

图 9-1　总体结构设计

硬件系统设计的主要内容之二：计算机系统设计如图9-2所示。

图9-2　计算机系统设计

硬件系统设计的主要内容之三：数据通信网络设计如图9-3所示。

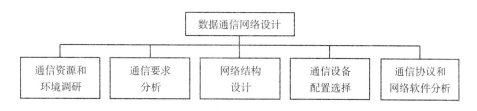

图9-3　数据通信网络设计

2）结构化程序设计。本细则要求所有软件设计都要遵循结构化设计的原则和方法。

对于过程范式的传统设计方法，本细则要求在模块化设计之前，完成控制结构图和过程结构图。控制结构图的目的是将数据流图中的处理功能进一步进行变换（业务中心变换或转换中心变换），解析出输入模块、处理模块和输出模块，并反映出模块之间的层次和调用关系。其绘制方法采用本细则附件中指明的图符。过程结构图要反映模块间的调用时间和条件次序，过程结构图即扩大的程序结构图，其绘制方法遵循GB 1526—1989《信息处理　数据流程图、程序流程图、系统流程图、程序网络图和系统资源图的文件编制符号及约定》中规定的图符。

当前主要的开发方法是面向对象的范式。对象是对自身属性和操作的封装，本身具有模块化的特性。在系统设计中要求：对于对象中的属性值，只能由其自己的操作进行变更和查询，各对象的各种操作的程序脚本应采取结构化的设计方法描述。

（2）代码设计。这里的代码指一组无歧义性的规则，它规定了使数据得以用某种离散形式加以表示的方式。同时也是为了安全的目的对数据进行的加密表示。

代码设计要求与数据字典中的数据元素项相结合，形成一套完整的编码规则。代码的质量标准和实现方案由建设方和承建单位共同商定。本细则考核执行情况。

代码设计方案及其实现应列为企业机密加以保护，由建设方确定密级并由承建单位和监理方共同遵守。

（3）输入输出设计。结合硬件体系结构的设计，各个功能处理模块的输入输出方式均应明确，并以书面形式逐一说明。包括：输入输出模块编号、输入输出设备、通信协议、安全要求、约定说明、通信方式、数据源、数据宿。

（4）人机界面设计。人机界面设计的主要任务是统一交互风格，方便使用者，增强容错和纠错的能力。在这个设计过程中要求对以下几点作出书面规定和说明：

1）窗口风格：本信息系统的标志的规格和位置；

本交互界面的色泽和图案；

各控件形状和风格；

窗口内各种字体的规范。

2）键盘/鼠标约定：点击风格；

提示内容及纠、容错的能力确定。

3）多媒体技术：提示音规范；

语音标准和使用要求。

4）远程交互技术：语音服务与自动接入；

远程识别与自动服务。

这是必须进行测试验证的内容之一，监理将对此进行测试验收。

（5）数据库设计。数据库设计是物理设计中最重要也是较复杂的环节，通过这一环节的工作承继数据分析的结果，按下面步骤进行：

1）实体关系图（ER 图）。根据数据字典中各数据结构的作用进行综合，确认各实体及其属性，然后在此基础上依照数据处理的功能构造出各实体之间的关联和结构。

本细则希望尽量以一对一、一对多、多对多、一对零或多的链接模式确定实体关联。必要时增加链的特殊关联（链属性、角色、条件等）。

本细则允许使用继承（特殊与一般）和聚集（整体与组成部分）两种实体关联结构。

面向对象的建模技术（OMT）中的对象图与本条描述的 ER 图设计方法相同。

2）物理数据库设计。首先结合数据字典中的立即存取分析和 ER 图中的实体和属性，确立各种查询路径所需要的基表和索引表，分析数据所需要的容量、存取速度、安全性和可靠性。

其次根据系统功能的划分建立各主题数据库，归纳各种基表和索引表。建立备份数据库。

3）确定数据库管理系统（DBMS）。若已有指定的 DBMS，则结合上述设计应用。若没有指定的 DBMS，则结合上述设计选择适应当前的 DBMS。

4）确定数据库查询语言。一旦 DBMS 确定，其数据库查询语言也会一并提出，应分析其效率和成熟性。

5）确定数据库操作语言。数据库操作语言有多种，应选用与硬件体系结构相适应、与数据库查询语言相适应的成熟语言。

建议本项目各课题组尽量使用统一的数据库操作语言。

3. 模块设计

综上各设计，应落笔于模块设计，形成一套完整的编程任务书与物理设计说明书一并交付实现阶段执行。

（1）过程范式。传统的信息系统的工作方式是数据与程序相分离，通过程序的执行过程实现两者的结合。也就是一个（一组）数据可以被多个程序模块所调用，因此，要十分注意数据的一致性和安全性设计。要求各程序模块尽量做到高内聚、低耦合。

（2）面向对象范式。对象是自身属性（数据）和操作（程序）的封装，对象内的数据只有自己的操作才可以变化，这种变化是依据外部的触发条件和自身的内部状态而发生，并会达到预期的新状态和产生新触发。为了解对象的状态转化关系和转换条件，面向对象的建模方式应对较复杂的对象建立动态模型，即绘制事件跟踪图和对象状态图加以说明（见图9-4和图9-5）。事件跟踪图和对象状态图的绘制规范见标准GB/T 8566—2006。

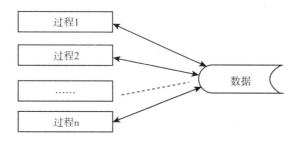

图9-4　事件跟踪图

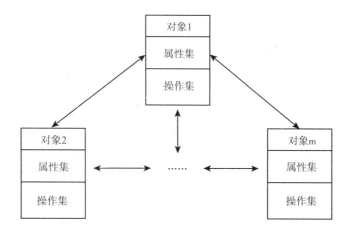

图9-5　对象状态图

对象符合模块设计的高内聚、低耦合的原则。

四、系统实现阶段

1. 工作目标

本阶段的任务是根据设计文件制造软件产品并排除其中隐错。也就是对一个个已经明了的模块进行程序设计并进行测试。

通过本阶段的工作，完成信息系统的最基层的模块开发。要求开发人员对所使用的开发工具有清楚的了解并能熟练掌握。项目组负责人对各模块的设计开发进度应该及时把握，并将系统设计过程的目标贯彻于编码过程之中；对编程人员难以解决的前期设计不周问题应及时记录、及时研究、及时提出解决方法。

2. 编码与测试

（1）编码。本细则要求开发人员依照 GB/T 13502—1992《信息处理　程序构造及其表示的约定》规定的（基准）程序流程图（PFD）或程序结构图（PSD）设计编程任务书指定的程序模块。无论是过程范式还是面向对象范式，均要求提供与 PFD 或 PSD 相一致的源语言程序清单，清单要同时含有清楚简洁的注释。

编程阶段中，项目组要提出书面开发计划和进度安排，各编程人员要有编程日志。

要求开发人员对所编程序进行查找、分析和纠正错误之后，将各模块的编程任务书、PFD 或 PSD、源程序清单、目标程序清单和连接清单一并提交测试。

（2）模块测试。模块测试的目的是识别出期望结果和实际结果之间有无差别。模块测试采取自测、互测以及必要的建设方和监理方旁站观测。必要时甚至由具有资质的第三方测试机构测试或由监理方进行平行测试。要求开发人员在测试之前确定测试计划，提出测试目的、测试依据、测试方法、测试数据和测试表格；在测试中要对测试用例的过程和现象、结果如实记录；测试后无论通过与否都要有测试报告，通过则向下阶段进行，不通过则返回编程重新进行程序设计，测试报告由开发合同的规定人签署。

软件测试报告

项目编号：_____　　项目名称：_____

任务编号/序号：_____　　工作名称：_____

程序（ID）：_____　　程序名称：_____

编程员：_____　　测试完成日期：_____年___月___日

测试工程师：_____　　测试完成日期：_____年___月___日

　　　　　　　　　　　　　　　　　　　　　是　　　　　　否

1. 安装：

程序运行环境已经正确设定　　　　　　　　　□　　　　　　□

2. 程序代码检查：

（1）程序单位首部有程序说明和修改备注　　　□　　　　　　□

（2）变量、过程、函数命令符合规则　□　□

（3）程序中有足够的说明信息　□　□

（4）修改注释符合要求　□　□

（5）类库的使用符合要求　□　□

3. 画面及报表格式检查：

（1）画面和报表格式符合规定需求　□　□

（2）程序命名符合格式需求　□　□

（3）画面和报表的字段位置和宽度与设计文档一致　□　□

4. 功能测试：

（1）多画面之间切换正确　□　□

（2）功能键、触发键、按钮、菜单、选择项功能正确　□　□

（3）数据项关联及限制功能正确　□　□

（4）设计文档规定的其他功能

测试内容：_____　□　□

5. 正确性测试：

（1）读/写/删除操作结果正确　□　□

（2）各种组合条件之查询或报表正确　□　□

（3）设计文档规定的其他操作

测试内容：_____　□　□

6. 可靠性测试：

（1）非法键容错测试　□　□

（2）异常字符容错测试　□　□

（3）程序负作用检查　□　□

（4）残留文件检查　□　□

7. 效率测试：

单用户（机型）□　　□　　多用户（终端数）□　□

（1）输入画面效率测试：

延迟时间：□　　□　　□　　□

（2）报表及查询效率测试：

最小报表时间：□　　□　　□　　□

最大报表时间：□　　□　　□　　□

8. 多用户测试：

终端数：　□　　□

（1）随机测试：

测试次数：□　　□

（2）共享测试：□　　□

（3）同步测试：□　　　　□

9. 其他测试：

测试内容：_____　　□　　　　　□

测试备忘：

（3）软件产品部件。模块测试通过之后，开发人员将编程文档（编程任务书、PFD 或 PSD、源程序清单、目标程序清单和连接清单）和测试文档（测试计划、测试记录和测试报告）一并封装，作为一个独立的软件产品部件备用备查。

五、系统测试与评估阶段

1. 工作目标

本阶段的工作目标是由人工或自动方法来执行或评价系统或系统部件的过程，以验证它是否满足规定的要求。本阶段工作与编程代码无关。

系统测试工作分为几个层次，如图 9-6 所示。

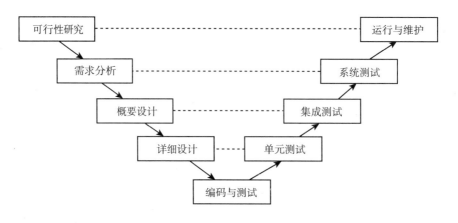

图 9-6　系统测试层次

图 9-6 右侧的测试是对左侧各阶段工作的验证，同时本细则允许采用瀑布模型修正前期的各种不周和错误之处。在修订并改变不周和错误的同时，必须给出修改洽商说明并修改前期的相应开发文档，保持前后文档的一致连贯。洽商书由建设方和承建单位中一方提出，另一方同意后执行，有争议时服从监理方裁决。

测试工作由项目课题组和建设方共同主持，监理方旁站。必要时甚至由具有资质的第三方测试机构测试或由监理方进行平行测试。各种测试文档由三方共同签署。

2. 系统测试

系统测试在单元测试、集成测试之后进行。

（1）单元测试（功能验证）。单元测试是一个过程，本细则要求将已经封装存档的软件产品部件按照系统设计时的功能结构进行集合，并测试其与设计目标的差异。过程如图9-7所示。

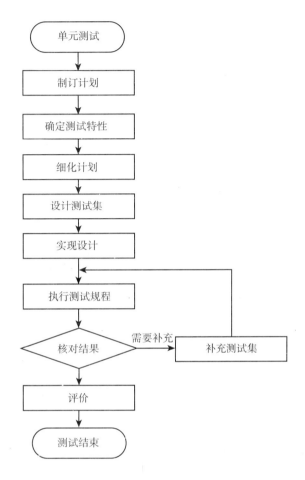

图9-7　单元测试过程

单元测试遵循GB/T 15532—2008《计算机软件测试规范》。

本细则要求将单元测试计划、测试集、测试记录和单元测试报告一并封装存档，备查备用。

（2）集成测试（设计验证）。本测试是在单元测试的基础上进行的一种有序测试。在这种测试中，将软件的功能结构中的各个单元与硬件结构中的各个设备在选定的系统平台上集合并且一起进行测试，直到整个系统成为一体。

本细则要求将集成测试计划、测试过程和数据、测试记录和测试报告一并封装存档，备查备用。

（3）系统测试（需求验证）。结合需求规格说明书，测试整个硬件和软件系统的过程。以验证系统是否满足规定的需求。系统测试遵循GB/T 25000.1—2021《系统与软件工程　系统与软件质量要求和评价（SQuaRE）第1部分：SQuaRE指南》。

系统测试应全面验证系统完成信息系统的质量目标的情况，信息系统的质量目标遵照相关标准。但应指出，质量计划的制订、管理和控制在整个开发过程之中，系统测试也是对质量计划执行情况的验证。

本细则要求将系统测试大纲、测试过程和测试记录、测试报告一并封装存档，备查备用。

3. 系统评估

本细则要求由建设方、承建单位和监理方共同组成专家评审组，对各信息系统进行评估，并得出该信息系统可否投入运行的意见，评估过程的主体是走查。遵照 GB/T 25000.1—2021《系统软件工程　系统与软件质量要求和评价（SQuaRE）第 1 部分：SQuaRE 指南》。评审组一方面在充分听取个人、个别意见的基础上，采取关键问题（如安全性、可靠性、一致性等）少数意见否决的严格要求；另一方面采取层次分析法（Analytic Hierarchy Process，AHP）对普遍性问题（如效率、易用性、功能性等）进行多数通过的决定方法。AHP 的评审准则由评审组届时制定。

系统评估报告由建设方提出，承建单位会签意见，监理方签署可否投入试运行的决定意见。各专家评审意见密封存档，不向承建单位展露；其他评估文件和评估报告存档备查备用。

六、系统运行与维护阶段

1. 工作目标

信息系统一经批准投入试运行，即转入系统运行与维护阶段。尚有设备安装、数据准备、建制定规、培训教育等大量工作需要用户落实，为此，本细则要求承建单位提交用户使用说明书、系统操作说明书和系统维护手册，必须参与指导上述工作。

经一段运行时间（由建设方和承建单位合同约定，监理方督查），要求建设方（使用用户）提交用户使用报告，在此基础上，由建设方和承建单位共同组织信息系统验收工作，最终以监理方确认，建设方和承建单位（含双方聘任的专家）签署验收报告的形式完成本项目开发工作，连同前述各阶段存档文件提交相关部门或机构。该开发项目即可结题与鉴定。

2. 用户使用说明书

用户使用说明书的阅读对象是用户，即应用信息系统的安装者、使用者和服务对象。它是一套文档，为使用系统以期获得所希望结果的最终用户提供信息系统指令方面的信息。

编写内容参照 GB/T 8567—2006《计算机软件文档编制规范》所述用户手册部分。文档规范意见由建设方提出，承建单位遵照执行，监理方督促检查。

3. 系统操作说明书

系统操作说明书的阅读对象是信息系统的系统管理员和系统操作员。他们是使用本系统用户的一个重要组成部分，也是用户行政的重要组成部分。系统操作说明书为他们的工作提供一组内在的控制指令，以期保证信息系统的组织和管理，满足最终用户对系统效能和业务规范的要求。

编写内容参照 GB/T 8567—2006《计算机软件文档编制规范》所述操作手册部分。文档规范意见由建设方提出，承建单位遵照执行，监理方督促检查。

4. 系统维护手册

系统维护手册的阅读对象是信息系统运行中的维护人员和技术支持人员。他们可以是建设方或承建单位的人员，也可能是建设方委托的第三方人员。

维护的目的是在信息系统产品交付之后对其进行修改，以纠正故障，改进性能和其他属性，或使产品适应改变了的环境。根据 GB/T 14079—1993《软件维护指南》的分类，维护可以分为适应性维护、改正性维护和完善性维护，要求承建单位为维护工作提供书面的指引性服务，即系统维护手册。维护工作依照 GB/T 14079—1993《软件维护指南》规定的过程进行。

文档内容和规范的意见由建设方提出，承建单位遵照执行，监理方督促检查。

5. 用户使用报告

实质上是建设方（用户）对信息系统的系统确认，即在开发组开发过程结束时，建设方（用户）对信息系统进行评价，以确定它和系统需求是否相一致的过程。

用户使用报告应在规定的试运行期间内完成，承建单位有做好服务的责任，监理方有督促检查的责任。

6. 系统验收报告

实质上是项目各方对信息系统的系统确认，即在开发组开发过程结束时，建设方（用户）、承建单位、监理方以及被聘专家对信息系统进行评价，以确定它和系统需求是否相一致的过程。它的评价与用户使用报告相比更为客观、全面，是整个开发过程的总结性报告。

系统验收报告是在系统验收大纲的基础上，全面考核信息系统的质量情况之后，由专设的评审组提出，参评专家签署意见通过。

系统验收报告由建设方按规范要求整理，承建单位会签，监理方审核签署后附上专家组签名名单存档，备查备用。

第四节　逆向工程的控制与文件整理

针对项目开发组的现实情况，对已经开展工作，但未遵循信息系统开发周期规则的项目，监理方允许采取逆向工程的方法向前补充各阶段相关文档。

一、必须完成的工程文件

假设项目开发组已经处于程序编码阶段，本细则要求补充：

1. 过程范式

（1）程序框图和源程序清单。

（2）各程序模块的编程任务书。

（3）由各程序模块组成的系统功能单元及系统功能结构图。

（4）通过系统流程图表达的系统功能单元的业务地位和作用。

（5）代码设计规则。

（6）数据库设计说明。

（7）项目平台（软硬件体系结构）情况说明。

（8）需求说明书。

2. 面向对象范式

（1）操作脚本源程序清单。

（2）对象图。

（3）数据流图及数据字典。

（4）对象状态图。

（5）系统功能结构图。

（6）系统流程图。

（7）代码设计规则。

（8）项目平台（软硬件体系结构）情况说明。

（9）需求说明。

二、系统验证阶段

目的是把握开发项目的整体情况，判断是否完成已经确立的任务，避免较大的工程疏漏。由项目开发组制订系统验证纲要，确定验证的内容和方法。首先进行自评，提交自评报告；建设方和监理方在自评的基础上组织会评，对照逆向工程补充的文件，判断开发工作任务完成的基本情况。若验证未通过，则由项目开发组返工补充相关文件；若验证通过，则向下进行系统测试和评估。

三、系统测试与评估阶段

系统测试结合需求说明书，测试整个硬件和软件系统的过程，以验证系统是否满足规定的需求。系统测试遵循 GB/T 25000.1—2021《系统与软件工程　系统与软件质量要求和评价（SQuaRE）第 1 部分：SQuaRE 指南》。

本细则要求将系统测试大纲、测试过程和测试记录、测试报告一并封装存档，备查备用。

系统评估见前文。

四、系统运行与维护阶段

见前文"系统评估"内容。

第五节 特例工程的监理控制

在现行 YYY 项目中存在部分特例工程，不能完全以上述工程细则文件进行控制和监理，需要用特例的形式明确其要求。

一、需要纳入特例要求的工程审定

凡属特例的项目，承建单位需要向建设方申明理由，并以书面形式表述应有的控制过程和工程文件，经建设方会同监理方审定后，批准实施专门的控制过程和工程文件。

现已明确的有：与建设单位早期系统相关联的系统完善型维护工程实施特例控制过程和工程文件；电子商务网站实施特例控制过程和工程文件。

二、维护性工程项目的监理要求

对于基于主机的完善性维护开发工作，本监理细则要求实现以下控制过程和工程文件：

（1）维护需求报告。由建设方明确完善型开发工作的目的，会同承建单位就技术可行性签署审批意见。

（2）承建单位落实项目组织和人员，提出工程计划和工程实施方案，向建设方申报落实经费。落实情况报监理方。

（3）完善型开发工程要求有：开发功能模块的说明、程序模块注释、程序框图和程序源码清单。

（4）完善型开发工程投入运行前必须有验收环节。要求建设方会同承建单位共同组成验收小组，针对开发工作的目的组织验收大纲，做验收测试记录，签署验收意见。监理方对验收全过程进行旁站监理。

（5）要求承建单位在完善的工程基础上补充用户使用说明书、系统维护说明书和系统操作说明书，交由建设方查收后报监理方存档备查。

（6）上述各工程文档均应汇总，在建设方存档备用备查。

三、商务网站项目的监理要求

商务网站是 YYY 各子项目的主要人机交互界面，网站自身不包括后台数据库的操作和处理，而是要通过各子项目的链接接口实现查询、统计、录入等功能。本监理细则对网站的要求是：

（1）明确网站风格和开发工具。

（2）明确各页面的主题场景和栏目要求。

（3）各栏目的交互内容和栏目层次划分。

（4）各栏目与后台各系统的链接规范，包括通信方式和数据交换接口的设计与设置。

（5）与其他网站的链接要求与规范，要求有书面的链接协议。

（6）网站的页面应当是经常更新的，监理方要求建设方和承建单位明确页面更新的管理流程和责任，书面存档备查。

（7）对网站的栏目设置和风格、内容，要求有建设方的验收报告，监理方留存备查。

第六节　管理过程的工作环节与工程文件

依照 GB/T 12504—1990《计算机软件及质量保证计划规范》、GB/T 14394—2008《计算机软件可靠性和可维护性管理》、GB/T 16260—1996《信息技术软件产品评价质量特性及其使用指南》和 GB/T 17544—1998《信息技术　软件包　质量要求和测试》的要求，本细则制订管理过程的工作环节与工程文件，以期达到本开发项目的高质量要求。

工程管理贯穿信息系统开发工作的全过程，各工作环节要用翔实可信的书面资料说明工作和管理过程，书面资料应有专人验收保存、建档、管理和应用。

一、项目的范围

细则所涉范围是以数据库技术和应用为基础的程序设计类项目。各项目名称如下（部分省略）：中央网管系统、新系统功能汉化、销售数据平台、开放系统平台、数据统计系统。

二、工作计划的制订

监理部依建设方和承建单位确定的工作流程和进度要求，以及现阶段的实际情况着手制订对项目管理工作计划的监理。承建单位的负责人必须严格执行工作计划，履行职责，对项目负责人、项目开发人员、管理服务人员严格要求，按时、按质完成项目合同规定的任务。

项目管理工作计划由承建单位制订，报监理部审查后提交建设方审定，以避免大的时间疏漏和工程冲突。经审查审定后的项目管理工作计划应被认真执行，监理部严密监督实施和控制。

项目管理工作计划应在明确信息系统建设或开发流程框图的基础上，提出各阶段的管理工作文档，它是各项目开发组有效工作的客观见证，也是重大科研项目避免推诿、懈怠和无效工作的重要保证之一。各项目组必须按照管理工作计划要求的内容填报各管理报表，克服重技术文件、轻管理文件的问题。

三、项目的实施与控制

项目的组织实施与控制包括：人员组织管理、设备购置与使用管理、项目进度管理、项目经费管理、工程日志管理、技术文档管理六个方面。

1. 人员组织管理

本细则要求承建单位明确各个项目开发工作的人员组织落实情况，对项目负责人有明确的责权利约束，项目内各任务、各层次的人员要配备整齐到位并且保证有足够的时间和详细的工作考核。本项目事关国家重大科研开发项目的成败，希望承建单位做出"未经项目负责人同意，任何人不得随意调动项目开发人员工作"的规定；同时明确参加本项目的开发人员不得在完成任务之前自行提出离职调动。

监理部要求各项目负责人向各自项目组成员宣读本细则，本细则所指明的技术和管理事项具有与承建单位其他管理制度同等或相联系的约束力。

2. 设备购置与使用管理

各开发项目组的软硬件设备（含附件）必须保证完好有效，项目组要指定设备保管员对各自项目的设备进行登录建卡，要求 YYY 承建单位对设备建账。对公用设备由 YYY 承建单位指定专人维护，保证完好运行并建卡建账。各设备的技术和使用文件要在承建单位统一保管，不得丢失，必要时对常用的文件复制备份。

对设备维修应建立维修手册和维修制度。若未在维修手册中写明维修内容并经设备管理员签署同意而自行改变设备原态，监理部一经发现即认为是私拆乱卸的损坏设备行为。设备中的系统软件和工具软件应是项目组指定的正版软件，任何人不得私自使用盗版软件或变更版本。

监理部认为使用盗版软件或私自变更版本是引发系统缺陷和导致系统不安全的重要原因。任何人不得使用开发系统中的设备从事与项目开发无关的活动，如电子游戏、网上聊天、股市浏览等，监理部认为那些无关活动是可能引入电子病毒、侵占系统资源的损人利己行为。

对开发过程形成的中间电子版成果，要求有安全备份，建议承建单位建立安全备份的管理制度，定期、定阶段用光盘形式保存电子版成果。监理部认为任何疏忽造成的灾难性成果丢失，都属于承建单位管理不善的失职行为。

3. 项目进度管理

监理部依照计划、组织和控制的原则实施项目的进度管理，如图 9-8 所示。计划目标与实际情况会有偏差，开发过程中会发生我们事先无法预测的客观情况，应当允许从工作实际出发调整计划。

4. 项目经费管理

（1）应依据工程图纸、概预算、合同的工程量建立工程量台账。

（2）应审核承建单位编制的工程项目各阶段及各年、季、月度资金使用计划。

（3）应通过风险分析，找出工程造价最易突破的部分、最易发生费用索赔的原因及部位，并制定防范性对策。

（4）应经常检查工程计量和工程款支付的程序和时限要求，应严格执行工程计量和工程款支付的程序和时限要求。控制程序如图 9-9 所示。

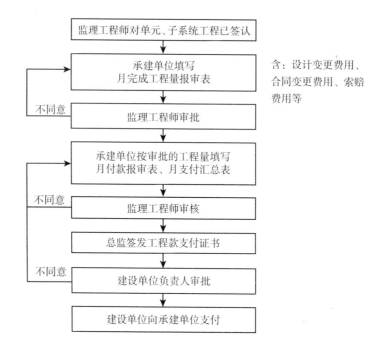

图 9-8 工程款支付的控制流程

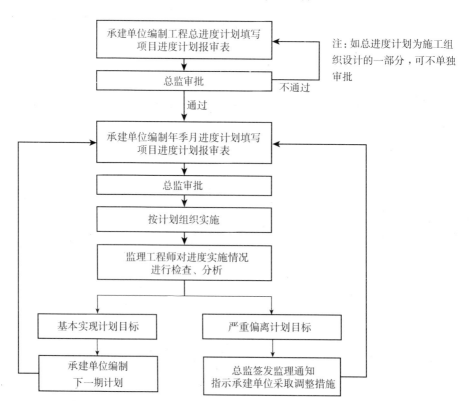

图 9-9 工程进度计划控制程序

（5）通过监理通知与建设单位、承建单位沟通信息，提出工程造价控制的建议。

5. 工程日志管理

工程日志属于各项目组的内部管理文件，应记录项目开发过程中的工作部署和完成情况、遇到的问题和解决的办法。各项目组应该把系统实施阶段的模块开发日志作为重点进行管理，在系统实施阶段之后，要求将这一阶段的日志汇集为模块开发卷宗，存档备查。模块开发卷宗的记录可以反映系统分析和系统设计阶段的工作质量，也可以反映系统实现阶段的工作效率，同时也是查找技术文档是否齐备的客观印证。

6. 技术文档管理

各种技术文档应在各个开发阶段汇集存档，其要求见第三章和第四章表述。从管理的角度对各项目组要帮监结合，对必要的技术文档必须要收上来。如果技术文档失落、失实、失察，则第一位责任在承建单位的技术管理部门，监理部门可以对项目验收拒签。

四、项目管理的评审与评价

在各个项目验收和评价的基础上，监理部会同建设方对承建单位的管理工作进行评审，目的是对项目管理的可信性进行判断，判断的方式是对项目管理的六项工作内容进行抽查，对抽查结果给出结论。在评审的基础上，给出管理水平的优劣评价。

五、项目的完成验收

YYY项目的完成验收在于对各子项目的分别系统验收和对项目总体的管理验收。

六、工程考核与责任

监理部要求承建单位对本细则认真阅读，明确各项目分别完成的被考核人是各项目组负责人，本细则对各项目所列要求未达到时，由该项目组负责人承担责任；明确承建单位负责人对项目管理的完成情况承担责任，并接受监理方和建设方的考核。考核结果以书面形式呈交承建单位和建设方备查。

七、监理责任

受业主单位委派，成立YYY工程项目监理部。监理部将严格执行本细则规定的各工程监理任务并接受业主单位考核。

第十章 案例三：××供水管理信息系统咨询监理方案

第一节 工程项目概况

一、项目概述

××引供水工程，位于××市的北部，自××水库库区至××××泵站，沿线总长 124 千米，用以解决××通水后出现的水质污染问题，保护××城市水源，确保供水安全。××××工程管理信息系统（以下简称信息系统）是××××水源保护工程的重要子项目。

根据××××工程的实际需求，××市××水源保护有限责任公司计划充分运用现代信息技术中的计算机技术、通信技术、实时监测监控技术和 3S 技术等，结合现代水利学理论和其他学科的优秀成果，建立××××工程管理专用广域网，构建××统一基础平台，建立通用数据仓库，实现信息整合和资源共享，以实时数据、数学模型、科学计算和人工智能为基础，建立输水优化调度、工程管理决策支持、水质数据分析和趋势预测、××水库防汛减灾、电子政务等应用系统，为实现数字××和工程管理的现代化，为建设节水型城市，发展大都市水利提供强有力的支撑。

由于××引供水工程管理信息系统的建设涉及多方面的技术和实现，建设内容具有复杂度大、技术要求高、冗余度强等特点，项目的业主——××市××水源保护有限责任公司——在项目的整体设计规划、招投标、开发实施过程中引入了信息系统工程咨询监理机制，最大限度地保障对项目质量、进度、投资的有效控制，实现对工程信息文档和工程合同的有效管理，协调多方面的工作关系，保障项目的成功实施。

目前××市××通信专网的整体网络化水平较低，没有骨干传输网，没有计算机监控系统、视频和语音及数据交换系统。电话交换设备较为落后，除市水利局安装了爱立信的数字程控交换机外，其余各站点均为纵横制交换机，基本上已经不能使用，话务依赖电信公网解决。水文水质监测手段落后，基本上不能做到对数据的实时处理。办公自动化程度低，没有形成统一的办公自动化流程。各个管理处、协调处理能力不足，没有统一的管理控制中心，调度和决策分散。

二、项目建设目标

工程计划工期25个月。工程质量达到优良的质量标准，首先，项目总体开发的内容符合业主的需求；其次，工程运行效率达到业主规定的标准。

1. 技术目标

构建覆盖各节点的通信平台，保证各种信息的实时、高效、安全、准确传递，统一网管。

为全网各节点提供语音、数据、图像业务，各种业务实现全国联网，不同业务之间带宽可动态分配。系统具有良好的互通性、兼容性和升级性，可支持将来各种新业务、增值业务的接入。

2. 质量目标

有先进性、可靠性与安全性、可扩展性及易升级性，具有最佳的性能价格比。

三、工程规划和建设内容

××××××水源保护工程管理信息系统在地理分布上由监测（控）站、信息分中心和信息中心三级结构组成。

沿××××工程234千米的输水线路上，布设31个监测（控）站，这些监测（控）站构成了信息系统的第一级；按照管理机构的划分设立了6个信息分中心，这些分中心构成了信息系统的第二级并且与所辖的监测（控）站形成了6个计算机局域网；在××工管处设立了××××工程信息中心，为系统的第三级，它除自身构成局域网外，还与其他6个局域网构成××××工程信息系统计算机广域网。

四、管理信息系统建设内容

整体管理信息系统的主要建设内容包括：

1. 通信系统

建设××全线光纤通信骨干网和各测控站光纤通信分支网，为信息系统敷设高速公路。建立全线语音交换系统，实现全线统一电话交换，通过信息系统通信干线实现数据、语音、视频三网合一。

2. 网络平台建设

包括中心和分中心综合布线系统、局域网和广域网的网络配置和管理、主服务器和各应用服务器及工作站的选配，应用服务器中间件、数据仓库、模型库、知识库的选择和建设等。它既是信息系统资源的管理者，也是各种应用服务的提供者，是一个安全的、开放的、资源和信息共享的、应用集成的、可视化的平台。

3. 水文水质监测系统和泵站水闸远程监控系统

在××全线设置水位测点60个，流量测点28个，雨量测点7个，含沙量测点2个。实现××输水全线水位、流量、雨量、含沙量等水文参数的自动采集。完善××水库水情自动测报系统。水质监测系统由人工和自动测站两部分组成。新建自动测站 2 座，与××市环保局已建成的 3 座自动测站联合运用；人工录入测站 8 个，新购移动式水质监测车 1 部，进行巡回监测。

对××暗渠泵站等 10 座泵站进行远程监视、监控，其中实施远程控制的泵站有××泵站、××暗渠泵站、××明渠泵站、××泵站 4 座泵站，对其余泵站只做监视。对隧洞入口闸等 30 座水闸进行远程监控。监控的优先顺序为：现地→分中心→中心，现地控制优先权最高。

4. 视频系统

在信息中心和 6 个分中心，建立视频会议系统。在××沿线的泵站、水闸、隧洞、输水渠（河）道等关键部位设立 148 个视频监视点，实现输水过程的全程监视。

5. 地理信息系统

建立一个基于地理信息技术，面向工程管理和决策层的可视化动态信息管理系统，使数据管理与空间地理信息融为一体。多层次、全方位、直观地显示相关数据、图形和多媒体等信息，提供各种管理工作元素在空间的分布状况和实时运行状况，分析其内在联系，提高各业务部门的快速响应能力和协同处理能力，提高管理的科学化、规范化水平。

6. 输水优化调度系统

以××引供水工程 20 年实际运用数据为基础，把水利学基础理论、数学规划、数字仿真、实时监测数据及人工智能识别技术有机结合，建立优化调度数学模型，降低输水能耗，延长相关水利设施、设备使用寿命，提高水资源利用率，减少系统运营成本，提高水利工程管理效率，提高经济效益和社会效益。

7. 水质数据分析和趋势预测系统

根据水质监测的实时数据，结合××20 年水质的变化规律分析，运用模糊数学、人工智能等技术建立水质数学模型，预测水质发展趋势，给出预警信息，采取预防措施，杜绝水质事故发生。

8.××水库防汛减灾系统

改造完善××水库水情自动测报系统，新建大坝安全分析专家系统，结合水库溢洪道闸门自动控制系统的运用，提高××水库的雨洪水利用潜能，提高水库的防汛应用能力，确保水库安全，降低水库流域及下游防汛损失。

9. 工程管理决策支持系统和人力资源开发管理系统

工程管理系统包括工程建设管理、工程运行管理、工程安全监测、工程维护管理、工程考核管理等多项内容。开发工程管理决策支持系统，可大大提高工程管理的科学化和规范化水平。人力资源开发管理系统为具有××××工程特色的 eHR 系统。

10. 电子政务系统

电子政务系统主要包括××××网站、办公自动化（OA）系统、水政管理系统等子系统。

第二节　咨询监理工作规划

一、项目建设的技术原则

根据业主提供的招标文件以及××××××水源保护工程管理信息系统设计方案的总编文件，了解到该项目作为管理信息系统，在技术实现原则上要考虑以下几点：

（1）先进性、实用性。采用新的、主流的技术和思想，使整体管理信息系统的技术性能具备国内乃至国际领先的地位。结合考虑使用和兼顾今后发展的目的，不仅在网络设备、服务器等硬件设备方面，还要在应用系统方面，都有选择地适当采取当今国际上主流并领先的产品和技术。

（2）成熟性。采用的产品和技术都要经过市场的考验，尤其在应用软件平台方面，要求采用成熟的产品和技术。

（3）安全性。采取多种安全技术和防护手段，保证网站自身的安全性，保证服务不会中断，数据不被非法入侵者破坏和盗用。

（4）可靠性。要考虑容错能力，关键节点设备和核心设备有适当的冗余。采用灵活的机制实现负载均衡，防止瓶颈产生，必须避免单点故障导致系统整体或重要功能的丧失，保证主机、操作系统、网络、数据库、应用软件等系统平稳运行，最大限度减少停机时间。

（5）可扩展性、可伸缩性。系统中比较清晰地划分功能块，做结构化、模块化设计，用户可以选择需要的组件构成不同规模的应用系统。在适应目前需求的基础上，为将来可预见和不可预见的性能扩充留有余地；新功能、新业务的增加能够在不影响系统运行的情况下实现。

满足业务近期、中期甚至长期时间范围内数据快速增长的需要；设备的功能应用简单化，尽可能减少单机多应用的情况，便于故障排查、恢复和日常的运行维护。

（6）易操作、易管理性。系统具有良好的用户操作界面、完备的帮助信息。系统参数的维护与管理通过操作界面实现。有全面、完善、便捷的网管系统和系统性能监控系统，有网络报警、声光报警和直达网管人员的多级故障报警，有较全面的应急处理预案，一旦发生问题，能在最短的时间内处理解决。配备相应的网络性能分析工具和相应的设备故障检测工具。

（7）标准性、开放性。所有选用的技术和产品，全部遵循通用的国际或行业标准，各系统模块之间有良好的兼容性。

二、业主的项目情况分析

经过对业主单位的现场考察，以及对业主提供的招标文件和其他相关技术文件的理解，业主需要进行的项目工作包括：

（1）系统总体规划设计：对整体××××××水源保护工程的管理信息系统进行总体的方案设计和规划，对系统的网络环境、硬件基础设施、系统环境、系统软件环境、数据环境、开发应用环境、软件功能和性能进行细致深入的设计和规划。

（2）系统承建单位的招标和商务谈判：通过招标方式邀请系统建设所需要的总承包单位、硬件设备供应单位、应用集成单位、软件供应单位、技术服务和承建单位，并和它们进行商务谈判，形成委托关系。

（3）系统开发和实施设计：承建单位根据规划设计方案提供项目的开发、设施的技术方案和进度工作计划。

（4）设备采购：采购项目中所需要的硬件和软件设备。

（5）系统开发：针对××××××水源保护工程管理信息系统中的数据分析、趋势预测、决策支持系统的具体需求，进行开发设计和开发组织。

（6）项目综合实施：对项目中所涉及的硬件、软件环境的综合部署和实施。

（7）数据迁移：将目前××××工程中的相关数据以及其他关联数据通过各种方式导入、迁移或复制到新的管理信息系统中。

（8）系统测试：对系统的开发管理、访问、安全情况进行可靠性和压力测试。

（9）系统试运行：将网站的设计模板和初始数据灌入系统中，并进行初步的内容采编发流程试验，确保网站开通前有一定的数据。

（10）竣工和验收：对网站的稳定运行进行综合验收，并对项目进行最终竣工移交。

综上所述，由于业主要做的工作很多，因此，迫切需要一个称职的咨询监理机构协助其确保项目成功。

三、业主对监理方的需求

仔细阅读招标文件并和业主方进行初步交流后，了解到业主希望监理单位能够既当监理又当咨询顾问，承担××××××水源保护工程管理信息系统的规划设计、咨询（包括产品咨询及方案设计咨询和承包单位选择咨询）开发、实施、测试、试运行和工程验收的监理工作。经过对项目的调研，对这个项目有以下的理解：

由于项目的工期长，项目中涉及的子系统繁多，业主单位难以派出大量的专职技术人员对项目实现全方位的控制和管理；项目中涉及的子系统繁多，且覆盖了网络、安全、数据存储、数据挖掘、软件开发、应用设计等多个信息系统专业，需要一支技术全面的专业队伍对项目的整体情况进行管理和控制；项目整体为××××××水源保护工程而建设，会涉及大量水利系统的专业知识，需要深入了解水利行业业务流程和发展规划，对将来入围的IT行业承建单位和开发单位来说是一个重要考验，需要业主和承建单位之间建立良好的沟通平台；整个工程的建设是一个长期的过程，整个工程之间具有紧密的关联，在项目的建设过程中，必须让各个承建单位在自己的阶段工作中了解前后工作关系，以及和其他承建单位的工作联系。

因此，在项目规划和建设过程中，业主对咨询监理单位的需求主要为两项：咨询服务和监理服务。具体包括：

（1）对项目全过程进行规划、组织、协调和控制。

（2）在项目的规划设计阶段，能够成为业主的咨询单位，凭借自己在管理信息系统方面丰富的产品、应用和管理知识，为业主提供直接、有效的咨询，确保业主对网站的规划设计方案具有高度可实施性、可靠性、先进性。

（3）在项目前期规划阶段，配合业主与项目投标单位进行商务谈判，与项目的用户单位进行需求沟通，配合业主处理好项目的各项汇报工作。

（4）在项目开发阶段，组织监理小组对开发进度、计划进行控制和管理，并根据承建单位提交的测试报告，监督承建单位的开发过程是否符合开发标准和开发管理规范，开发内容是否符合需求设计要求，开发成果模块是否经过测试。

（5）对项目的硬件集成和建设单位进行监督和管理，对集成单位及其分包单位、供货单位进行综合监控和管理。

（6）在项目实施阶段，监督实施单位的实施工作，并配合业主单位、组织设计单位、集成单位等对用户单位的使用情况进行调查。

在和业主的交流中，了解到业主除在技术控制方面对咨询监理单位有具体的要求外，还包括：

（1）需要承建单位能够更全面、准确地把握业主的实际需求，同时业主能及时了解项目的进展情况，使业主方、承建单位和监理方形成良好的合作伙伴关系，高质、高效完成项目建设。

（2）保证项目建设的全过程有一套明确、合理、可行的标准、规程和检验方式，以及相应的监管方法。

（3）保证项目的关键技术指标在项目实施过程中处于受检状态，及早预测可能影响实施计划的各种因素，及时纠正可能影响系统功能和性能的缺陷。

（4）保证项目在保证质量、按照预定的工期、在资金预算范围内完工。

根据业主的这些问题，以及业主对咨询监理单位的要求，制定了本咨询监理方案。本方案主要针对项目中监理单位作为咨询监理单位，对项目的咨询及监理步骤和方法，以及根据监理单位对项目的理解和分析书写。

四、咨询监理机构的责任

根据项目招标书的要求，咨询监理单位需派驻技术人员在项目中的咨询监理机构监理方承担整个项目实施过程的总体指导、协调的责任和义务。业主要求监理方的能力和责任包括：

监理人员必须具有很强的 IT 技术和项目管理经验，同时在管理信息系统技术方面有丰富的专业背景和技术经验，有责任为业主提供项目顾问咨询意见，有义务帮助承建单位实现合同所规定的目标，公正维护各方的合法权益。如果承建单位在工程实施中有不符合工程规范和质量要求的情况，监理单位要监督承建单位停工整改或返工。如果承建单位人员工作不力，可提出调换有关人员的意见。如果承建单位违反合同规定的质量要求和完工时限，监理单位应协助建设单位追究有关承建单位的责任；如果因监理单位监督不力，造成建设单位经济损失，监理单位要向建设单位赔偿承建单位造成的损失。

监理单位使用建设单位提供的设备和物品属建设单位所有的，监理工作完成或终止时，应将设备和剩余物品在合同规定的时间内以合同规定的方式移交给建设单位。咨询监理机构的工作职责包括：

（1）在项目的前期规划设计阶段，保证项目设计方案的可行性、可靠性、安全性、高效性等诸多条件的满足。

（2）协助业主完成规划设计方案的书写，在规划设计成型过程中，提供必要的技术、经济、市场资料，为业主提供咨询。

（3）实现分阶段、全过程的监督，保证工程整体质量；对项目的整体实施阶段进行分阶段、分部分控制。

（4）监督和控制承建单位的每个工作计划和步骤，保证实施按计划并朝正确的方向进行。

（5）配合业主单位对承建单位的规划设计方案、建设队伍力量的综合评审。

（6）在项目的前期规划设计阶段，建立内部协调和沟通制度，同时监督承建单位进行规划设计，并审核设计方案、采购方案、实施方案、开发方案，确保项目顺利开工。向承建单位明确监理机制的存在，并有权要求承建单位遵照项目监理机制执行。

（7）在项目实施阶段，对项目中涉及的设备采购进行监督和验收，并对项目实施过程中的关键质量点进行有效控制。对于开发内容，监督承建单位的开发过程，并督促承建单位的模块测试和整体测试。

（8）在项目试运行和验收阶段，督促承建单位整理工程文档（包括设计文档、开发文档、记录文档、接口数据等），并进行试运行和验收阶段的工作监督和监理。要求承建单位保证按照要求提交计划、方案、报告和质量标准，有权要求承建单位提交工作成果（计划、设计方案、报告）并进行解释和澄清。监督承建单位承诺的培训和后续服务保障。

五、监理机构质量控制过程

在监理工程保证其高效、高质量完成任务的同时，监理机构同样也要有一套完整的质量保证体系，监理单位应严格遵守 ISO 9000 质量服务体系，对监理的过程实行严格的质量控制，以保证监理工作本身的有序、高效，监理机构的质量控制过程如图 10-1 所示。

监理单位作为项目的咨询监理单位，在合同签订后，应积极配合业主单位做好以下的工作：

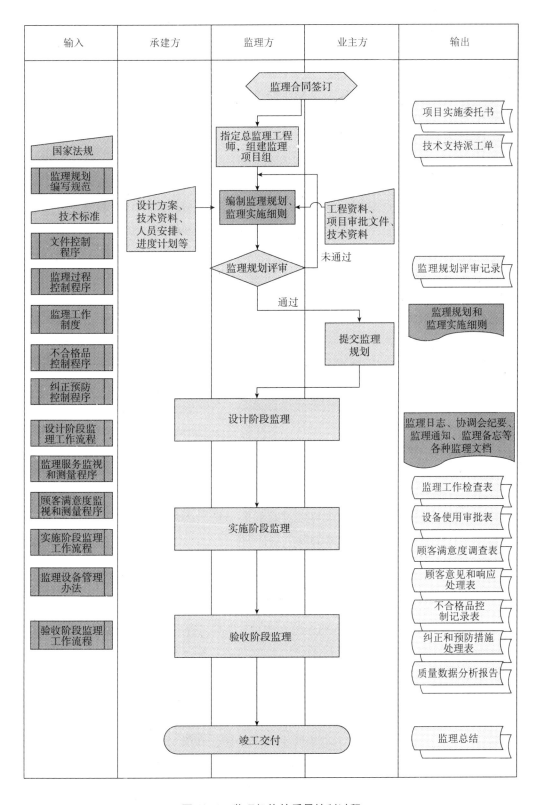

图 10-1 监理机构的质量控制过程

（1）建立内部工作制度和会议沟通制度。在××××××水源保护工程管理信息系统规划和建设中，建立好内部的沟通方法和工作流程是项目顺利进展的前提。因此，监理单位在项目需求调研阶段就需要进行：①规划项目工作关系，包括业主控制方、设计规划单位、承建单位之间的工作关系和协调机制的建立。②建立内部例会和协调会制度，确保沟通的持续性，做好会议纪要。③建立内部工作汇报制度，确保相关部门的工作能够按时通报。

（2）建立内部沟通环境和文件汇总环境。作为监理单位咨询监理服务的重要特色，针对软件集成类项目，监理单位会在业主的项目环境中，利用自己的监理工具——项目监理办公自动化系统，确保项目的随时沟通。具体包括：①内部沟通和文档集中管理系统的建设；②访问权限和目录结构的设计，确保项目的参与方都能够有效地访问和被管理。

（3）建立审批体系。项目中涉及的合同（包括设备采购服务、系统集成服务、实施服务、开发服务、产品供应服务等）、设计方案、进度计划、工作报告，监理单位在项目过程中要：①建立审批制度，确保各协作单位的工作内容的审批。②管理工作文档，对已经定稿的设计方案、报告等进行分类、分期妥善保存。

（4）组织专家队伍。项目中涉及大量的专家评审、研讨工作，监理单位将组织各行业专家参与该工作。

（5）项目管理和监理。监理机构成员和业主方的实施小组成员一起对项目进行关键点控制、管理和协调工作，具体包括：①配合业主与承建单位进行需求分析和调研工作。②配合业主协调承建单位的实施、采购和开发组织工作。③组织业主和承建单位的见面和汇报会议。④组织专家评价会议。⑤整理所有进程资料，定期向业主代表进行汇报，并协助业主向上级汇报。

此外，为了保证监理单位在项目中派驻的监理机构的工作能够达到预定的质量目标，监理单位还建立了一整套完善的质量监督和质量管理体系。包括：

（1）定期查访客户满意情况，并进行改善跟踪管理。监理单位咨询监理中心通过项目部门定期向客户进行工作满意度调查，及时了解派驻在客户单位的监理机构的工作情况。项目部对了解的结果进行评估，并及时通过监理中心，将客户的意见反馈给监理机构，根据客户的需求对监理工作进行调整和改进，实现"持续改进"的工作目标。

（2）建立客户需求的快速响应通道。一旦和客户签订监理服务合同，监理单位会在第一时间与客户建立起一条客户需求的快速响应通道。一种是在监理机构内部设定专门的顾客需求应答人员，通常由总监理工程师或指定的监理工程师担任，另一种是指定监理中心的业务人员，将他们的快速联系方法直接通报给客户。当客户有新的需求或需求变化时，只需要联系上述人员，监理单位会在第一时间（通常是4小时内）对客户的需求进行全面响应，并将响应结果反馈给客户。

（3）工作检查制度。派驻在客户单位的监理机构的主要负责人员要定期向监理中心述职，汇报其工作情况。同时，监理单位监理中心也会根据项目的总周期情况划分定期检查进度安排，对监理机构的工作情况进行定期检查。并将检查结果汇总成工作检查报告，对检查不合格的内容，责成监理机构整改。

第三节 咨询监理工作的范围和目标

一、监理阶段说明

根据××引供水工程管理信息系统建设规划咨询及建设监理项目的分析，对监理各个阶段的工作进行定义，监理阶段工作任务，如表10-1所示。

表10-1 监理阶段工作任务

监理阶段	投资控制	进度控制	质量控制	信息安全控制	知识产权控制	合同管理	信息管理	组织协调
系统总体规划设计阶段	√	√	√		√	√	√	√
招投标和商务谈判阶段	√		√		√	√	√	√
项目开发阶段	√	√	√	√	√	√	√	√
系统软、硬件采购阶段	√	√	√			√	√	√
项目综合实施阶段	√	√	√	√		√	√	√
测试和试运行阶段	√	√	√	√		√	√	√
验收和竣工移交阶段			√	√	√	√	√	√
保修期阶段	√		√	√		√		

二、监理范围说明

在项目中，咨询监理单位为××××××水源保护系统管理信息系统建设提供从项目启动、调研规划、招投标、工程实施、工程验收到质保期的全过程控制服务。

本次咨询监理招标服务的范围包括：××××工程管理信息系统规划和建设过程的咨询；××××工程管理信息系统开发建设的项目管理咨询；××××工程管理信息系统开发建设过程的工程监理。具体工作范围如下：

（1）派驻咨询工程师，作为本工程整体规划小组中的成员，直接参与项目的规划设计咨询和评审工作。

（2）派驻监理工程师，作为本工程实施小组中的成员，直接参与项目的实施监理工作。

（3）在方案总体规划设计阶段，发挥高校的技术优势和监理单位的咨询优势参与规划设计的咨询和技术参考工作，对规划设计内容进行综合评审。

（4）在招投标阶段，协助业主进行标书编写、招标答疑、开标答辩工作中的主要技术支持工作。

（5）在系统开发和建设阶段，配合业主，成立监理机构，审核承建单位的各项资质和开发力量。

（6）在系统开发和建设阶段，作为监理机构，负责本工程开发、实施过程中的关键点监理工作（包括质量控制、进度控制、投资控制、系统安全控制、知识产权控制、合同管理、文档管理、组织协调），监理阶段覆盖系统设计、开发、实施、试运行、竣工验收。

（7）在系统试运行阶段，配合业主和承包收集试运行过程中，所有拟定客户的信息反馈，及时督促承建单位调整系统。

三、监理工作目标

1. 投资目标

在其他目标（工期目标、质量目标）得到保证的情况下，投资控制目标为使项目支出不突破所签订的合同总额。

2. 工期目标

在其他目标（投资目标、质量目标）得到保证的情况下，工期控制目标为使项目实施期符合或短于合同所规定的工期。

3. 质量目标

在其他目标（投资目标、工期目标）得到保证的情况下，质量控制目标为使项目实施质量符合或高于合同要求。

第四节　各阶段咨询监理工作内容

一、咨询监理服务内容综述

根据招标文件要求，项目总体服务分为咨询和监理两大部分：咨询服务包括采用调研、咨询、建议、项目管理等一系列活动，通过相关咨询文档的汇报和提交，帮助项目各方明晰工程建设的整体规划、建设思路、实施步骤和工程风险控制点。监理服务包括参照本工程的规划概要，针对投标人完成的工程项目方案建议书，对涉及的相关系统和应用平台进行质量控制、进度控制、投资控制、信息管理、合同管理和组织协调，确保工程在规定的时间内完成，并实现工程建设的目标。具体包括的服务阶段分为六个主要部分：①工程启动阶段；②调研与规划阶段；③项目招投标阶段；④项目实施阶段；⑤项目验收阶段；⑥项目运维阶段。

二、各阶段咨询监理服务内容

1. 工程启动阶段

在工程启动阶段，咨询监理的工作内容包括：制定并确立项目各方开展工作的工作组织机制，包括内部例会机制、专题会机制、文档传送机制、协调机制、变更管理机制、周汇报和月汇报制度等；协调业主内部的工作关系。以上工作内容将形成咨询监理规划方案、项目工作流程、项目管理制度。

2. 调研与规划阶段

在调研与规划阶段主要对业主的通信系统、网络平台和应用支撑平台建设，数据中心建设，水文水质监测系统和泵站水闸远程监控系统、视频系统、地理信息系统、输水优化调度系统、水质数据分析和趋势预测系统、××水库防汛减灾系统、工程管理决策支持系统和人力资源开发管理系统、电子政务系统的设计、开发和实施进行综合的调研和规划。具体的工作内容包括：①充分了解业主在项目的业务发展、组织方面的状况，全面理解业主现状和需要解决的问题；②对国内外引供水行业发展现状和趋势，以及该行业的信息化建设情况进行综合调研；③协助业主制定未来发展战略和组织架构方案；④对业主的现有管理信息系统应用情况进行诊断，分析改进建议和需求；⑤对业主方现有工作流程（包括人力资源管理、预算财务管理、工程物资管理、设备运行管理等方面）进行梳理、比较、分析和相关问题诊断，对用户需求进行调研；⑥对针对管理信息系统运行的业务管理流程进行详细分析和设计，并对现有业务流程进行可能的优化与重整，提交咨询报告；⑦对管理信息系统的外来建设发展战略、规划提出解决方案；⑧在项目实施过程中，在总体造价基本不变的前提下，随时根据技术发展的最新动向调整技术方案；⑨针对本工程管理信息系统建设的总体设计提出设计参考方案，并针对各个子系统提出详细的方案建议；⑩对信息系统建设进行需求调研和分析，指导承建单位的开发和建设工作。此外，针对技术工作本身，还包括以下咨询内容：

（1）协助业主进行网络设备、服务器设备等硬件设备的品牌、型号的确定。

（2）为业主提供主要的应用平台的技术路线和技术体系架构的比较。

（3）为业主提供网络媒体系统国内和国外主流产品的技术、功能、服务的比较。

（4）协助业主评价初步入围的承建单位。

3. 项目招投标阶段

在工程招投标阶段，咨询监理单位协助业主进行的工作内容包括：①协助业主进行标段划分，区分总承包单位、分包单位的投标内容；②协助业主编写相关招标文件，对未来系统的集成、分包商的选择提出要求和咨询建议；③协助业主制订评标标准；④协助业主评标，并提出咨询建议；⑤协助甲方完成与入围投标人的谈判。具体工作包括：

（1）协助业主与承建单位协商确定设计、开发以及实施合同内容。

（2）协助业主审核合同中方案的技术环节是否完善，是否满足工程要求并符合国家标准。

（3）协助业主审核合同条款是否符合国家法律规定。

（4）如合同中涉及软件或者设备采购，则协助业主审核合同中采购设备型号、技术标准的适用性。

（5）对设计、开发、实施合同进行全面管理。

（6）协助业主起草所需合同文本。

本阶段所提交成果是招标文件要求。在具体的项目招投标阶段，将根据具体的项目招标划分进行调整。

4. 项目实施阶段

在项目实施阶段，咨询监理的主要工作是协助业主做好工程建设开发（包括系统集成、应用软件开发等）过程中的各项工作。在具体的实施过程中，有关项目实施中的五控制、两管理和一协调内容参见后面咨询监理方案。

项目实施阶段的具体工作内容包括：

（1）软件开发阶段的监理。此阶段包括三个部分：设计、开发和实施，重点是软件的数据流程、功能结构和运行环境设计阶段。设计阶段主要指在开发前完成数据流程图、功能结构图、软件模块结构图等的具体设计工作，并选择软件开发工具，准备开发环境。审核的主要工作是：①审核开发方提出的数据流程图。审核工程维护数据流程图；审核数据报送接收数据流程图。②审核开发方提出的软件功能结构图；审核系统管理功能结构图；审核数据操作功能结构图；审核数据报送接收结构图。③审核开发方提出的软件模块结构图。审核一级软件模块结构；审核二级软件模块结构，包括系统登录、出错处理、系统框架、打印管理、数据报送接收、数据操作等；审核开发方提出的软件开发工具选择建议；检查应用开发平台选型；检查应用开发工具选型。④检查开发方所准备的开发环境条件和要求。软件环境检查、硬件环境检查。⑤软件数据流程、功能结构的开发阶段。

开发阶段主要指项目在实验室测试环境中的整体开发，此阶段的监理工作主要包括：监督承建单位中的总承包承建单位、开发协作单位落实项目开发进度计划及项目开发规划；审核项目模块开发分配方案；会同业主技术小组审核各项目模块开发方案；控制各模块开发进度，确保符合进度计划要求；监督承建单位提交模块开发测试方案；监督承建单位对开发模块进行测试；会同业主单位对开发模块进行测试和评估；组织项目整体联调测试；对测试结果进行评估，并及时提出改进意见；对开发过程进行全过程记录；监督承建单位及时完成开发方案、改进方案、测试方案。

实施阶段主要是项目开发完毕后，将试验环境中的平台转移到正式的运行环境，根据业主的需求，进行相关的部署工作。此阶段的主要工作包括：①软件运行环境的系统结构设计、实施阶段的质量进度监理，并进行阶段性验收。审查系统结构设计方案；协助业主组织承建单位策划原有系统到现有系统的数据迁移的方案策划和进度策划；项目实施的阶段性验收。②项目实施完毕后的各关键功能的总体测试、验收，包括各子系统工程实施阶段的质量、进度的监理和验收；监督承建单位对各子系统安装、实施完毕后各自的系统调试、测试；协助业主组织承建单位进行各子系统的总体测试和验收。

（2）设备采购阶段的监理。设备采购包括从软件、设备的采购到项目开发环境中所使用的设备，以及项目运行环境中所需用的设备。采购阶段主要针对以下采购内容：

①网络设备；②服务器设备；③存储设备；④网络安全管理系统；⑤主机；⑥监控系统和应急响应系统；⑦通信和沟通系统；⑧系统软件；⑨数据库和中间件软件。

采购内容涉及系统软件、大型第三方应用软件、网络和服务器等硬件设备。该阶段的监理工作主要包括：①在软件、设备采购前，检查项目中所使用的软件的版本、License 的配置、软件规格，设备的型号、数量、规格是否符合项目的需要。②监督软件、设备采购的订货和运货周期，确保设备能够按期到货。③协助业主对到货的软件和设备，遵照订货合同对型号（版本）、数量（包括 Lincence 许可）、配件、规格进行审核。④对关键硬件设备进行加电检测。⑤对相关设备进行抽样性能检测。⑥协助业主在设备投入实施前进行试运行检测。⑦对检测质量不合格，或未达到项目要求的设备提交报告，并及时要求承建单位采取相关措施进行替换或补救。

（3）项目综合实施阶段的监理。项目硬件和系统软件的综合实施主要针对：①计算机网络系统的综合实施（包括必要的布线检查和网络设备安装与配置）；②计算机服务器系统的综合实施（包括服务器系统的设备安装、配置与核心操作系统和核心软件的安装）；③计算机存储系统（针对存储系统的安装、存储系统的运行过程的跟踪）；④计算机安全管理系统（包括系统安装前的安全评估、安全系统的配置跟踪、系统安装以后的安全评估监督工作）；⑤计算机网络机房（数据中心）的综合实施；⑥计算机和其他通信硬件系统（包括系统的安装等）。

项目实施阶段针对系统的安装前的评估、安装过程的跟踪和记录、安装后的单点检测等。具体包括：①计算机机房环境的实施过程跟踪和监督，并针对实施内容进行分解监督；②网络和硬件环境的搭建和安装，涉及系统环境的综合布线和网络设备调试，以及服务器硬件环境的安装与调试；③系统软件安装，操作系统、数据存储和备份系统、网络安全系统以及应用中间件系统的安装和调试；④安全管理系统的安装，涉及安全情况的整体评估、系统安装过程的记录，以及安装后的测试和评估。

此阶段的主要监理工作包括：

（1）网络环境搭建的监理，并进行分块验收。①审查网络拓扑图纸是否符合设计要求；②监督集成单位对布线信息点进行逐点检查；③监督网络设备的安装和配置；④检查网络连通和安全设置要求是否符合设计要求。

（2）服务器和系统软件环境搭建的监理，并进行分块验收。①监督操作系统以及安全补丁的安装是否符合技术要求；②监督集成单位对备份系统、网络安全系统等系统软件的安装过程，并要求集成单位出具安装过程报告；③监督集成单位对系统软件的安装结果进行模拟数据和功能的检测，并对检测报告进行评审。

（3）软件运行环境的系统结构设计、实施阶段的质量进度监理，并阶段性验收。①审查系统结构设计方案，审核设备、软件清单；②项目运行单位中的相关设备的进场验收；③项目实施的阶段性验收；④项目实施完毕后的各关键功能的总体测试、验收。

（4）其他各子系统工程实施阶段的质量、进度监理和验收。①网络设备的进场清点验收；②服务器设备的进场清点验收；③系统软件设备的安装、安全设置的监理及功能评估；④各子系统安装、实施完毕后各自的系统调试、测试的监理；⑤组织专项专家对各子系统的总体技术测试和验收。

5. 项目验收阶段

在项目验收阶段，监理工作的主要内容有：协助审核验收报告，协助进行工程验收。具体包括：

（1）测试和验收阶段监理内容包括：①子系统工程完工的验收监理；②系统试运行阶段工程质量的检验；③在业主的主持下，聘请专家验收委员会，进行现场技术验收；④系统验收完毕进入保修阶段的审核与签发移交证书；⑤核实已完成项目的数量、质量，报送业主作为支付工程价款的依据；⑥在项目测试验收中，硬件系统部分主要在采购阶段进行了测试验收。

由于工程涉及大量软件定制开发的监控系统软件，因此软件本身的测试验收工作是项目测试验收阶段的重点工作。此阶段的工作内容包括：①与业主、开发方一起确定测试目的、标准、方式和要求；②检查开发方所准备的测试配置；③检查开发方所提出的测试类型，包括功能测试检查、性能测试检查、强度测试检查、余量测试检查、外部接口和人机交互界面测试检查、安全性测试检查、恢复性测试检查、边界测试检查、敏感性测试检查、系统测试检查、端到端测试检查、健全测试检查、接受测试检查、负载测试检查、强迫测试检查、可用性测试检查、安装/卸载测试检查、恢复测试检查、安全测试检查、兼容测试检查。

除上述测试检查外还需要：①对开发方的测试程序和测试过程进行监督检查；②对开发方面的测试结果记录和报告进行检查；③测试通过后进入试运行阶段，在试运行阶段组织业主单位的各个层面的管理和操作者对系统进行一段时间的使用，由业主提出改进意见，并督促承建单位限时改进；④在业主的主持下，聘请专家验收委员会进行现场验收；⑤系统验收完毕后进入保修阶段的审核与签发移交证书。

（2）竣工移交阶段监理。项目通过完工验收后，督促承建单位根据承建合同文件及国家、部门项目建设管理法规和验收规程的规定，及时整理其他各项必须报送的文件以及应保留或拆除的相关的试验环境清单等资料，并按业主的要求，及时向业主移交。工作内容包括：①按照项目合同规定，在合同工程项目通过工程完工验收后，及时通知、办理并签发工程项目移交证书。②工程项目移交证书颁发后，将系统的所有权和运行管理移交给业主。③将工程相关文档备案。移交的文件包括：①各系统的设计方案、进度安排、开发源代码的全部移交；②在项目建设中的各种管理制度的全部移交；③软件等的验收文档的核实及安全、检测报告的移交；④工程实施文档的移交；⑤工程竣工文档的移交。

（3）缺陷责任期阶段监理。本阶段的主要工作内容是协调业主和承建单位提供缺陷责任期（质保期）的工程售后服务。具体的监理内容包括：①协助组织和参与检查系统项目启用前的各项准备工作。②对质保期间发现的系统工程质量问题参与调查研究，弄清情况，鉴定系统工程质量问题的责任，督促承包方处理质保期事故，改正系统或工程问题。③定期进行项目回访，搜集监测资料。④对监测资料和预计效果进行比较，并做记录。⑤监督承包商在质保期的工作。⑥监督、检查承建方为业主进行的技术培训的完成情况和培训质量。

（4）咨询监理工程成果和工程文档移交。工程项目的监理工程档案分为四个部分：一是咨询服务类文档；二是管理制度和管理体系类文档；三是工程交工技术档案，主要包括能证明工程实施过程中保证质量的主要环节的有关材料，随工程交工一并提交业主存档备用；四是承建单位积累的实施技术资料、经济资料和管理资料。

需要移交的文件包括：

1）咨询文档。①发展战略及组织架构咨询建议报告；②引供水行业发展调研报告；③业务流程分析报告；④业务流程优化重整咨询报告；⑤信息系统应用现状调研报告和问题诊断报告；⑥管理信息系统建设规划；⑦管理信息系统总体设计方案；⑧需求规格说明书；⑨软件开发项目管理咨询报告；⑩系统集成项目管理咨询报告；⑪选择系统集成商及分包商的咨询建议；⑫监测监控系统招标技术要求和设计参考方案；⑬网络通信系统招标技术要求和设计参考方案；⑭计算机营建系统招标技术要求和设计参考方案；⑮供电系统招标技术要求和设计参考方案；⑯视频系统招标技术要求和设计参考方案；⑰系统软件招标技术要求和设计参考方案；⑱应用软件招标技术要求和设计参考方案；⑲监测监控系统投标方案评审意见；⑳网络通信系统投标方案评审意见；㉑计算机硬件系统投标方案评审意见；㉒供电系统投标方案评审意见；㉓视频系统投标方案评审意见；㉔系统软件投标方案评审意见；㉕应用软件投标方案评审意见；㉖项目各系统测试要求；㉗项目各系统测试检查方法。

2）管理制度文件。①内部沟通制度；②内部管理机制和流程。

3）监理记录类文件。①工程方案计划报审表；②分包单位资格审查申请表；③工程阶段测试验收报审表；④工程材料设备报审表；⑤工程阶段施工申请表；⑥工程阶段验收报审表；⑦工程变更报审表；⑧监理通知单；⑨工程项目进度计划审核表；⑩工程变更单；⑪软件问题报告；⑫硬件问题报告；⑬监理日志；⑭监理备忘；⑮工程会议纪要；⑯监理周报；⑰顾客文档接收记录表；⑱文档发送记录表；⑲咨询监理项目工作总结。

4）承建单位备档文件。①软件出厂合格证及证明；②自检记录和安装调整测量记录；③隐蔽工程检验记录；④试运行记录；⑤分项、分部、单位工程质量检验评定、验收报告；⑥如有必要，还包括工程重要活动、关键部位的声像和图片资料。

5）重要技术文件。①项目总体需求分析方案；②项目分项、各模块需求分析方案；③项目运行数据分析方案；④项目总体开发设计方案；⑤项目模块设计方案；⑥程序设计方案；⑦开发计划进度方案；⑧项目系统环境设计方案；⑨项目实施规划方案；⑩项目实施记录方案；⑪接口数据标准手册；⑫关键模块访问技术操作手册；⑬用户管理使用手册。

6. 系统运维阶段

通过科学、规范的运维服务方式对部门管理信息系统进行维护，保障计算机网络、各种软硬件设备、服务器操作系统、应用系统、数据库、中间件等的高效运行；快速响应、处理故障请求；对处理过程进行全程的跟踪和登记；提高业务部门的满意度，充分履行各应用系统的职责，提升部门之间的服务能力。

（1）技术服务的具体目标为：

1）建立统一高效的应急维护机制，确保相关业务系统的正常运行，快速响应、处理故障请求；

2）对处理过程进行全程的跟踪和登记，建立解决方案知识库，指导同类事件的处理；

3）保证技术服务内容的稳定性、完整性、系统性，提高业务系统使用人员的满意度。

（2）运维服务分类。运维服务供应商应根据应用系统情况提交详细的运维服务解决方案，并对以下方案列出的服务项目作出相应的承诺和保证。

运维服务包括基本运维、优化完善、驻场服务三部分。

基本运维主要包括例行维护和现场维护，例行维护与驻场服务工作内容相同时，相关工作由驻场服务解决的不再计算例行维护工作量。

优化完善是指应业务需求方业务需求对系统功能修改完善的维护性开发工作。

驻场服务是指根据业务需求方要求，供应商派遣专职人员在指定地点对系统进行运行维护。

（3）运维服务原则。系统运维工作需遵循如下原则：

1）遵循相应的运维管理规范：运维工作应在符合部门要求的前提下，遵循 ITIL 流程规范、中国国家标准、工信部、所属部门有关部门行政管理方面的通用规范以及通用国际规范，保证整个运维工作过程的合理性、有效性。

2）建立完善的技术服务保障体系：整个服务体系必须以保障部门业务系统的正常运行为中心，快速响应业务用户请求，及时回应、解决操作过程中以及系统运行过程中所出现的问题，确保系统的正常运行。

3）具备高效的运维管理渠道和应急措施、保障能力：能按照计划与方案开展相关运维工作，在过程中能够有效控制各种风险，对于运维服务过程与结果应向业务需求方进行报告和反馈等。

4）参与运维工作的人员要严格遵守业务需求方的各项管理规章制度，有责任保护部门业务系统的数据资料安全。

（4）交付物要求。供应商在完成合同规定的技术服务工作后，应按要求向业务需求方提供包括但不限于如下资料：

1）基本运维交付物。①例行检查记录；②专家巡检报告；③咨询答疑记录；④故障处理工单；⑤性能优化记录；⑥应急预案；⑦应急演练报告；⑧报表统计记录；⑨安全优化调整记录；⑩数据备份记录；⑪作业指导书；⑫系统维护总结报告（周报、月报、季报、年报）。

2）现场运维交付物。①现场服务工单；②现场服务报告。

3）优化完善交付物。①优化完善工作审批单；②优化完善方案；③详细设计书；④数据库设计书；⑤测试报告；⑥程序源代码；⑦培训方案及培训记录；⑧优化完善工作确认单。

4）驻场服务交付物。除基本运维服务的所有交付物外还需提供日常值班工作任务清单。

（5）质量要求。系统可用性是指系统能够正常运行的概率或时间占有率期望值。它是衡量系统在投入使用后实际使用的效能，是系统的可靠性、可维护性和维护支持性的综合特性。

第五节　咨询监理工作依据

一、项目咨询监理工作依据

（1）国家有关合同、招投标、政府采购的法律法规。

（2）业主与监理单位签订的工程监理合同。

（3）工程设计文件。

（4）业主提供的各子系统的投标书及投标方案。

（5）业主与承建单位在工程项目中签订的工程设计合同、设备和软件采购合同、实施合同或其他监理范围内的相关项目实施合同。

（6）业主与其协作单位签订的各种需求分析合作协议及需求分析资料。

（7）监理合同有效期内，政府主管部门颁布的涉及本工程的政策法规。

（8）业主提供的设计资料和文件。

（9）国家、地方政府的信息工程、信息工程监理的管理办法：

1）《信息系统工程监理暂行规定》；

2）《北京市信息系统工程监理管理办法（试行）》；

3）《工程咨询业管理暂行办法》；

4）《建设工程监理范围和规模标准规定》；

5）GB/T 50319—2013《建设工程监理规范》。

（10）其他与工程相关的规定和标准。

二、项目咨询监理工作技术参考标准

1. 信息系统技术标准

（1）通信工程行业相关标准。

1）中华人民共和国通信行业标准；

2）GB/T 15941—2008《同步数字体系（SDH）光缆线路系统进网要求》；

3）YD 5076—2014《固定电话交换网工程设计规范》；

4）YD/T 1123—2001《综合交换机技术规范》；

5）YD/T 1109—2001《ATM 交换机技术规范》；

6）YD/T 1102—2001《基于 ATM 的多媒体宽带骨干网技术要求——网络性能部分》；

7）YD/T 1095—2018《通信用交流不间断电源（UPS）》；

8）YD/T 731—2018《通信用 48V 整流器》；

9）YD/T 5088—2015《数字微波接力通信系统工程设计规范》。

（2）计算机网络、系统和基础设施相关标准。

1）GB 50174—2017《数据中心设计规范》；

2）GB/T 2887—2011《计算站场地通用规范》；

3）GB/T 9361—2011《计算站场地安全要求》；

4）GB/T 9254—2008《信息技术设备的无线电骚扰限值和测量方法》；

5）YD/T 926.1—2009《大楼通信综合布线系统第 1 部分：总规范》；

6）GB 50057—2010《建筑物防雷设计规范》；

7）CESC 72：97《建筑与建筑群综合布线系统工程设计规范（修订本）》；

8）CESC 89：97《建筑与建筑群综合布线系统工程施工和验收规范》。

（3）软件工程开发相关标准。

1）GB/T 9385—2008《计算机软件需求规格说明规范》；

2）GB/T 9386—2008《计算机软件测试文件编制规范》；

3）GB/T 12504—1990《计算机软件质量标准保证计划规范》；

4）ISO/IEC 12207—1995《信息技术 软件生存周期过程》；

5）GB/T 14079—1993《软件维护指南》；

6）GB/T 14394—2008《计算机软件可靠性和可维护性管理》；

7）GB/T 15532—2008《计算机软件测试规范》；

8）GB/T 11457—2006《信息技术 软件工程术语》。

（4）视频会议技术有关标准。

1）音视频编解码标准。

A. H. 263——ITU-T《关于低速率下会议电视视频编码标准》；

B. MPEG 4——《基于网络应用的视频编码标准》；

C. G. 723——ITU-T《关于语音双速率编解码标准》。

2）数据会议标准。

T. 120——ITU-T 会议电视系统有关数据会议的框架协议，又称多层协议——MLP"。

3）其他相关协议。

（5）其他相关标准和规范。

2. 水利行业及相关技术标准

（1）DL/T 5080—1997《水利水电工程通信设计技术规程》。

（2）DL/T 5051—1996《水利水电工程水情自动测报系统设计规定》。

（3）SL 61—2015《水文自动测报系统技术规范》。

（4）GB 17621—1998《大中型水电站水库调度规范》。

（5）SL 250—2000《水文情报预报规范》。

（6）《水电厂水情自动测报系统管理办法》。

（7）《水电厂水情自动测报系统实用化要求及验收细则（试行）》。

（8）GB/T 2260—2007《中华人民共和国行政区划代码》。

（9）SL/T 213—2020《水利对象分类与编码总则》。

（10）SL 26—2012《水利水电工程技术术语》。

（11）GB/T 50095—2014《水文基本术语和符号标准》。

（12）SL 249—2012《中国河流代码》。

（13）SL 259—2000《中国水库名称代码》。

（14）SL/T 261—2017《湖泊代码》。

（15）SL 262—2000《中国水闸名称代码》。

（16）SL 263—2000《中国蓄滞洪区名称代码》。

（17）GB 50201—2014《防洪标准》。

（18）DL 5180—2003《水电枢纽工程等级划分及设计安全标准》。

（19）NB/T 35023—2014《水闸设计规范》。

（20）GB 50286—2013《堤防工程设计规范》。

（21）SL/T 200.04—97《部属和省（自治区、直辖市）水利（水电）厅（局）单位代码》。

（22）GB/T 13923—1992《国土基础信息数据分类与代码》。

第六节 咨询监理的工作

一、各阶段咨询监理的工作步骤

根据咨询监理步骤的说明，咨询监理工作主要划分成以下七个阶段：①前期阶段（整体需求分析，技术方案和施工方案设计和优化阶段）；②网络设备、服务器等硬件，系统软件采购阶段；③硬件和系统的综合实施阶段；④应用软件开发阶段；⑤测试阶段；⑥试运行阶段；⑦验收阶段。

1. 项目前期的咨询和监理（T0阶段）

项目前期监理包括项目的商务合同签订以及项目的方案设计和优化工作。监理工作内容步骤如下：

（1）组织专家队伍对项目设计规划进行综合评审，签署工程方案评审记录。

（2）由业主和各承建单位提供设计方案及合同书，审核实施所需的全部资料。咨询监理单位根据对合同的评审结果，签署工程合同评审记录。

（3）对承建单位及其分包单位进行资格审查，由承建单位填写分包单位资格审查申请表，并经过业主和咨询监理单位的审批。

（4）组织各方召开工程交底会，了解工程相关方面的内容。

（5）根据业主、承建单位的交底情况，结合业主要求，建立基本工作制度，包括周汇报制度、例会制度等。

（6）根据业主的工作关系，建立内部组织工作关系和管理工作体系，并形成公告下达。

（7）在方案设计阶段，依据设计阶段监理工作流程，建立设计阶段方案审批制度以及其他相关通知和报审流程，保证需求分析报告和方案设计报告的有效审批。

（8）由各承建单位填写工程方案计划报审表、工程材料设备报审表等，由咨询监理单位出具审核意见，一式三份，提交业主、承建单位、咨询监理单位保留。中间过程的记录文档由咨询监理单位填写工程项目进度计划审核表，并在方案计划报审表上进行批示，交与业主和承建单位，一式三份。

（9）根据业主要求，邀请项目管理专家和信息系统开发行业技术专家对需求分析结果和方案设计内容进行评审，并提出咨询建议。

（10）根据工程方案计划报审表的审批结果下达开工令。

2. 设备采购阶段的监理（T1阶段）

（1）采购计划的审核。集成单位填写工程方案计划报审表、工程材料设备报审表等，并提供采购计划和采购方案。由咨询监理单位出具审核意见，一式三份，提交业主、承建单位、咨询监理单位保留。对采购计划和采购方案的审核内容主要包括：①采购进度是否合理。②采购内容是否与原集成合同相符。③采购价格是否合理。④设备供应单位的资质评审。

（2）中间过程记录。记录文档由咨询监理单位填写工程项目进度计划审核表，并在方案计划报审表上进行批示，交与业主和承建单位，一式三份，包括项目中所需要的硬件设备、软件的质量、到货时间的审核。

（3）到货核验。设备、软件到货后，由承建单位填写工程阶段测试验收报审表，由咨询监理单位主持，三方在场，共同检查验收，同时签署意见，上交业主。审核内容包括：①审核设备的品牌、型号、数量、配置是否与上报技术方案相符。②审核设备的出厂证明、技术合格证书、随机附带资料及保修证书。③审核软件的版本、License证书是否完整，并符合要求。④审核软件说明文件是否完整。⑤设备验收过程中发现问题，如果是软件问题，咨询监理单位须填写软件问题报告；如果是硬件问题，咨询监理单位须填写硬件问题报告，并要求供货单位予以退换。所有问题报告附在工程备忘录中。⑥设备验收后，三方在工程阶段测试验收报审表上签字。

3. 硬件、系统软件综合实施阶段的监理（T2阶段）

硬件、系统软件综合实施阶段的监理步骤如下：

（1）网络集成系统工程实施阶段的质量进度监理和验收。由承建方填写进场设备报验单，经咨询监理单位和业主清点审核记录。

在设备安装调试阶段，对关键环节进行重点监理，填写监理日志。对核心层设备的安装调试进行抽验，填写监理日志。在工程实施过程中，若发现问题，应及时召开三方监理工作会议，提出问题，讨论解决办法，填写监理会议记录。若承建方在工程实施过程中发生质量问题或事故，须填写工程质量问题（事故）报告单，上交咨询监理单位出具意见，一式三份，提交业主、承建方、咨询监理单位保管。若有咨询监理单位抽检出质量不合格工程，由咨询监理单位签发工程质量整改通知单，通知承建方并要求整改，在承建方整改完毕、自检合格后，填写整改复查报审表申报咨询监理单位进行复查。安装调试完毕，对承建方的网络及自检进行监理，填写监理日志。

工程完工时，由承建方进行自检后，填写工程报验单，由咨询监理单位和业主进行阶段性验收。

（2）硬件、系统软件安装实施过程的设计、实施的质量进度监理和验收。

1）审查系统环境设计方案。由承建单位填写方案计划报审表，由咨询监理单位出具审核意见，一式三份，提交业主、承建单位、咨询监理单位保留。

2）审核设备、软件清单。由承建单位填写工程材料设备报审表，由咨询监理单位主持，三方在场，共同检查验收，同时签署意见，上交业主。

3）监督操作系统的安装过程。对典型操作系统的安装过程进行监督，监督集成单位对操作系统的安装过程。将安装报告附在工程备忘录中。对安装过程中的问题，填写软件问题清单或者硬件问题清单，上报业主，并责成集成单位整改。

4）在系统安装、实施阶段，监理工程师需要每日对硬件的安装、配置，软件的安装、设置进行监督和关键过程的抽检，填写监理日志。在项目实施中，若发现问题，应及时召开三方监理工作会议，提出问题，讨论解决办法，填写监理会议记录。若咨询监理单位抽检出质量不合格工程，填写监理通知单，上交咨询监理单位出具意见，通知承建单位并要求整改，在承建单位整改完毕、自检合格后，申报咨询监理单位进行复查。复查完毕后，由咨询监理单位填写工程备忘一式三份，提交业主、承建单位、咨询监理单位保管。

5）项目分项实施或总体实施完工时，由承建单位进行自检，填写工程阶段测试验收报审表，由咨询监理单位和业主进行阶段性验收。一式三份，提交业主、承建单位、咨询监理单位保管。

4. 项目开发和实施阶段的监理（T3 阶段）

此阶段监理组织各方召开工程交底会，了解工程相关方面的内容。

（1）项目总体开发方案、项目分项模块开发方案、项目开发进度、项目开发小组组织规划的审核。承建单位中，总承包商应会同其分包商提交项目总体开发方案、项目分项模块开发方案、项目开发进度计划及组织计划方案，并填写方案计划报审表。由咨询监理单位主持，三方在场，共同检查验收，同时签署意见，上交业主。审核内容包括：①审核开发方案中的应用模型是否已经经过典型用户的确认调查；②模块划分是否合理；③项目开发进度是否符合项目总体进度要求；④项目开发参与人员数量是否符合要求，人员结构划分是否合理。

（2）项目开发过程的进度、质量控制。

1）项目试验环境的搭建。由承建单位填写工程材料设备报审表说明试验环境用途，由咨询监理单位出具审核意见，一式三份，提交业主、承建单位、咨询监理单位保留。

2）模块开发申请。每部分模块开发前，由承建单位填写工程阶段施工申请表，由咨询监理单位主持，三方共同在场批示。

3）对开发过程中发生的设计调整的处理。开发过程中如发现部分模块的设计需要调整，则由咨询监理单位填写工程变更单报审表，由咨询监理单位主持，会同承建单位、业主，三方进行确认，并由咨询监理单位签署并签字。

4）在模块开发阶段，监理人员应每日检查开发进展，填写监理日志。在工程实施过程中，若发现问题，应及时召开三方监理工作会议，提出问题，讨论解决办法，填写监理会议记录。若承建单位在开发过程中发现模块开发出现重大的技术障碍，由于突发的技术攻关可能导致项目延期，须填写工程延期申请表，上交咨询监理单位出具意见，一式三份，提交业主、承建单位、咨询监理单位保管。若有咨询监理单位在进行模块检测时，发现质量不合格（不合格原因可能是功能不合格或者性能不合格），由咨询监理单位书写软件问题报告，并附在监理备忘中，并由咨询监理单位签发监理通知单，通知承建单位并要求进行整改，承建单位在收到监理通知后，应在 24 小时内作出响应，并将响应计划填写在监理工程师通知回复单上。在承建单位整改完毕、自检合格后，咨询监理单位要进行复查，复查结果由咨询监理单位填写工程备忘予以备案。

5）项目开发完工时，由承建单位进行自检后，填写工程阶段测试验收报审表，由咨询监理单位和业主进行阶段性验收。一式三份，提交业主、承建单位、咨询监理单位保管。

5. 测试阶段的监理（T4 阶段）

承建单位在工程实施完成后，编制系统整体运行测试方案和测试计划，提交给咨询监理单位进行审核，同时填写工程阶段测试验收报审表。承建单位需要提交的测试方案包括：整体运行测试方案和测试计划；业主单位分步运行测试方案和测试计划；关键功能、性能测试方案，测试数据表格。

（1）咨询监理单位对承建单位提交的测试方案和测试计划进行审核，审核通过后提交业主审查，业主同意后承建单位按照计划和测试方案进行测试。

（2）咨询监理单位对承建单位的测试过程进行监督，分析测试数据，评估测试结果。如果测试结果不合格，责成承建单位进行相关整改，直至测试通过。

（3）咨询监理单位对承建单位的测试过程和测试结果进行监督和分析，合格后，填写并向业主提交测试工作总结、监理总结。

（4）如业主需要，可以向咨询监理单位另行提出独立测试要求，要求咨询监理单位对承建单位的开发成果进行独立测试。有关测试要求和测试方法可以由业主与咨询监理单位另行签订测试服务协议。

6. 试运行阶段的监理（T5 阶段）

（1）检查各子系统的调试和试运行情况，记录各系统试运行数据。

（2）对联动系统之间的联调运行情况进行检测记录。

（3）对试运行期间系统进行检测，作出检测报告。

（4）对试运行期间系统出现的质量问题进行记录，并责成有关单位解决。解决问题后，进行二次检测。

7. 验收阶段的监理（T6 阶段）

承建单位工程自检完成后，填写并提交工程阶段测试验收报审表及自检报告。

（1）在业主的主持下，聘请专家验收委员会，进行现场验收。

（2）业主组织系统工程验收完毕后，由咨询监理单位填写咨询监理项目工作总结，核实已完成工程的数量、质量，提交给业主和承建单位，作为支付工程价款的依据。

（3）系统验收完毕，进入保修阶段。

二、监理工具

为了配合项目的有效实施，监理方在项目中使用的监理工具包括实验室和科研环境、各种检测工具，以及项目咨询监理信息管理平台。

1. 检测设备和检测工具

为了保障项目中关键工程的检测，我们在项目中针对机房工程、网络工程、软件工程等暂时配备了以下检测设备（见表10-2），在项目的实施过程中，如有特别需要，我们会根据业主的要求调用更多的检测设备。

表 10-2　检测设备清单

序号	设备或工具名称	型号	数量/指标
		基础施工	
1	全站仪	SET-2100	1 套
2	游标卡尺	各种型号	10 把
	检测包	规格	测量范围
3	（1）垂直检测尺	2000×50×25	±14/2000
	（2）对角检测尺	950	950~2450

序号	设备或工具名称	型号	数量/指标
3	（3）多功能内外直角检测尺	215×40×26	±7/150
	（4）游算塞尺	117×13×10	10
		125×15×15	0~15
	（5）多功能垂直校正器	105×100×22	功能
	（6）百格网	240×115×3	标准砖
	（7）焊接检测尺	250×50×4	—
	（8）卷线器	65×65×16	15m
	（9）反光镜	110×65×16	—
	（10）伸缩杆	270×15×10	270~470
	（11）水电检测锤	50克	—
	（12）响鼓锤	25克	—
	（13）活动响鼓锤	25克	—
	（14）钢针小锤	10克	—
4	激光扫平仪	测水平、垂直度	1台
5	回弹仪	检测砼强度	—
6	验电器	—	—
7	液压式压力试验机	YES-100	3台
	网络施工		
8	网络故障诊断仪	F683	1台
9	网络电缆认证测试仪	DSP—100、4300	2台
10	网线测试仪	—	5套
11	网络电缆认证测试仪	DSP—2000	1台
	软件系统		
12	海量存储模拟工具软件	用于数据存储、备份切换模拟	1套
13	安全漏洞扫描工具	用于数据访问安全	1套
14	仿真访问工具软件	用于模拟多路数据访问	1套
15	接口访问模拟软件	用于模拟接口访问	1套

2. 咨询监理管理信息平台

监理单位认为，咨询监理周期超过半年则项目非常需要有效的管理平台，保障项目的流畅沟通，这是因为：

（1）项目周期越长，项目中的变更可能性就越大，项目中牵扯业主的角色、精力也就越复杂，项目中必须建立一种相对稳定不变的沟通方式和沟通平台，保证项目一致性,同时保障后面进入项目组的个人或单位可以方便地了解项目的发展情况。

(2)项目中如果涉及软件开发或应用集成,通常项目本身的复杂度也就比较高,涉及的项目参与单位(主要是指承建单位)也就越多。为了能够保证各个参与单位有效、统一地理解项目的建设宗旨,需要有一个方便的环境,便于随时了解项目情况。

(3)对于项目投资额较大的项目,业主以及业主的领导都会对项目的进度表示高度关心,因此,需要有一个恰当的环境便于业主随时了解项目进展。

监理单位认为,××××××水源保护工程管理信息系统的建设总工期已经超过两年,且是典型的系统和应用建设综合项目,项目投资金额大。因此,监理单位将会在业主的办公场地,针对该项目建立独立的内部办公系统(见图10-2)。该办公系统可以实现以下功能:

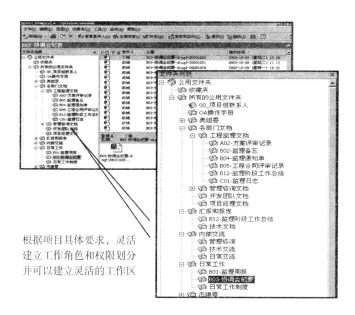

根据项目具体要求,灵活建立工作角色和权限划分并可以建立灵活的工作区

图10-2 监理单位独立的内部办公系统

1)相关文件、资料的公共存取环境。系统可以在项目中,根据项目的各个子系统的要求,建立一系列公共资料的存取环境,使所有业主、承包商等参与单位可以方便地索取与项目相关的资料。

2)建立及时汇报环境。系统可以为每个参与项目建设的承建单位建立自己的账号和访问权限,要求这些单位按照项目预先约定的要求定期提交周报和其他汇报材料。这样可以确保业主和监理单位随时监控材料的递交情况。

3)建立方便的沟通环境。考虑到各参与单位工程师等的邮件地址很难让人记住,可以在这里方便地发送邮件或者直接发帖子,以便各个承建单位和业主能够随时了解大家的想法,并根据这些想法及时地做出决策。

第七节　咨询监理机构组织方法和人员介绍

一、咨询监理机构组织

监理单位在咨询监理工作中，根据国家规定，采用总监理工程师负责制工作方式，总监理工程师对咨询监理工作承担最终责任。根据项目各个子系统规模不同的要求，我们会组织专项监理工程师和监理员，对信息系统工程的各个关键点进行质量、进度、投资控制。

同时，考虑到信息系统工程的特点，监理单位在采用总监理工程师负责制的同时还结合专业工程师责任制，针对项目中的通信、网络、机房、系统、软件、集成、安全等各个专业，指派专门的 IT 技术工程师分别对项目的质量和技术进行把关。

根据工程要求，监理单位在本工程中派驻的咨询监理机构的组织机构如图 10-3 所示。

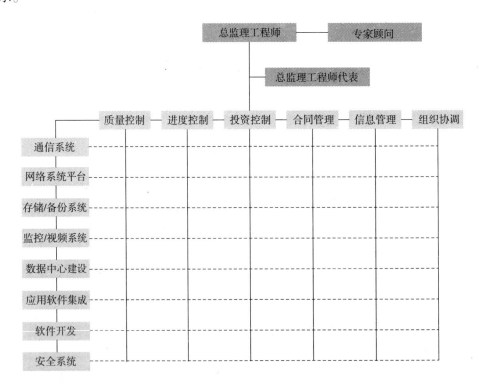

图 10-3　××引供水工程管理信息系统建设项目监理组织机构

监理单位在项目中的这种总监理工程师负责制和专业工程师责任制结合的矩阵工作方式，可以最大限度地保障项目管理和质量控制的要求。

二、监理人员专业技术构成

××引供水工程管理信息系统的规划和建设是一个综合性系统工程，要做好此工程的监理工作，要求监理工程师必须了解网络工程、网络安全、数据库系统、数据中心机房建设、信息系统建设、软件开发、项目管理等专业，并将其结合起来，配备多专业相搭配的监理工作组，做到在管理、技术、项目等各方面和各专业上都能对开发方进行质量、进度和投资上的监督指导。针对本工程的组成部分和实际情况，我们在每个子系统的监理项目组中根据需要配备了相应的监理专业技术人员。专业技术人员的总体构成如下：

（1）工程建设项目管理专业：由高校建筑管理系的专业技术人员和专业监理工程师组成，负责项目中的项目综合管理。

（2）信息系统专业（网络和计算机系统）：由监理单位、高校信息科学技术学院、高校网络中心的专业监理工程师和工程技术人员组成，负责工程中的通信、网络、集成等专业的技术和工程监理。

（3）通信工程专业：由监理单位通信工程专业工程师组成，负责针对业主在该项目中的通信线路接入、敷设、配置进行监督和咨询服务。

（4）互联网数据中心建设：邀请在国内承接过高档互联网数据中心机房的技术专家，针对互联网数据中心机房建设中的防雷、视频监控、环境监控等部分进行咨询和管理。

（5）信息系统安全专业：由监理咨询单位与培训服务中心的高级安全工程师组成，在项目实施中，负责对项目建设的网络安全、计算机系统安全、文件内容安全等多个安全项目进行综合把关。

（6）数据存储和备份专业：由高校计算机系的数据存储专家和监理单位的存储备份系统专项工程师组成。他们在大型海量数据的存储、高速访问、数据热备份方面都有着丰富的经验。在项目中将协助业主组织对图书数字资源备份和存储的管理。

（7）软件开发专业：由监理单位的专业软件监理工程师和工程技术人员组成，负责工程中的软件平台开发、接口开发的技术和工程监理。

（8）培训与管理人员：由监理单位负责IT培训业务的业务人员组成，在培训技巧、培训过程控制、培训效果、培训认知方面积累了丰富的经验。

三、咨询监理团队

监理单位根据项目的要求，在监理人员派驻上主要分成以下几个部分：

（1）专家顾问团队：负责在项目实施的前期、中期、后期为项目提供咨询和评审工作。专家顾问团队主要包括业主向项目推荐的××水利系统专家5人，以及监理单位拟派驻在项目的项目管理和信息系统专家7人。

（2）咨询监理团队：由总监理工程师和总监理工程师代表、监理工程师、监理员组成，负责项目进行过程中的咨询和监理工作。

（3）专业工程师团队：承担项目规划建设过程中专业技术选择、方案评价、规划设计的技术咨询工作，如表10-3所示。

表10-3 专业工程师团队构成

序号	资质情况	学历	专业	专业领域
1	高级监理工程师CCNP	硕士	计算机	信息系统安全专家
2	监理工程师	本科	自动化	人机界面工程专家
3	注册会计师	本科	人力资源	财务预算
4	监理工程师	本科	机械设计	操作系统
5	DBA	本科	化工	数据库开发
6	IBM DBA	本科	自动化	数据库、中间件专家
7	CCNP	硕士	机电一体化	网络工程专家
8	CCIE	本科	计算机	网络工程专家
9	CCIE	本科	自动化	通信工程专家
10	IBM AIX	本科	计算机	网络工程专家、安全专家
11	CCIE	硕士	MBA	网络建设规划设计专家
12		博士	计算机科学	方案规划和技术咨询专家
13	MCSE；DBA	硕士	信息科学	软件工程专家
14		博士	信息科学	ERP/CRM专家
15	高级工程师	硕士	计算机	工程设计专家
16	工程师	本科	计算机应用	数据库专家
17	工程师	本科	计算机	软件编程专家
18	DBA	本科	计算机	软件专家

第八节　项目工程咨询方案和方法

一、咨询方案

根据项目的招标文件的要求，监理单位将在项目的调研和规划阶段以及项目的实施阶段提供工程咨询服务。在本方案中，我们将针对项目建设进行战略规划分析、企业管理分析、信息系统规划设计分析几个方面的详细介绍。

1. 战略规划分析

为保护水质，减轻水污染，减少水库、河道淤积，减少输水沿线水土流失，改善生态环境，保证良好的供水条件；自2002年起，××市政府利用贷款，开始实施××引供水工程，内容包括新建暗渠工程、沿线水工设施修缮工程、沿线绿化及水土流失治理、信息系统建设等多个单项工程。目前，新建暗渠工程进展顺利。信息系统工程的可行性研究设计已于2002年通过××市计划委员会审查并批准。由于受时间和资金的限制，其可行性研究确定的信息系统建设规模偏小。随着计算机技术、网络及通信技术的飞速发展；随着××市工农业生产的不断发展和人民生活水平的不断提高，以及整个××流域地区水文水质和经济环境的不断变化；迫切需要更加科学地管理好××××工程，使××××工程的管理手段不断得到提高，使××××工程获得更大的效益；因此，对××××工程管理信息系统进行统一规划、统一设计，建设一个高效的综合信息网是非常必要的。在本次××引供水工程信息系统初步设计过程中，对信息系统的规模和功能进行了补充和完善。

××××××水源保护工程的管理信息系统的建设从战略角度看具有非常高的前瞻性，具体体现在：

（1）通过管理信息系统的建设，可以进一步提高××××管理单位的工作效率。大型水利工程需要多个部门、多个地区大量工程人员和工作人员的协同工作，才能保障项目的成功。以往的项目建设采用传统的工作方法和沟通方法，造成流程复杂，沟通效率低下，部门组织结构不清晰，工作效率低。管理信息系统的出台，可以最大限度地提高沟通效率，降低文件传递工作成本，提高协同工作的水平，这可以大大提高工作效率。

（2）管理信息系统建设可以规范工程建设、施工、维护的工作组织流程。××××水源保护工程总建设工期长达数年。在项目建设完成后，还需要有庞大的队伍来维护工程的有效运转，并围绕工程进行资源再开发利用。管理信息系统的建设，可以进一步理顺内部工作关系，形成清晰、完整的闭环工作流，保障相关部门和单位的责权利清晰。

（3）管理信息系统建设可以为项目的后期建设和发展提供决策依据。××××工程是我国第一项大型跨流域引水工程，也是××市的生命线工程，沿程有明渠、暗渠、水库、隧洞、天然河道、电站、闸涵、泵站、倒虹吸、自流道等，运行方式十分复杂，为了更好地满足适时、适量（保质）、按需供水要求，针对不同运行工况寻找安全可靠、经济合理的输水运行调度方案，实现优化调度，是工程运行所关注的技术难题之一。因此，管理信息系统的建设中包括工程管理决策支持、水质数据分析和趋势预测分析，可以最大限度地为工程的建设和发展提供有力的决策支持。

2. 企业管理分析

根据业主提供的××××水源保护工程管理信息系统的初步设计报告总编，本管理信息系统从组织上说是一个涉及××水利局、××工程管理处、6 个二级管理处、18 个三级管理站所、4 个四级管理站的复杂系统。系统的组织保障体系的组织结构如图 10-4 所示。

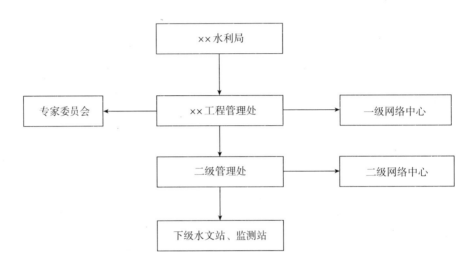

图 10-4　工程管理处组织保障体系的组织结构

组织保障体系分为四个层次，其一是领导层，由水利局主管领导负责整个系统的政策和重大决策的制定等工作。其二是管理层，以××工程管理处的主要领导为核心，由专家委员会和一级网络中心为辅助支持机构，负责整个系统的管理，规范、标准、制度的制定和技术支持等工作。其三是分管理层，二级管理处领导层为核心，二级网络中心为支持机构，负责分系统的日常管理，对上一级负责，管理下一级的工作。其四是执行层，由下级各水文站、监测站、管理所构成，在上一级的指导下，负责各基层单位自身的信息采集、数据传输等各项具体任务和工作。

为了更好地保障工程建设过程的组织体系，必须保证有完善的内部项目工作组织流程、汇报流程和决策流程。具体包括：

（1）信息系统运行的管理。信息系统是分层次进行管理和运行的。最上面一层是工管处，负责整个建设系统的信息系统运行机制管理和技术服务工作；第二层是其他各管理处的日常运行管理工作。第三层是各站、所对于自己所管辖的采样点和网络以及相应的信息进行管理。

（2）信息系统维护的管理。信息系统的维护工作是按职责划分进行管理和实施的。既可以由外包系统开发商负责系统维护，也可由信息系统运行部门负责维护。一般情况下，在整个系统开发过程中，所有委托外部系统开发集成的信息系统，均需要在合同中规定未来必须承担的系统维护责任。

（3）信息系统安全的管理。信息系统的安全管理应该按照分级负责制管理的办法进行。最上面一级确定系统安全管理原则、政策、责任和要求。第二层负责系统安全管理机制和技术服务工作。第三层是各站、所负责自己所管辖的采样点和网络以及相应的信息安全管理工作。这三个层次的安全管理工作构成了一个完整的系统安全保障体系。

3. 信息系统规划设计

根据本招标文件的要求，监理方提供了本工程管理信息系统建设的项目建议书，对该系统的网络、硬件、软件综合体系提供了全面的项目部署建议。

在信息系统的规划设计中，着重从以下几方面进行分析：

（1）网络体系结构的规划设计：网络基础环境是管理信息系统运行的根本。因此，监理单位会根据项目的情况，充分调研目前××××项目的系统环境需求，对整体项目的网络体系部署提出切实可行的方案。

（2）系统安全监测分析环境的规划设计：××沿途建筑物有水库、隧洞、天然河道、电站、闸涵、泵站、明渠、暗渠、倒虹吸、自流道等，这些建筑物十分重要，而其工作条件十分复杂，隐患和病害诊断需要经验丰富的专家，并进行相应的理论分析，但要求工程监测管理人员都是经验丰富的水工专家往往是不现实的。社会经济的发展对工程的安全性提出了更高的要求。在实际工作中，观测资料分析的滞后，使得许多病险工程得不到及时的诊治处理。且管理技术人员存在新老交替问题，而新人对工程的履历、特点了解不充分，缺乏经验，一定程度上会影响工程管理的水平。解决上述问题的办法之一是利用当今先进的监测设备和先进的数据传输设备，实现安全监测的自动化和实时监测。因此，在管理信息系统的规划设计中，针对本部分的规划设计建议是一个重点工作内容。

（3）水质数据分析和趋势预测系统的规划：随着××工程沿线地区的经济发展，沿线污染负荷必将加重。为确保××市水源的长期良好和安全供应，必须找出和实施有效的预测、报警和应急措施，找出和实施有效的水源保护措施。在规划设计咨询中，将配合水利专家建立水源水质变化与流域活动变化的关系，将采用多种数理统计分析方法包括复杂的多参数非线性回归方法找出关系，也将采用数学模型找出关系。先根据水源流域具体情况选择各种合适的数学模型估算污染汇源输入量，然后将汇源与点源一起输入水体水质模型模拟水质变化，结合原型实测数据调试数学模型里的系数。

二、咨询方法

在本工程中，监理单位主要的咨询服务方法和服务内容包括：

（1）现场调研法。现场调研工作主要包括现场询问、资料获取、数据采样。对询问的结果进行记录和总结；对获取的资料进行整理和分析；对采样的数据进行汇总和再处理。

现场调研的结果将作为项目咨询分析的依据。

（2）用例分析法。用例分析是对项目中的各个管理、操作流程点上的关键对象进行工作内容、工作目标、操作流程的分析。主要分析的内容包括：①用例对象分析：关键用户的对象特点、现实身份对应、人员特点分析；主要工作是对用例对象的主要操作和细节操作进行细分。②数据源分析：对用例操作的数据来源、数据格式、数据量、数据关系进行分析，数据操作的分析目的是对操作结果、数据结果流向进行分析。用例分析工作可以在调研的基础上进一步明确客户的需求，逐步形成最终的管理信息系统建设雏形。

（3）资料获取。根据业主的建设项目内容，采取收集、购买、访问等方式获取国内、国外类似系统的技术资料、市场资料、应用情况资料，进行整理和分析。

（4）产品技术和经济分析。对项目中采用的技术、产品的技术特性和经济特性进行综合分析和评估。对同一个应用，收集国内、国外多个同类产品信息，进行技术、经济比较，便于业主选择。

1. 工程咨询内容

（1）编写项目建议书和可行性研究报告。监理单位的咨询工程师通过对与有关项目的工程、技术、经济等情况进行调查和分析研究，对各种建设方案进行分析论证，并对项目建成后的财务效益、经济效益、社会影响进行预测及评价，将技术先进适用，财务、经济及社会可行，投资风险较低的项目方案奉献给投资者，帮助业主取得项目的成功。

（2）投资评估咨询。根据委托方要求，在可行性研究的基础上，按照一定的目标，对投资项目的可靠性进行分析判断，权衡各种方案的利弊，提出明确的评估结论。对拟建项目进行全面的技术经济论证和评价，预测项目未来发展前景，为选择项目和组织实施提供多方面的咨询意见，准确、客观地将项目的资源、市场、技术、财务、经济和社会等方面的基本数据资料和实际情况，真实、完整地呈现在决策者面前，辅助决策者做出正确合理的投资方案，同时也为项目的组织实施提供依据。

2. 各阶段咨询工作成果

咨询各阶段工作成果，主要包括：

（1）发展战略及组织架构咨询建议报告。

（2）引供水行业发展调研报告。

（3）业务流程分析报告。

（4）业务流程优化重整咨询报告。

（5）信息系统应用现状调研报告和问题诊断报告。

（6）管理信息系统建设规划。

（7）管理信息系统总体设计方案。

（8）需求规格说明书。

（9）软件开发项目管理咨询报告。

（10）系统集成项目管理咨询报告。

（11）选择系统集成商及分包商的咨询建议。

三、咨询报告样例

考虑到篇幅的原因，现提供监理方为某电力集团进行信息化建设的规划设计方案的目录体系，供建设方参考。

第九节　质量控制的方案和措施

××引供水工程管理信息系统项目的总体建设质量是项目的核心控制目标。基于我们对信息系统建设的控制管理经验，以及项目的特点，对以下的质量关键点进行控制和管理：

（1）计算机网络系统中网络综合环境质量的控制。

（2）硬件和系统软件采购质量控制。

（3）服务器、存储设备、PC 机设备等硬件、系统软件安装部分的质量控制。

（4）系统安全方面部署的质量控制。

（5）数据库开发过程的质量控制。

（6）系统测试过程的质量控制。

（7）培训的部署与实施。

此外，针对项目的应用系统建设，我们从系统的先进性和未来的扩展性方面提出了一些选择建议：

（1）应用技术架构和数据沟通标准的选择建议。

（2）数据库平台的选择。

（3）JAVA 应用中间件的技术分析。

（4）系统存储和备份方案的选择。

在具体项目实施过程的质量管理中，监理单位将会同业主单位建立一系列的质量管理方法和守则，力求做到事前有文可依，事中有据可查，事后有法可验。

监理工作主要是目标控制，只有采取主动控制和动态管理才能达到预期的建设目的。所谓的目标控制，就是在设计监理、实施监理的过程中，定期召开会议，对工程的质量、进度、造价进行比较，通过比较，若发现偏离目标，则采取纠偏措施，再发现偏离，再采取措施以确保项目总目标的实现。主动控制和动态管理，简言之，就是把问题想在前头，管理就是反复循环。加强组织措施、技术措施、合同措施、紧急措施的执行力度，通过一定的方法和手段，实现三大目标和优化。

一、工程质量控制的基本依据

工程质量控制的基本依据是：工程承建合同文件及其技术条件与技术规范；国家或国家部门颁发的法律与行政法规；经监理机构签发实施的设计图纸与设计技术要求；国家或国家部门颁发的技术规程、规范、质量检验标准及质量检验办法。

1. 工程质量控制标准

（1）合同工程实施过程中，国家或国家部门颁发新的技术标准替代了原技术标准，从新标准生效之日起，依据新标准执行。

（2）当合同文件规定的技术标准低于国家或国家部门颁发的强制性技术标准时，应按照国家或国家部门颁发的强制性技术标准执行。

（3）当国家或国家部门颁发的技术标准（包括推荐标准和强制性标准）低于合同文件规定的技术标准时，按合同技术标准执行。

依据工程合同文件规定，在征得业主批准后，对工程质量所执行的合同技术标准与质量检验方法进行补充、修改与调整。

2. 质量程序

对于××引供水工程管理信息系统建设，在上述质量关键点存在一般的质量控制程序：

（1）根据项目的质量、投资和进度目标，明确系统在各个项目阶段（从方案规划设计到验收）的质量控制标准和要求，制订各阶段的监理流程和监理规划。

（2）审查项目承建单位提交的项目实施计划，若未通过审查，则在承建单位调整实施计划后重新审查，直到审查通过为止。

（3）依据项目实施计划和项目监理规划，制定项目质量控制监理实施细则。

（4）根据项目质量控制监理实施细则及各实施阶段的质量控制标准和要求，收集有关信息，审查有关文档，对项目进行质量控制跟踪监理。

（5）若存在偏差，则分析产生质量偏差的原因，监督承建单位采取纠正措施，调整实施计划，转第二步进行审查。

（6）编写项目质量控制监理报告。

3. 实施质量控制基本流程

质量控制的基本流程如图10-5所示。

4. 分项、分部工程质量控制流程

分项、分部工程质量控制流程如图10-6所示。

二、主动控制方法和措施

根据××引供水工程管理信息系统项目特点，采取事前控制方法，充分考虑项目实施中可能遇到的问题，做到准备充分。

（1）质量控制措施的制定。项目开通前，结合监理质量体系的编制，完成工程质量控制措施的制定，通过对项目的特点、实施条件和影响质量因素的分析与预控措施的研究，提出工程质量管理点、工程质量控制流程，完善监理细则文件的编制，并在监理过程中贯彻和落实。

（2）设计文件的签发。项目实施的总体和分项实施方案需经总监理工程师签发，其中包括项目的采购方案、项目测试方案和测试计划。对每份设计和实施方案进行审查，及时发现、纠正方案中存在的缺陷和差错。若设计方案、实施方案与合同技术条件存在重大偏离，应召开专题协调会予以审议、分析、研究和澄清。在项目实施过程中，可以根据项目最终用户的特点以及部门间变化，提出优化设计建议，提交业主研究。

（3）设计技术交底。在工程开工前，监理单位组织设计单位进行设计技术交底，使承建单位明确设计意图、技术标准和技术要求。

（4）实施组织计划的审批，工程项目开工前，承建单位应依据工程承建合同文件规定和实施总进度计划安排，结合实施条件以及实施方案要求完成申报开工项目组织计划的编制，并报送监理机构批准。

对每项工程实施组织计划，监理单位审查其实施方案和工艺对工程质量的影响，并在通过审查和批准后督促承建单位落实和实施。

（5）实施准备检查。每个分项项目开工前，做好承建单位实施准备的检查并做好记录。准备检查的主要内容包括：①在分项子系统实施前，需要咨询监理单位确认相关的采购设备是否已经进行验收；②项目实施前，必需的生产性试验（如硬件的加电检测、数据库的单项压力测试）已经完成，用于实施的各种参数选择已报经批准；③设计方案、实施方案与作业规程规范、技术检验标准、实施措施计划等技术交底已经进行；④主要设备配置，项目组织与工程师配备已经完成；⑤项目实施所需要的环境、设备到位，经检验合格并能满足计划实施时段的需要。

三、硬件和系统软件采购质量控制

为确保所采购的软件、设备以及软件、设备安装按合同规定及设计要求进行，承建单位应根据设计文件、项目实施进度以及设备供货所需的时间要求，编制设备/软件采购计划，同时实施相关控制。

在项目中，业主选择的主体硬件产品包括：网络设备、服务器、存储设备、网络安全系统、其他硬件系统。

软件产品包括：操作系统、数据库系统、中间件软件、其他第三方软件产品。

因此，在审核采购计划时，主要工作包括：

（1）项目简况，包括设备安装工程项目实施计划进度、安全检测项目内容与技术要求。

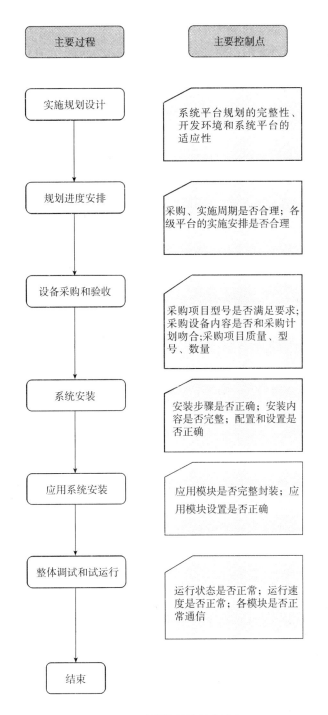

图 10-5 质量控制的基本流程

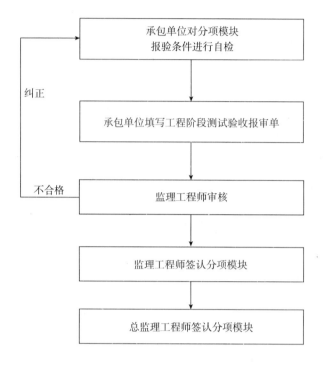

图 10-6　分项、分部工程质量控制流程

（2）供货厂家情况，包括厂名、厂址及资信情况。

（3）采购设备申报表，包括安装部位、设备名称、规格型号、本批采购数量、计划进场日期、供货价格、承运方式与到货地点。

（4）按合同文件规定必须送报的其他内容。①因工程需要订购的特殊型号和规格的设备或软件，承建单位应约请监理工程师参加与制造厂商进行的技术商谈。②采购的设备、软件进场后，监督承建单位认真检查各类设备、软件的型号、规格、版本、数量和供货质量。所有的设备都应附有相应的测试证明，所有的软件应附有相关的功能、性能保证说明。

硬件设备应按使用、保管说明书要求，存放在安全、防潮的库房内妥善保管。软件设备应按照使用说明对软件介质进行必要的备份，并妥善保管。

1. 数据中心机房建设过程中的质量控制

在××引供水工程管理信息系统项目的机房建设中，我们认为核心的质量控制部分包括：机房基础施工、机房空调系统、机房电力系统、机房防雷系统、机房消防系统、机房监控系统。

2. 机房基础施工

在项目中，机房的基础施工过程的质量控制主要包括两个关键质量点：

（1）机房防水、防潮设计与施工。项目中机房的防水防潮工程主要是针对机房建筑顶部的防水、防潮处理，通常可用 SBS 改性沥青卷材防水做法，使用热熔方法施工。

（2）机房装修中装修材料的选择。机房内室内装修材料应选用耐久、不起灰尘、非燃烧材料（A级材料）。不得使用木地板、木隔墙及木龙骨吊顶、塑料壁纸等材料。严禁使用木墙裙装饰。

3. 机房电力系统

（1）机房供电。机房供电量的计算包括以下几个方面：

1）服务器供电总容量（即UPS的供电总容量）。根据经验，机房内1KVA机架（放置5个服务器）最多占60%，2KVA机架占35%，4KVA机架约5%，小型机额定功率约5KVA，高端服务器约1KVA；在此基础上考虑设备集中使用系数0.7（同时达到额定功率）、UPS容量富余20%，机房UPS容量估算公式如下：

UPS供电量=（1×机架总数×60%＋2×机架总数×35%＋4×机架总数×5%＋5×小型机总数＋1×高端服务器总数）×0.7×1.2

2）空调总供电量。在我国，通常电信部门的机房采用56~60冷吨/平方米作为空调制冷量标准。而在美国通常将80冷吨作为机房建设的标准。

试想在同样面积的房间里如果放置比较多的电脑，和放置比较少的电脑的机房相比，要热很多。所以，对空调的制冷量的要求并不是一个恒定的数字。它与机房的机架密度、UPS的供电量是密切相关的。按照机架密度建设经验，我们建议空调所需要的总供电量为：UPS供电量×0.8。

3）其他，包括照明、消防等设施所需的供电。

综上所述，可以简单地将机房总供电量估算为：UPS供电量×2。

（2）关键电力设施要求。

1）UPS和蓄电池。UPS系统的配电：在UPS安装现场设置UPS输入配电盘，给UPS系统及UPS现场的配套设施供电，同时设置UPS输出总配电柜给机房内各机架等负载分块或分系统供电，以便发生故障或维修设备时可及时进行分合闸处理，既保证安全，又方便了设备操作。根据供电配置原则，如果总供电量为P，供电设备数为N，那么单台设备供电量为（1/N）×P。如果采用单台设备备份方案，则设备总供电能力为（1+1/N）×P。

应根据市场设备情况和总体价格分析选择最合适的设备数。通常情况下，应采用双路UPS供电，同时有一路UPS备份。

2）柴油发电机。由于机房出现断电可能性比较大，因此建议机房应配备后备电源。

市电、蓄电池与油机的关系：在机房的低压配电室安装市电与油机的自动转换屏，实现市电断电时油机自启动并向机房所有负载恢复供电，市电恢复时自动转换为市电供电并使油机延时停机，市电与油机的切换做到全自动。正常情况下两路市电分别独立带载，互不影响，解决双路市电带载不一致的矛盾，有利于变压器的长期可靠运行，提高系统的可靠性。当市电故障时，备用油机启动，经过ATS切换带全部负荷（此时K1断开，K2闭合），任一路市电恢复，负载将切换到市电供电方式，油机延时停机，整个过程全自动控制，也可手动控制。

3）后备配电转换。后备配电转换主要是指各供电系统之间的切换，主要包括：①市电和柴油发电机之间的切换：一般通过 ATS 自动转换开关实现，当市电故障时，UPS 带动蓄电池继续工作（通常蓄电池应可持续供电不低于 15 分钟），ATS 自动启动备用油机，切换全部负荷任一路市电恢复，负载将切换到市电供电方式，油机延时停机。②UPS 之间的切换：一般通过 STS 静态转换开关实现，当一路 UPS 故障时，通过 STS 将备份 UPS 启动持续供电。

4. 机房防雷系统

机房的防雷和接地的处理非常重要。具体地说，防雷工作的第一步就是确认雷害侵入计算机系统的各种途径，在这个基础上，依据系统防雷的科学理论和供应商的设计安装经验，采取相应的防护措施，从而达到在雷电入侵时能够保障系统安全运行的目的。

根据防雷分区概念，在计算机信息系统所在的建筑物这样划分防雷区：

（1）LPZOA 区。本区内的各类物体都可能遭到直接雷击，因此各物体都可能导走全部电流，本区内的电磁场没有衰减。

（2）LPZOB 区。本区内的各类物体很少遭到直接雷击，但本区内电磁场没有衰减。

（3）LPZ1 区。本区内的各类物体不可能遭受直接雷击，流经各类导体的电流比 LPZOB 区进一步减小。由于建筑物的屏蔽措施，本区内的电磁场得到了初步的衰减。

（4）LPZ2 区。为进一步减少所导引的电流或电磁场而引入的后续防雷区，应按照需要保护的计算机信息系统所要求的环境选择后续防雷区的要求和条件。

借用 IEC/TC-81 技术定义，将系统防雷工作总结为 DBSE 技术，即分流（Dividing）、均压（Bonding）、屏蔽（Shielding）、接地（Earthing）四项技术加之有效的防护设备的综合。

5. 机房空调施工

机房的空调必须能够保证机房环境内部的恒温。

（1）室内计算参数。按 GB 50174—2017《数据中心设计规范》规定和功能需要，机房室内设计参数要达到以下标准：

1）开机时机房内温、湿度。开机时机房内温、湿度标准如表 10-4 所示。

表 10-4　开机时机房内温、湿度标准

级别	A 级		B 级
	夏季	冬季	全年
温度	23±2℃	20±2℃	18~28℃
相对湿度	45%~65%		40%~70%
温度变化率	<5℃/h 并不得结露		<10℃/h 并不得结露

2）停机时机房内温、湿度。停机时机房内温、湿度标准如表 10-5 所示。

表 10-5 停机时机房内温、湿度标准

级别	A 级	B 级
温度	5~35℃	5~35℃
相对湿度	40%~70%	20%~80%
温度变化率	<5℃/h 并不得结露	<10℃/h 并不得结露

3）机房内空气含尘浓度。在静态条件下测试，每升空气中大于或等于 0.5μm 的尘粒数，应小于等于 18000 粒（国标 A 级）；按 GB/T 50114—2010《暖通空调制图标准》规定和功能需要，舒适性空调的室内设计参数如表 10-6 所示。

表 10-6 舒适性空调的室内设计参数

季节	夏季	冬季
温度	24~28℃	18~26℃
相对湿度	40%~60%	40%~65%

（2）空调系统气流组织形式。恒温恒湿空调区。气流组织采用下送上回的气流组织形式，地板下空间做静压送风库，空调送风经地板布置的各个地板风口均匀地送出，气流经地板由下向上流，再经吊顶板上的各个吊顶回风口进入吊顶回风库，经空调回风口进入空调，如此反复循环。此种气流组织方式有利于设备散热，有利于室内温度、湿度场均匀性，有利于机房降低噪声。

（3）接地。所谓接地，简单来说是各种设备与大地的电气连接，要求接地的有各种各样的设备，如电力设备、通信设备、电子设备、防雷装置等，接地的目的是使设备正常和安全地运行，以及为建筑物和人身安全准备条件，对中心计算机房而言，主要是电子设备的信号接地计算机专用交流地（或称逻辑接地）问题。

地线系统是整个机房建设时容易被忽略的部分，通常人们只考虑建筑框架地、静电地等常见的接地。如果数据库中心机房采用联合共地的方式，在雷击发生时雷电流经过外部防雷系统（避雷针、引下线、接地体）泄放入地，由于大地电阻的存在，雷电电荷不能快速全部与大地负电荷中和，必然引起局部电位升高，交流配电地和直流逻辑地将这种高电位引入机房，UPS 输出、输入端被击穿，服务器及其他网络设备连接端口被击穿。这种反击电压少则数千伏，多则数万伏，将直接烧坏用电器的绝缘部分。

所以，在机房基建设计时，至少要考虑以下接地设计：市电接地、UPS 接地、静电地、建筑框架地、大地。

6. 机房消防系统

机房的消防系统依据应参考 GB 500116—98《火灾自动报警系统设计规范》以及其他相关规范。在消防系统的规划和设计中,应包括以下内容:

(1) 灭火系统的控制方式为自动、电气手动、机械手动。在有人工作或值班时,应采用电气手动控制,在无人的情况下,应用自动控制方式,自动、手动控制方式的转换,可在灭火控制盘上实现。

(2) 在保护区的门外均设有放气指示灯及紧急启停按钮。现场人员判断是否需要启动灭火系统,可通过保护区门口一侧的紧急启停按钮,控制气体是否喷放。当灭火气体释放后,门口上方的气体释放灯亮,此时工作人员不得进入保护区。

(3) 灭火材料的选择。

7. 机房监控系统

(1) 电源参数监控。采用电量检测仪检测动力配电柜供电质量(三相电压、电流、有功功率、无功功率、功率因数、频率等参数),并且对配电柜内的主要开关状态、市电切换的状态检测告警。

(2) 开关状态监控。监视各主路的开关状态(UPS 输入/输出柜、动力柜、出线柜的开关状态),对于机房内重要的配电开关,其状态监控是十分必要的,一旦开关跳闸,计算机系统可能会立即崩溃,需要尽快报警处理。

(3) UPS 监控。通过 UPS 的智能接口进行监测,具体监控每台 UPS 整流器、逆变器、电池、旁路、负载五部分的运行状态与参数。

(4) 运行状态及报警。电池开关状态、电池放电、最小电池电压报警、电池低电压关闭报警、电池温度越限、主回路输入电压越限、电池房通风设备故障、电池充电、整流充电器状态、整流充电回路故障、市电输入开关状态、急停开关启用、整流充电器输入电压越限、整流充电器输入频率越限、整流充电器渐近关闭激活、电池电流限制、电池平衡激活、逆变器输出电流限制、逆变器热保护过载、频率变化、逆变器过载、逆变器关闭使用、旁路电压越限、电流接触器 K2S 状态、旁路输入开关状态、维修旁路开关状态、逆变器输出开关 Q5N 状态、旁路供电频率越限、旁路电压越限、静态旁路开关状态。

(5) 空调监控。实时监控发现设计的 3 套精密机房智能空调,实时监视空调各部件(压缩机、风机、加热器、加湿器、去湿器、滤网等)的运行状态与参数,并可远程修改设置与开关空调。

(6) 泄漏监控。由于用户机房面积大,漏水水源在机房地板下,为了方便用户今后的维护,建议采用美国 RAYCHEM 定位式漏水检测系统。系统本身包括漏水控制器、漏水感应线及其他辅助设备,可检测感应线上任何点的漏水位置并有语音报警。感应线缆为特种高分子材料,抗腐蚀、抗酸碱。系统功能完善,对感应线有断线报警功能。本套系统暂定选用定位漏水检测系统,可以精确定位到漏水地板下面,提高事故紧急处理能力,节约宝贵时间。

（7）温、湿度监控。对于面积较大的机房，由于气流及设备分布的影响，温、湿度值会有较大的区别，所以加设温、湿度传感器是对现场环境的重要补充，但应根据主机房实际面积以及设备的摆放位置，加装温、湿度传感器，检测机房内的温、湿度。现暂定采用 40 个温、湿度一体化传感器。

（8）火灾探测系统。鉴于消防的特殊性，本套系统只能是消防系统的一个备份，作为消防系统的补充，只对区域进行监测，通过开关量输入模块监测各区域的火灾情况，同时利用开关量输出模块向连动门锁发出信号，将门锁自动打开，并发出预警信号，提示人员撤离，消防检测系统将设立独立的、专门的报警控制系统。

（9）柴油发电机组。市场上现有的发电机组一般都带有智能通信接口，通过编程，可以对其运行状态和参数集中监测。

（10）门禁控制系统。采用指纹门禁系统，一般利用门禁控制器的通信接口，在组态软件开发系统内单独开发一套门禁控制软件，对所有进出门的人员情况做记录。另外一种方式可以通过门禁系统的软件的接口进行数据交换，以达到对所有出入人员的记录监测。

四、计算机网络系统中网络综合环境质量的控制

在××引供水工程管理信息系统建设中，网络环境的有效设计和搭建是最终能够成功实施整个系统的关键。因此网络环境建设的质量是项目的重要控制要点。

网络环境建设完毕后一个重要的质量控制方法就是对网络环境的质量检测，检测的内容主要针对网络环境的功能和性能两方面。

1. 网络功能测试

（1）可用性测试。①连通性测试。在访问允许和在允许的协议之下，在各主干和备份线路之上，测试以下项目：一是对防火墙 DMZ 区的访问：从选定测试地址 ping 防火墙 DMZ 区地址。二是对中心服务器的访问：从选定测试地址连接（ping，telnet，WWW，FTP，C/S）其有访问权限的中心服务器。三是各地址之间允许的访问：从选定测试地址访问（ping，telnet，WWW，FTP，C/S）其有权限的其他地址。四是其他可允许的访问：对其他允许的访问之间进行测试。②三层交换和路由功能测试。在划分了 VLAN 和三层交换的允许访问的 VLAN 之间，在允许的协议之下测试连通性。

（2）安全性测试。在不允许的协议之下和端口之下进行如下测试：①网络设备（SNMP 访问控制、telnet 访问控制、端口）访问控制：从选定客户端对网络设备进行访问（SNMP、telnet 等）。②VLAN 之间访问控制：对不允许访问的 VLAN 之间进行访问（ping，telnet，WWW、FTP、C/S）测试。③子网之间访问控制。④防火墙安全性测试：防火墙配置的安全规则是否能起作用，是否能防范攻击。

（3）可靠性测试。①线路可靠性测试。测试主干线路发生故障时备份线路切换和恢复：断开主干线路，模拟线路故障，测试备份线路切换和恢复能力，记录切换和恢

复时间。②设备可靠性测试。一是路由器发生故障时切换和恢复：断开中心路由器之一，模拟故障发生，测试路由器切换和恢复能力，记录切换和恢复时间。二是中心交换机发生故障时切换和恢复：断开中心交换机之一，模拟故障发生，测试交换机切换和恢复能力，记录切换和恢复时间。三是电源的热插拔能力与冗余备份能力测试：热插拔具有热插拔能力的设备电源，模拟故障发生，测试热插拔和冗余备份能力。四是关键模块的热插拔能力与冗余备份能力测试：热插拔具有热插拔能力的关键模块，模拟故障发生，测试热插拔和冗余备份能力。

（4）稳定性测试。本测试方案将测试线路和设备的稳定性。由于稳定性测试需较长时间进行，因此可将此部分测试放到系统试运行时进行。①主干线路在长时间高负载环境下是否有良好的稳定性：在选定路由器记录高负载环境下的线路稳定性，如连通性、数据传输速率稳定性。②路由器及交换机等设备在长时间高负载环境下是否有良好稳定性：在选定路由器记录高负载环境下路由器的设备稳定性，如 CPU 利用率、Mem 利用率、Buffer 情况、传输速率等。

（5）可管理性（网管系统）测试。①故障提示、隔离和恢复。网管系统是否具有设备故障发现、报警、隔离、恢复能力。②性能监视。网管系统是否能监视和统计设备各项运行参数。③远程监控。被管理网络设备是否提供基于监视终端的配置、远程配置。

2. 网络性能测试

（1）吞吐量（线路速率）测试。在线路达到满载时的线路速率，可采用多路大数据量传输使线路达到满载，读取设备端口带宽，与线路带宽作比较，看线路带宽是否满足其指标。①主干和备份线路速率测试（多点并发测试）：从多个客户端并发向中心服务器发起数据传输，直到达到线路满载，测试核心路由器端口速率。②其他线路速率测试（单点测试）：从选定地址并发向另一选定测试点发起数据传输，直到达到线路满载，测试相应路由器端口速率。

（2）负载能力测试。在线路达到满载时，读取设备（主要为路由器）的 Mem 利用率、CPU 利用率、Buffer 情况、传输速率、吞吐量等指标，考查设备负载能力是否足够。①汇聚层设备（单点测试）：从选定测试点向汇聚层服务器进行满负载数据传输，测试汇聚层路由器的负载能力。②核心层设备（多点并发测试）：多个选定测试点向中心服务器并发进行满载数据传输，使核心设备的数据传输达到满负载，测试核心层设备的负载能力。

五、硬件、系统软件安装部分的质量控制

1. 计算机网络系统中网络设备的安装

承建单位在对设备进行安装以前，监理工程师要检查该设备的采购验收记录。记录完整方可进行安装。

承建单位应按照设计图纸、设计通知、设计技术要求和有关技术规范要求进行设

备安装。安装时应通知监理工程师到场并做好现场实施记录。实时记录包括设备的安装地点、设备安装过程。

在网络设备的安装中主要需要注意：

（1）网络设备安装环境是否合理，具体包括：①设备是否能够固定（例如，机架固定或其他方式）。②设备所在机房是否干燥、防尘。③设备所在环境是否恒温。④设备安装环境的网络连接（网线）是否可以合理布置。

（2）网络设备的安装过程跟踪，具体包括：①设备安装前的加电检测：设备安装前8小时内，监理工程师应监督承建单位对设备进行加电检测，检测结果填写在安装记录中，形成监理日志。②设备安装过程的记录：监理机构对设备的安装过程进行记录，形成监理日志。③设备安装后的配置记录：监理机构应监督承建单位根据网络环境的访问和安全需求对网络设备（包括路由器、交换机等）进行配置。监理机构督促承建单位及时登记配置记录和口令记录。将配置记录书写成配置报告，提交业主保存。

（3）网络设备安装结果的初步测试。在设备安装和配置过程中，对不符合技术要求的，或在保存、安装过程中遭受损坏的设备，承建单位应立即予以更换。对安装中不符合操作程序的应及时予以补工或返工直达合格。由于承建单位保护、安装不当等承建单位原因所引起或发生的损失，由承建单位承担合同责任。设备安装完成后，承建单位应对安装系统阶段工程进行质量检验与质量评定，并报监理工程师认证。

2. 服务器、存储系统及其所运行的基础系统软件的安装过程控制

承建单位在对服务器进行安装以前，监理工程师要检查该设备的采购验收记录。记录完整方可进行安装。

承建单位应按照设计图纸、设计通知、设计技术要求和有关技术规范要求进行服务器安装。安装时应通知监理工程师到场并做好现场实施记录。实施记录包括设备的安装地点、设备安装过程。在服务器设备的安装中主要需要注意：

（1）服务器等设备安装前的准备工作：①是否已经根据设备的要求准备了相应尺寸的设备安放地点；②设备所在机房是否干燥、防尘；③设备所在环境是否恒温；④设备安装环境的网络连接（网线）是否可以合理布置；⑤对于一些小型机等高端设备，在安装前应该有设备供应方的专业工程师到场。

（2）服务器、存储设备的安装过程跟踪，具体包括：①设备安装前的加电检测：设备安装前8小时内，监理工程师应监督承建单位对设备进行加电检测，检测结果填写在安装记录中，形成监理日志。②设备安装过程的记录：监理机构对设备的安装过程进行记录，形成监理日志。③对于本系统中所使用的高端设备在安装过程中应该有设备供应商的专业技术人员全程跟踪设备的安装。④设备安装后的加电检查：设备安装完成后，监理机构监督承建单位对设备进行加电自检，并同时记录设备的自检结果。要注意自检内容应包括 CPU 的主频、内存容量和型号、硬盘加载、网卡的自检、关键 Cable 的访问等。对自检的结果，监理工程师应填写硬件检测报告，对不合格的部分，责成承建单位重新检查设备安装过程，对确认在安装过程中损坏的设备，责令承建单

位进行更换或组织有关索赔工作。

（3）系统软件的安装过程质量控制：所谓系统软件，包括操作系统、数据库系统、中间件环境、存储设备的操作系统或根据用户需要安装的备份系统软件。在系统软件的安装过程中，主要控制的内容包括：①系统软件安装前，应检查系统软件的版本、License 是否完整；②软件安装前，监理机构应确认负责安装的承建单位工程师完全阅读过有关的软件安装手册；③在软件安装过程中，监理机构应记录安装过程的所有安装选项的选择内容，并填写进软件安装报告中；④软件安装后期，应确认所有软件的补丁及相关附加文件均按照手册要求安装和加载；⑤设备安装完成后，承建单位应对安装系统阶段工程进行质量检验与质量评定，并报监理工程师认证。

六、系统安全的质量控制

系统安全的部署是为满足业务应用需要，必须建立覆盖所有业务应用范围的、统一的、互联互通的网络基础设施，确保为应用系统提供足够的支撑环境。通过先进技术建立起来的安全系统，可以从根本上解决来自网络外部及内部的对网络安全造成的各种威胁，以最优秀的安全整体解决方案为基础，形成一个更加完善的信息平台。利用高性能的网络安全环境，提供整体防病毒、防火墙、防黑客、数据加密、身份验证等功能，有效地保证重要文件和机密文件的安全传输，严格地防范经济情报丢失、泄密等现象发生，避免重大经济案件的发生。

1. 系统对安全方面的基本要求分析

①多业务的承载能力；②杰出的网络性能；③服务质量保证；④先进的流量管理能力、合理分配网络资源；⑤能够提供各种接入方式；⑥网络扩展性好，能够方便地进行网络扩容或优化；⑦支持多种网络安全策略，在保证网络系统具有高度保密性的同时，确保网络的互联互通性；⑧平台的传输通道加密；⑨传输的数据进行加密；⑩灵活的访问控制功能；⑪完备的安全审计功能；⑫统一的网络管理，使网络系统能更加有效运行；⑬快速解决出现的故障，确保系统的运行；⑭节省运营资金。

2. 安全体系结构分析

对整个安全体系的结构分析也是很重要的，如表 10-7 所示。

表 10-7　安全体系结构

管理安全	组织体系/管理制度/安全审计系统
应用安全	加密机/安全认证系统/备份系统
系统安全	防病毒系统/安全操作系统/安全数据库/漏洞扫描
网络安全	加密机/防火墙/入侵检测/安全代理/VPN
物理安全	环境/设备/线路/物理隔离

（1）物理安全。物理安全主要指网络周边环境和硬件设备的物理特性引起的设备

和线路的不可用，从而造成网络系统的不可用。它涉及三个方面的问题：①环境安全：由于电子设备所安装的物理环境不安全，可能使设备被盗或毁坏，链路老化或被有意无意的破坏，计算机设备的电磁辐射造成信息的泄露。②系统可靠性：由于设备意外故障或者停电而引起的系统瘫痪。③容灾与备份：地震、火灾、水灾等突发性事件往往会使计算机系统遭到严重破坏，缺乏必要的安全保护和备份措施，会使信息系统和数据资源受到毁灭性打击，造成不可挽回的重大损失。

（2）网络安全。网络安全主要是指在数据传输和网络连接方面存在的安全隐患。它涉及两个方面的问题：①数据传输安全：由于信息系统的数据传输主要通过网络来完成，那么数据在传输信道中可能被窃听或者篡改。②网络边界安全：由于没有严格划分不同安全域，或者对防火墙、路由器、交换设备等配置不当，将一个网络安全区域暴露在另一个安全区域中，可能造成对应用系统的非法入侵和攻击。

（3）系统安全。系统安全主要是指电子政务网络所采用的操作系统、数据库及相关商用软件产品的安全漏洞和计算机病毒对应用系统造成的威胁。它涉及三个方面的问题：①系统漏洞风险：复杂的操作系统软件、数据库及相关商用软件产品由于设计原因，存在安全漏洞，甚至"后门"，给非法入侵者以可乘之机。②病毒入侵风险：计算机病毒在网络上的传播，不仅威胁信息系统中的敏感信息，而且还会使整个信息系统和网络的性能下降，甚至瘫痪。③非法入侵风险：由于操作系统软件、数据库及相关商用软件产品的安全级别较低，使得系统比较脆弱，容易造成非法入侵。

（4）应用安全。应用安全主要是指角色管理、用户管理、身份认证、权限管理和数据传输等方面的安全威胁。它涉及五个方面问题：①角色管理：由于对系统中的角色区分不细致，造成某些角色对系统资源的不合理访问和修改，使应用系统存在一定的风险。②用户管理：应用系统中维护所有能够进入系统的用户信息，包括内部用户与外部用户，如果不能将用户与应用系统中的角色进行合理匹配，会使应用系统存在风险。③授权管理：对于应用系统中的角色如果不能合理授权，分配合适的权限，那么信息资源的访问控制就不会得到统一管理，可能使信息资源遭到破坏或者泄露。④用户认证：信息系统在将空间缩短的同时，也使我们无法看到对方，所以，假冒的登录身份、未经授权的非法操作和访问是信息系统中存在的极大的安全隐患。⑤数据安全：在数据网络传输的过程中，能接触到信息的人很多，存在数据被破译的风险，所以在应用层仍然需要对数据进行最直接的加密，从而保证数据的物理和逻辑完整性；在数据存储方面，对关键数据加密存储。

（5）管理安全。管理安全涉及四个方面问题：①组织管理：在组织建设上，如果责权不明，管理混乱，极易造成分工不明确，对安全设施的管理不到位，从而影响安全设施发挥效能，甚至阻碍应用系统功能正常的发挥。②制度管理：如果没有完善的安全管理规章制度，或者缺乏可操作性等，都可能引起管理安全的风险。比如，员工的机器没有开机和屏保密码；员工在公共场合谈论保密信息等，有意无意地泄露了他们所知道的一些重要信息。③人员管理：因为所有的设备都要靠人来维护，如果不对人员作出严格管理，那么所有的安全保障措施都形同虚设。比如，一些员工或管理员随便让一些非本地员工甚至外来人员进入机房重地。④安全审计系统：当出现攻击行为或受到其他安全威胁时（如内部人员的违规操作等），如果不能实时地检测、监控、报告与预警，会使损失不断扩大。同时，也无法提供攻击行为的追踪线索及破案依据，安全系统无法构成强大的威慑力。

3. 安全方案设计建议

针对上面的安全层次划分，在××引供水工程管理信息系统项目的安全方案中，应着重考虑以下几个方面：

（1）安全管理方案。信息系统的安全管理部门应根据管理原则和该系统处理数据的保密性，制订相应的管理制度或采用相应规范，其具体工作是：

1）确定该系统的安全等级。

2）根据确定的安全等级，确定安全管理的范围。

3）制订相应的机房出入管理制度。对安全等级要求较高的系统，要实行分区控制，限制工作人员出入与己无关的区域。

4）制订严格的操作规程。操作规程要根据职责分离和多人负责的原则，各负其责，不能超越自己的管辖范围。

5）制订完备的系统维护制度。维护时，要首先经主管部门批准，并有安全管理人员在场，故障原因、维护内容和维护前后的情况要详细记录。

6）制订应急措施。要制订在紧急情况下系统如何尽快恢复的应急措施，使损失降至最低。

7）建立人员雇用和解聘制度，对工作调动和离职人员要及时调整相应的授权。

安全系统需要由人来计划和管理，任何系统安全设施也不能完全由计算机系统独立承担系统安全保障的任务。一方面，各级领导一定要高度重视并积极支持有关系统安全方面的各项措施。另一方面，对各级用户的培训也十分重要，只有当用户对网络安全性有了深入了解后，才能降低网络信息系统的安全风险。

（2）网络安全技术方案。网络安全技术方案是全面、动态的安全策略。全面的安全策略包括以下要素：

1）网络边界安全；

2）数据传输安全；

3）操作系统安全；

4）应用服务器的安全；

5）网络防病毒。

动态的安全策略包括以下要素：

1）内部网络入侵检测；

2）操作系统入侵检测。

以上所有的安全要素可以通过这些安全技术与产品来实现：

1）防火墙；

2）加密与认证技术；

3）入侵检测系统；

4）漏洞检测；

5）网络防病毒产品。

七、数据库系统开发技术关键点控制

1. 数据库应用系统的分类分析

数据库应用系统根据其服务的应用特点的不同，以及数据库的规模不同，可以大致进行以下分类，这些分类并不是绝对的，很多时候会在同一套系统中都有所体现，在此仅针对他们的明显特点进行分类：

（1）积累型数据库。积累型数据库的开发是数据库应用中比较简单的一种。它主要的开发目的是建立一种规范的数据存储体系，可以通过固定的操作方式日积月累地将一些固定数据保存起来。单纯只进行数据积累的数据库开发应用也是有的，典型的应用就是数字图书馆等。积累型数据库的主要技术难题在海量数据的积累方面，通常他们要积累的数据不但条数众多（往往以单位时间每小时数百条记录的增长速度增加），而且每条数据的单个数据量也非常庞大。例如，一本书可能只是一条数据记录，但是里面的数据量是非常惊人的，往往还伴随很多多媒体数据，包括图像、音视频等。积累型数据库应用开发的核心技术难点主要包括：

1）高速的数据存储：这主要是针对相对单一的存储操作背景下的并发海量存储，如一个网络媒体系统中单台服务器要负担数十位操作人员每天数千条数据的存储。

2）海量记录的保存：为了保证一条记录可以被有效访问，这种海量的单条数据记录必须要通过有效的关系管理和特定的文件管理技术保证存取的快速和稳定。

3）海量数据的全文检索：这些数据一旦存储起来，按照通常的方法进行检索是非常困难的，必须有有效的技术手段实现模糊查询、快速匹配、多语言支持等。

（2）数据仓库。所谓数据仓库的开发，并不是它存储起来有多复杂。相反，数据仓库系统的开发中最简单的部分恰恰在于此，单条记录的存取操作一般都比较简单，甚至有些时候可以通过自动手段直接读取数据。我们现在所指的数据仓库是用来进行决策支持的数据基础。当然它的数据量是非常大的，但是它的单条数据往往并不复杂，而且单条数据量也不大。它们的数据规模是非常庞大的，否则也不叫"仓库"了。它可能保存同一特性背景下的大量数据（如气象系统中二十年某一地区每日的降水量数据），保存这些数据的目的是通过一种或多种特定的计算方法，得到人们期望的数据，这就是我们通常所说的数据挖掘——挖掘现有数据得到我们想要的结果。这就是决策支持系统的基础。

数据库仓库系统的开发技术难点不在数据的积累上，主要是在挖掘的手段和方法上。它主要包括：

1）数据挖掘的算法是否能够得出决策支持的有力依据：通常统计、加权平均等一般手段相对比较简单，如果需要更加智能的决策支持，算法则要复杂得多。

2）算法的效率和稳定性：通常我们需要的决策支持需要一定的时效（如气象系统需要至少提前4小时得出预报信息），这就对算法本身的效率有很高的要求。系统的运算效率涉及大量的技术问题，包括服务器和操作系统的运算效率优化、数据库的优化等。稳定性则要求算法对大量数据的读取操作是非常精确和稳定的，不会出现漏读和错读的现象。

（3）互动型数据库。和前两种数据库应用开发不同。前两种数据库内部的数据一旦建立以后往往不会更改，通常是追加数据或者读取它们；而互动数据库则会对同一字段出现反复读、写、修改操作的情况。这方面的典型例子是金融系统数据库。因此这类系统的技术难点包括：

1）同时对同一字段进行读取和写入操作的安全控制性和高效性。

2）针对大量类似的并发处理的高效性。

2. 项目中的数据库开发技术控制

针对项目，我们认为××引供水工程管理信息系统是综合的数据库环境建设。正是因为要充分考虑到它作为未来更多服务系统的基础，我们认为在前期开发时，更需要将开发的重点放在基础环境的开发中。这包括：

（1）系统开发环境数据库的建立。为了能够保证系统开发完成后，在提供系统调试以及和其他系统挂接时可以灵活地控制，并识别系统问题，应在开发设计时充分考虑建设一些开发支持数据库，这包括：

1）错误识别控制库：针对数据库的读、写、改、遍历、合并、拆分等几大基本操作可能产生的各种出错问题，建立一个错误编号库和错误识别数据库，以便在日后的开发中对数据库的各种访问出错进行分析。

2）操作日志数据库：系统要建立一个操作日志数据库，对日后系统开发完成后，操作者所进行的管理、编辑、维护等操作，就操作人、操作时间、操作动作、操作对象进行记录。

（2）开发模块尽量组件化。数据库系统开发中，开发的逻辑层次主要包括：

1）表现逻辑层；

2）业务逻辑层；

3）数据访问层。

数据访问层是对最终的数据库环境进行读写操作的逻辑层。在本层中，对数据库的安全访问要求全部进行安全封装，同时要对访问的方式、范围进行通用性开发，保证组件的通用性。

业务逻辑层主要是可以根据权限管理、业务编辑—审核—传递等业务操作开发一些业务组件，这些组件可以方便地调用数据库访问层组件，实现安全访问和控制。

表现逻辑层可以方便地处理操作人员的各种输入表现错误（包括误输入等），这样可以直接避免响应循环过深的情况。

八、系统测试过程的质量控制

测试过程的质量控制，主要依据的是标准和技术文件。测试所依据的规范标准包括：

（1）最终用户所提供的标书、技术需求文件。

（2）系统设计方案建议书。

（3）ISO/IEC 11801-95《信息技术互连国际标准》。

（4）GB/T 25000.1—2021《系统与软件工程　系统与软件质量要求和评价（SQuaRE）第1部分：SQuaRE指南》。

（5）GB/T 8566—2007《信息技术　软件生存周期过程》。

（6）GB/T 8567—2006《计算机软件文档编制规范》。

（7）GB/T 9385—2008《计算机软件需求规格说明规范》。

（8）GB/T 9386—2008《计算机软件测试文档编制规范》。

1. 项目测试组织

系统测试分为硬件平台、应用软件实施，工作内容如下：

（1）成立验收小组，制订系统测试方案。

责任方：项目经理、验收小组。

完成标志：形成系统测试方案文档。

（2）依据系统测试方案对集成的硬件平台进行系统测试。

责任方：验收小组。

完成标志：形成硬件集成系统测试报告文档。

（3）依据系统测试方案对应用软件系统进行系统测试。

责任方：验收小组。

完成标志：形成应用软件系统测试报告文档。

2. 测试过程控制

在进行系统测试时，主要采取的是"黑盒子"测试方法，即：

（1）承建单位提供测试方案和测试数据。

（2）监理机构对测试方案和测试数据进行评审，评审无误后对系统进行开发方自主测试评价。

（3）对测试结果进行记录，监理机构对测试结果进行评估；对评估不合格的，责成承建单位纠偏。

此外，监理单位可以根据业主要求，对系统进行第三方测试，测试内容包括：

（1）数据库基础压力测试。

（2）系统优化比较测试。

（3）数据访问模拟仿真测试。

（4）系统安全和入侵检测测试。

九、应用技术架构和数据通信标准的选择建议

1. 应用技术架构选择建议

我们认为，作为中标的承建单位，必须提供详细的技术文件，对系统的技术架构给予明确说明。技术架构主要针对开发内容所运行的标准技术环境，要充分考虑这种系统环境都可以稳定运行和支持的技术架构。

目前，国际上流行的技术架构是 J2EE 技术架构。考虑到在部分的访问应用中，如数据录入模块，可以采用 . Net 架构。

2. 数据通信标准机制的选择

××引供水工程管理信息系统需要与其他各个系统之间挂接，且网站需要和其他网站之间进行数据交换。因此，我们在这里建议设计一种中间数据标准，这种数据标准可以让所有的数据环境都生成该标准的数据，并可以将这种数据方便地导入到其他数据库结构中去。

鉴于我们对数据环境标准监理的了解，我们建议可以设计一种可扩展标记语言（Extensible Markup Language，XML）数据标准作为异构数据库之间的中间通信标准，这样会最大限度地降低我们的开发工作风险，并保证系统互连的成功。

XML 是 W3C 组织于 1998 年 2 月发布的第二代因特网网页设计语言的标准，它的出现为网络应用注入了新的活力。

W3C 组织制定 XML 标准的初衷是，定义一种用于在 Internet 上交换数据的标准。W3C 采取了简化标准通用标记语言（Standard Generalized Markup Language，SGML）的策略，在 SGML 基础上，去掉语法定义部分，适当简化文档类型定义（Document Type Definition，DTD）部分，并增加了部分互联网的特殊成分，因此，XML 也是一种标记语言，基本上是 SGML 的一个子集。因为 XML 也有 DTD，所以 XML 也可以作为派生其他标记语言的元语言。

在没有 XML 的情况下，要想定义一个标记语言并使之推广应用是非常困难的。首先，相关的组织要对这个标记语言进行轮番的评定、修改，即使它最终能成为一个正式推荐标准，可能也要等几年的时间。其次，为了让这套标记语言得到广泛应用，必须为它开发相应的浏览器，或各个浏览器厂商支持这种新的标记语言，其艰难是可想而知的。而现在有了 XML，就可以自由地定制自己的标记语言，而不必通过任何组织的批准。最后，浏览器只要支持 XML，就自然会支持这种新的标记语言，而这一点部分主流浏览器已经做到了。这样，利用 XML，各个组织、个人就可以创建适合他们自己需要的标记语言，并且，这个标记语言可以迅速地投入使用。另外，XML 的最大特点是，它把显示格式从文档中分离了出去，另存在样式表中。XML 文档只包含内容。用这种形式存储时，文档内容非常简单明晰，因为它所携带的信息不包含对于显示格式的描述，而只是关于文档内容的信息。这样，如果需要改动信息的表现方式，无须

改动信息本身，只要改动样式表文件就够了。同时，在 XML 文档中可以进行高效的搜索，因为搜索引擎没必要再去遍历整个 XML 文件，它只需找一找相关标记下的内容就够了，这样极大地提高了搜索的效率。毫不夸张地说，XML 的标记为搜索引擎赋予了智慧！

十、系统存储和备份方案的选择

我们在××引供水工程管理信息系统建设中，建议采用 B/S 和 C/S 相结合的技术结构，数据存放在服务器的内部磁盘或存放在与服务器直接连接的数据存储设备中，服务器则由 LAN 或 WAN 连接在一起，进行通信和数据交流。磁盘之间通过 RAID 的方式进行数据保护。但是，这种数据的存储方式往往存在数据安全隐患，可扩展性差、性能低，网络负载大，存储分散，可管理性差及管理成本高等问题。为此，建议建立一套可靠、稳定和高效的存储备份系统，保证关键数据的完整性。

存储区域网络（SAN）是随着光纤通道技术的出现而产生的新一代磁盘共享系统，SAN 是通过集线器或交换器，把两个或更多的存储系统连接到两个或更多的服务器上，通常这些服务器以集群（Cluster）方式来工作，如图 10-7 所示。

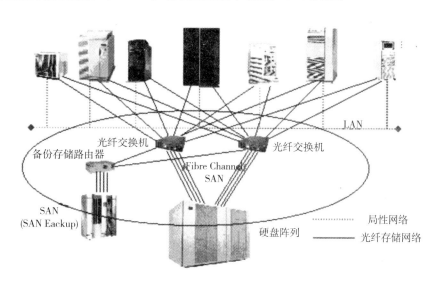

图 10-7　SAN 数据存储备份系统

由图中可以看出，SAN 存储系统由磁盘阵列、光纤交换机、磁带库和存储管理软件等组成。磁盘阵列采用双存储处理器将其性能提升了两倍，因为每个处理器在阵列中都是独立地访问磁盘。模块化的磁盘阵列具有高度可扩充性，将来可以根据数据量的增长进行不停机扩展，具有较强的可伸缩性。磁盘阵列光纤交换机、磁带库和服务器之间用冗余的光纤进行连接。这样无论磁盘阵列、磁带库和服务器之间的任何一个光纤交换机、光纤通道发生故障，都不会影响数据的传输，保证了整个系统的可靠性。冗余链路的连接还可以做到数据流量的负载均衡。另外，利用磁带库对磁盘阵列的数据进行定期备份，保证了数据的完整和可靠。

SAN 将取代服务器实施对整个存储过程的管理和控制，而服务器仅担负监督工作。SAN 的前端设备只进行文件传输，用户将能够获得更高的传输速率。SAN 能够对一个存储设备网络中的带宽进行集中、多路复用和分散使用，并且把数据的访问扩展到多个平台。将数据分道的能力是保证不同设备的访问速率要求的一个有效的措施。SAN 允许信息被多个存储设备和专门针对与存储相关的功能进行优化的专用网络服务器访问、管理和共享，它的操作独立于局域网。因此，减少了 LAN 上的通信流量，可以使信息平台的性能得以提高。

目前，市场主要的 SAN 解决方案提供商如表 10-8 所示。

表 10-8　SAN 解决方案比较

厂商	方案	特点	产品
EMC	SAN	适用范围广，在中高端市场表现出色，高端产品稳定性好，中端光纤产品技术领先	面向高端市场的 SAN 存储平台 Symmetrix，基于光纤通道的 ESN 管理软件，集成化 SAN 管理软件 AutoIS
IBM	Open SAN，包括：服务器、存储设备、连接设备、管理软件和服务	大而全，单件可选性强，兼容性强，其中磁带库产品性能强劲	其主要的存储设备有著名的 ESS（鲨鱼）、7133 串行磁盘系统和 IBM 模块化存储服务器（MSS2106）；磁带系统有 Magstar MP 3570 磁带子系统、Magstar MP 3575 磁带库数据服务器 Magstar 3494 磁带库/虚拟磁带服务器 VTS 以及 LTO 线性开放磁带系统等；连接设备包括 IBM SAN 光纤通道交换机、集线器以及 IBM SAN 网关等；存储管理软件有著名的 Tivoli 系列存储管理产品
HP	惠普 Equation 存储架构	大而全，兼容性强，高端阵列产品表现出色，全线产品性能好	存储设备（SureGear Hardware）、存储管理软件（SureSoft Software）、光纤通道设备（SureSpan Fabric）以及在实施 SAN 过程中的软性服务（SureGuide Services、SureDesign Solutions）
Sun	SAN	易安装和管理，投资低，运效高	Sun StorEdge 系列存储设备、连接设备和管理软件（Sun StorEdge T3 磁盘阵列，Sun StorEdge 磁带机 Sun StorEdge ESM 软件）
Veritas	SAN 数据存储管理软件	可实现 7×24 小时业务不间断，进行整个存储管理，扩展性强	VERITAS Cluster Server（VCS）、VERITAS Volume Manager（VVM）和 VERITAS File System（VFS）
MCData	SAN	从企业核心到企业边缘的全面 SAN 连接解决方案	Director、Switch、SAN 集中化管理软件系列

十一、数据库平台的选择

在××引供水工程管理信息系统项目建设时，系统内的数据结构方式会采取分布式结构（见图10-8），对核心数据库负载、分布处理、并发访问要求、开发支持要求都非常高。

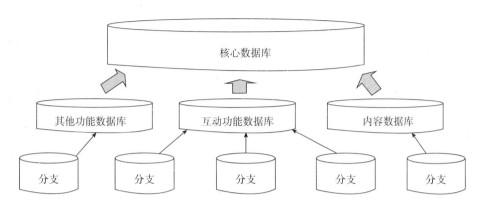

图 10-8　分布式数据库存储

在选择核心数据库系统的时候要考虑以下几个方面：

（1）该数据库系统具备在多操作系统环境的支持能力，在我们的项目中要求该操作系统可以支持 UNIX 和 WIN2000 操作系统。

（2）数据库系统的多媒体信息的存储能力。

（3）对 J2EE 开发的支持能力。

（4）中文检索和查询的支持能力。

（5）数据通用标准（XML）支持能力。

在项目中，监理单位建议核心数据库系统采用甲骨文公司的 Oracle 9i Enterprise Edition。而 Sybase 已经在新技术的支持方面显得后劲不足，DB2 则主要只能稳定运行在 IBM 系统环境中，SQL Server 由于是微软公司的产品，只在 Windows 平台上支持。

面对企业级数据运算的挑战，Oracle 9i 数据库在很多方面都进行了增强，也增添了许多新的功能。特别是在数据库的可扩展性方面，Oracle 9i 表现突出。

在管理海量数据的同时还需要保证关键应用对数据的访问，那么基于 Oralce 的集群方案将是一个很好的选择。优点比较突出：

（1）无须修改进行应用扩展。

（2）OLAP 和数据挖掘实用价值很高。

（3）支持数据仓库。

（4）具有业界领先的集群能力。

十二、JAVA 应用中间件的选择分析

系统的信息系统开发根据项目招标文件的要求采用 B/S 结构，目前流行的 B/S

结构的开发技术架构采用 J2EE 体系结构，因此，该架构中不可缺少的就是中间件系统。

中间件的选择主要可以考虑以下几个关键点：

（1）中间件本身的负载能力如何：由于中间件是连接业务系统与数据库环境的中间平台，它对业务并发访问的支持能力是系统访问的重要瓶颈。

（2）应用服务器的管理能力是否强大：是否有灵活的配置管理能力和扩展能力。

（3）应用的发布与部署是否便捷。

（4）J2EE 各项技术的支持情况是否全面。

（5）与开发工具的结合能力是否强大。

推荐选择的中间件平台是甲骨文公司的 Oracle 9i Application Server 和 BEA 公司的 WebLogic Server 8.1。

1. 应用服务器的选择之一：Oracle 9i Application Server Enterprise Edition

Oracle 9i Application Server Enterprise Edition （以下简称"Oracle 9i AS"）是一个庞大的工具集合，功能极其强大，几乎可以开发出任何一种企业门户，可以满足任何企业，即使是最大规模企业对应用服务器的要求。

Oracle 9i AS 标准版包括 J2EE 1.3 兼容的应用服务器、一个 Apache Web 服务器、TopLink 对象（关系映射工具）、门户开发工具包、Oracle IFS （Internet File System，是以数据为中心的文件系统），可以让用户通过 Windows、HTML，E-mail 或 FTP 访问。

Oracle 9i AS 企业版在标准版基础之上增加了 Web 缓存服务器、Java 对象缓存、一个门户框架、一个数据库报表服务器、一个在线分析处理（OLAP）服务器、一个表单服务器、一个 LDAP 目录服务器（包括单点登录、点击流分析与报告、决策支持、XML、一个 UDDI 服务器），另外还打包了许多企业级应用程序，访问不同的数据库的 JDBC 连接器，与 iPlianet 和 IIS 的集成，与 IBM 的 MQSeries 和 CICS 服务器的连接，与 SAP、Siebel、PeopleSoft 等 ERP 系统的连接等。

（1）安装与管理。Oracle 9i AS 企业版的安装比较复杂。一旦安装完毕，在管理控制台可以轻松完成应用服务器的设置，包括应用服务器的集群设置。

管理控制台有 Web 界面，这样就可以从一个企业/政府部门内的任何一个地方访问管理工具，而且 Oracle 整个应用程序包内各工具的管理界面都集合在了共同的一个页面里。更改服务器配置可以在一个集群内各个服务器上同时进行。利用控制台可以部署应用程序，启动、停止服务器或查看服务器日志。当出现超过阈值或应用程序、服务器失效的情况时，系统管理员会得到动态监视功能的及时通知。

（2）平滑的集成。Oracle 9i AS 可以和已有的多种类型的系统很平滑地集成在一起，这是因为 Oracle 9i AS 具备目录服务的能力。单点登录（Single Sign-On，SSO）与 Oracle 的 LDAP 目录服务器（Oracle Internet Directory）紧密结合，包括 PKI 证书和 JAAS （Java 认证和授权服务）。这个目录的设置比较复杂，特别是要跟其他应用连接的时候，不过，考虑到其提供的功效，花费一些功夫还是值得的。

（3）报表与数据挖掘。点击流分析（Clickstream Intelligence）是一个报告工具，用来跟踪门户 Web 站点上的活动和使用情况。它搜集站点上所有用户的数据，跟踪特定应用的流量，也可以和个性定制应用组合，给特定的一组用户开发出专门的模式，同时也可以为不同的用户创建不同的个性化响应。Reports 报表工具可以在门户上发布报告，Discover 工具则提供了数据挖掘工具，从整个企业不同的数据源中整合数据。

（4）出色的开发工具。Oracle Jdeveloper 开发工具支持大量的 Java 标准，包括：J2EE 1.3，Java Servlet 2.3，JSP 1.2，EJB 2.0，Java Transaction API（JTA），Java Messaging Service，JDBC，J2EE Connector Architecture（JCA），JavaMail，JAF 1.0，JAXP 1.1，JAAS，JNDI-XML，SOAP 1.1，WSDL 1.1 and UDDI 1.0。Oracle 9i AS 的 J2EE 容器是一个相当完备的 J2EE 环境，包括一个 Servlet 引擎、一个 JavaServer Pages（JSP）翻译器和一个 Enterprise JavaBeans（EJB）容器。Jdeveloper 工具支持 Servlet 和 EJB 集群。Servlet 引擎支持多种工具，简化应用程序的部署，涵盖部署描述符、类装载规则、WAR 部署文件生成以及自动的编译和部署等多种功能。也支持状态的故障恢复与集群，实现起来也很简单。动态的 EJB 桩 stub 生成和 EAR 文件可以使 EJB 的部署也很容易。

Oracle 9i AS 支持 WSDL，自动的生成部署应用程序时需要的 WSDL。一个 UDDI 服务器利用 WSDL 注册 Web Service，客户端可以自动发现并访问这些服务。支持 HTML、XML 流以及 SOAP 协议进行通信。

（5）高可用性。Oracle 9i AS 一个集群之内各服务器上的所有元素的信息都保存在一个仓储数据库中。应用服务器集群支持有状态的和无状态的应用，状态的复制在各节点间采用内存进行。

除了通过应用服务器的负载均衡来获得高可用性外，整个 Oracle 9i AS 软件包还有其他一些高可用性的特性。应用服务器可以在一个集群内的一个或所有节点上运行、启动或停止，这就可以进行在线的"热"升级、更新和重新配置。可以一次一个节点地进行滚动升级，在整个升级过程中都保持应用程序可用。如果应用程序的一个实例失效了，请求可以转发到其他实例上，这样就没有必要等待应用的所有用户都退出后再进行升级。除了应用服务器自己，Oracle 9i AS 允许 Web 服务器、Web 缓存服务器和 J2EE 容器进行集群。

（6）Web 缓存。Oracle Web 缓存服务器采用内容感知技术针对动态内容，包括个性化定制的动态内容进行优化。Oracle Web 缓存服务器利用了一种叫 ESI（Edge Side Includes）的页面分区缓存语言。这是一种类似 XML 的规范，利用它可以缓存页面的一部分区域，然后在需要的时候向其中填充个性化的内容。缓存服务器也可以根据文件的类型进行文件压缩。Web 缓存服务器也可以进行集群，以获得高可用性和故障恢复性能。

优点包括：业界标准的应用服务器和开发工具；有大量的工具使得用户能够开发出大规模的企业/政府门户、知识管理系统或其他企业级应用；应用服务器集群管理简单、直接，基于 Web 的管理工具方便管理。

2. 应用服务器的选择之二：BEA WebLogic Server 8.1

BEA WebLogic 是用于开发、集成、部署和管理大型分布式 Web 应用、网络应用和数据库应用的 Java 应用服务器。将 Java 的动态功能和 Java Enterprise 标准的安全性引入大型网络应用的开发、集成、部署和管理之中。

BEA WebLogic Server 拥有处理关键 Web 应用系统问题所需的性能、可扩展性和高可用性。与 BEA WebLogic Commerce ServerTM 配合使用，BEA WebLogic Server 可为部署适应性个性化电子商务应用系统提供完善的解决方案。

BEA WebLogic Server 具有开发和部署关键任务电子商务 Web 应用系统所需的多种特色和优势，包括：

（1）领先的标准。对业内多种标准的全面支持，包括 EJB、JSB、JMS、JDBC、XML 和 WML，使 Web 应用系统的实施更为简单，并且保护了投资，同时也使基于标准的解决方案的开发更加简便。

（2）无限的可扩展性。BEA WebLogic Server 以其高扩展的架构体系闻名于业内，包括客户机连接的共享、资源 pooling 以及动态网页和 EJB 组件群集。

（3）快速开发。凭借对 EJB 和 JSP 的支持，以及 BEA WebLogic Server 的 Servlet 组件架构体系，可加速投放市场速度。这些开放性标准与 WebGain Studio 配合时，可简化开发，并可发挥已有的技能，迅速部署应用系统。

（4）部署灵活。BEA WebLogic Server 的特点是与领先数据库、操作系统和 Web 服务器紧密集成。

（5）关键任务可靠性。其容错、系统管理和安全性能已经在全球数以千计的关键任务环境中得以验证。

（6）体系结构。BEA WebLogic Server 是专门为企业电子商务应用系统开发的。企业电子商务应用系统需要快速开发，并要求服务器端组件具有良好的灵活性和安全性，同时还要支持关键任务所必需的扩展、性能和高可用性。BEA WebLogic Server 简化了可移植及可扩展的应用系统的开发，并为其他应用系统提供了丰富的互操作性。

凭借其出色的群集技术，BEA WebLogic Server 拥有最高水平的可扩展性和可用性。BEA WebLogic Server 既实现了网页群集，也实现了 EJB 组件群集，而且不需要任何专门的硬件或操作系统支持。网页群集可以实现透明的复制、负载平衡以及表示内容容错，如 Web 购物车；组件群集则处理复杂的复制、负载平衡和 EJB 组件容错，以及状态对象（如 EJB 实体）的恢复。

无论是网页群集，还是组件群集，对于电子商务解决方案所要求的可扩展性和可用性都是至关重要的。共享的客户机/服务器和数据库连接以及数据缓存和 EJB 都增强了性能表现。这是其他 Web 应用系统所不具备的。

第十节 进度控制的方案和措施

一、进度控制的一般原则和方法

1. 一般原则

进度控制应该遵循以下三条原则：

（1）工程进度控制的依据是建设工程实施合同所约定的工期目标。

（2）在确保工程质量和安全的原则下，控制工程进度。

（3）应采用动态的控制方法，对工程进度进行主动控制。

2. 进度控制的主要方法

监理机构实施进度控制时，可以采用以下几种方法：

（1）从工程实施准备阶段开始直至竣工验收的全过程中，都须坚持采用动态管理和主动预控的方法进行控制。

（2）在充分掌握第一手实际数据的前提下，采用实际值与计划值比较的方法进行检查、评价。

（3）运用行政的方法进行控制，所谓行政方法主要是指承建单位的上级单位及领导和业主的领导，利用其行政权力通过发布进度指令，进行指导、协调、考核，利用奖惩、表扬、批评的手段进行监督、督促。

（4）发挥经济杠杆的作用，用经济手段对工程进度加以影响和制约。

（5）利用管理技术的方法进行控制。这种方法主要体现在监理机构必须具有较深厚的规划、控制和协调能力。所谓规划，就是确定进度总目标与分目标；所谓控制，就是运用动态方法和实际值与计划值比较的手段进行检查工程进度，发现偏离时，及时予以纠正；所谓协调，就是适时地协调参加工程建设的各单位之间的进度计划关系。

二、项目中进度控制关键点

在××引供水工程管理信息系统项目的设计与建设中，进度控制要把握事前、事中、事后三个方面。

1. 进度事前控制的内容

事前进度控制，是项目中的一个关键。由于项目中的各个了系统之间密切相关，因此，进度的前期把握主要体现在进度计划的实际性和有效性上。这里，作为监理机构的主要工作包括：

（1）在工程开工前掌握本工程的工程特点，了解工程深度，掌握较确切的工程量，周密分析实施步骤和方法，做到心中有数。

（2）审核承建单位提交的进度计划。要求承建单位按时填写施工进度计划报审表，报监理机构审批。

（3）监理工程师结合本工程的工程条件，全面分析承建单位编制的实施进度计划的合理性和可行性。

承建单位向监理机构报审实施进度计划，实施进度计划一经监理机构批准确认，即应当视为合同文件的一部分，并与合同具有同等效力，它是以后处理承建单位提出的工程延期或费用索赔的重要依据。

2. 进度事中控制的内容

在进度事中控制时，监理机构会结合××引供水工程管理信息系统项目各个阶段的不同工作目标，做好以下两点：

（1）对进度计划实施监督：在进度计划的实施过程中，根据各专业的特点进行连续地跟踪和监控，及时对实施情况进行记录。

（2）组织现场协调会、监理例会和专业性监理会议：监理机构应依据现场实施进度情况，定期或不定期召开不同层级的现场协调会议，解决项目过程中的相互配合问题。在协调会上通报重大变更事项，解决业主与承建单位之间的重大协调配合问题，通报进度状况，处理工作中的交接、场地与公用设施使用的矛盾。

3. 进度事后控制的内容

进度事后控制在整体项目中属于次要位置，但监理机构仍要做到：

（1）签发工程进度款支付凭证：监理机构根据掌握的监控数据及时对承建单位申报的已完成分项工程量进行核实，在通过质量检查确认合格的基础上签发工程量计量意见和进度款支付凭证。

（2）工程延误的处理：当工程实施过程中发生工期延误时，监理机构有权要求承建单位采取有效措施加快实施进度。若实际实施进度无明显改进，仍拖后于计划进度，而且直接影响工程按期竣工，监理机构应及时责令承建单位修改进度计划，修改后再次报监理机构重新确认。监理机构对进度计划的重新确认并不是对工程延期的批准，而只是监理机构要求承建单位在合理的状态下实施。

（3）向业主提供进度报告：监理机构应随时建立进度档案资料，做好工程记录，并定期在监理月报中加以反映，必要时还应向业主不定期地报告进度情况，让业主充分了解进度的实际动态，以求得到建设的大力支持。

三、进度控制方法与措施

1. 实施进展的检查与协调

（1）督促承建单位依据开发合同文件规定的合同总工期目标、阶段性工期控制目标和报经批准的设计、实施进度计划，合理安排实施进展，确保实施资源投入，做好实施组织与准备，做到按章作业、均衡实施，避免出现抢工实施的局面。

（2）督促工程承建单位建立工程进度管理机构，设立进度管理工程师，做好实施调度、实施进度安排与调整等各项工作，切实做到以实施质量促实施进度，确保合同工期的按期实现。

（3）密切注意实施进度，控制关键路线项目各重要事件的进展。随实施进展，逐旬、逐月检查实施过程中各个模块、现场工作环境和工程进度计划的实施情况，及时发现、协调和解决影响工程进展的外部条件和干扰因素，促进工程实施的顺利进行。

2. 加速实施指令

由于承建单位的责任或原因造成项目进度严重拖延，致使工程进展可能影响到合同工期目标的按期实现，或业主为提前合同工期目标而要求承建单位加快项目进度，则根据工程承建合同文件规定发出要求承建单位加快工程进展或加速实施的指令，督促承建单位做出调整安排、编报赶工措施报告，报送监理小组批准，并督促其执行。

3. 项目进度计划调整

由于各种原因，致使项目进度计划在执行中必须进行实质修改时，承建单位应提出修改的详细说明，并按工程承建合同规定的期限，事先提出修改的项目进度计划，由监理小组协同业主进行审定和批准。

4. 项目进度控制记录

编制和建立用于工程进度控制和项目进展记录的各种图表，以随时对工程进度进行分析和评价，并作为进度控制和合同工期管理的依据。

5. 项目进度报告编制

督促承建单位按工程承建合同规定的期限，向监理机构递交当周、当月、当季项目进展报告，主要内容包括：

（1）单位、分部、分项工程或应用模块的当期完成工程量和累计完成工程量。

（2）主要设备、材料的实际采购情况。

（3）主要设备进场，以及现有设备维护和使用情况。

（4）实施现场各类人员的数量。

（5）已完成工程的进度。

（6）记述已经延误或可能延误实施进度的影响因素和克服这些因素以重新达到预定计划进度所采取的措施。

（7）在实施过程中，从项目使用用户处获得的反馈资料。

（8）技术以外事项，如质量问题、停工及复工等情况。

（9）其他需要申报或说明的事项。

四、总进度目标的分解

1. 季度、月度的总体进度目标

以项目总体完成时间为基准，合理确定项目总体的季度、月度的细分目标。

2. 各区块的进度目标

按照总体进度目标以及各区块的实际情况和协调配合要求，合理确定各区域的细分进度目标（年度、季度、月度）。

3. 各阶段的进度目标

按照总体进度目标，确定设计、开发、实施、验收各阶段的细分目标。

五、进度目标实现的风险分析和对策

1. 设计风险

在××引供水工程管理信息系统项目的整体设计中，如果需求不清，或者设计中出现疏漏，会对进度有很大延误。

对策：在设计过程中加强现场沟通，对各子系统模块进行逐项论证；对设计方案进行全面评审，并组织专家队伍提供参考意见，做到事前预控。

2. 供货风险

例如，设备厂商生产出现问题、设备采购到货延迟、海关问题、运输阻碍、其他不可抗力等。

对策：合同中明确风险责任，严格将供货时间与供货商付款结合起来，并加入延期索赔条款。

3. 开发过程风险

虽然需求经过了详细的认定，但是在开发中出现了需求的变更，导致开发周期延长。

对策：在项目组中成立变更控制委员会，对变更进行分析、规划处理，做到有效调控。

4. 项目实施风险

实施中的问题和意外，如人员不能及时到位、货物与合同不符或存在故障、实施方本身技术或管理上存在问题而导致进度延后等。

对策：通过合同中对进度预付款的严格限定以及监理对实施方的进度管理使风险降低。

5. 实施条件风险

项目实施条件未具备、不可抗力等。

对策：业主、监理与各地方相关部门做好协调配合，并在合同内与项目承建单位明确双方责任。

第十一节　投资控制的方案和措施

一、投资分解

综合××引供水工程管理信息系统项目的建设情况看，投资分解如下：

1. 按项目组成结构分解（横向分解）

（1）规划设计费用。

（2）招标组织和专家评审费用。

（3）方案设计费用。

（4）设备采购。

（5）软件开发。

（6）业务系统安装。

（7）设备安装。

（8）综合培训费用。

（9）业主工程项目管理小组管理支出。

（10）监理费用。

（11）其他内部管理费用。

2. 按项目实施阶段分解（纵向分解）

（1）准备阶段。

（2）需求调研和规划设计阶段。

（3）招投标阶段。

（4）商务谈判阶段。

（5）设计阶段。

（6）开发阶段。

（7）采购阶段。

（8）实施阶段。

（9）竣工阶段。

二、投资控制的依据和措施

1. 项目投资控制的依据

进行投资控制时，监理机构应依据以下条件：

（1）工程建设合同、协议条款及有关法律文件。

（2）工程详细设计方案、设计说明等。

（3）市场价格信息。

（4）建设合同的变更或协议。

（5）阶段作业质量报验认可单。

2. 投资控制的技术措施

（1）设计阶段：推进限额设计和优化设计，严把设计审核关，确定最优化设计方案。

（2）设备采购阶段：通过质量、价格、性能的广泛比较，选择合理的设备、材料供应厂商。

（3）实施阶段：严格审核组织设计和实施方案，合理核定费用以及按合理工期组织实施，避免不必要的支出。

3. 投资控制的合同措施

（1）协助项目业主按合同条款支付工程款，防止过早、过量支付。

（2）全面履约，减少对方提出索赔的条件和机会，正确处理索赔。

三、投资控制的风险分析与对策

1. 设计风险

设计缺漏或失误。

对策：通过业主、专家组和监理三方的多级审核论证使风险降低。

2. 实施风险

实施中的意外，如汇率变化、通货膨胀、不可抗力。

对策：合同中明确风险责任。

3. 合同风险

合同中的疏漏。

对策：通过业主、专家组、项目组合同律师和监理等多方的多级审核论证使风险降低。

4. 开发风险

开发队伍的突然退出，开发过程中出现未预料的技术障碍。

对策：合同中要明确风险责任，对开发队伍要建立违约保函制度，同时对开发队伍给予尽量的理解和支持；尽量采用成熟技术，对难以避免的技术问题及时寻找专家给予解决。

5. 承包商风险

承包商信誉风险。

对策：控制好招投标工作，选择有信誉保证的承包商，并在合同内明确责任，建议采取保证金制度。

第十二节　系统安全性控制和知识产权保护控制

一、系统安全性控制

系统安全性控制是确保信息系统安全性的重要措施，通过对系统安全性的控制，保障信息系统的安全性，防止信息安全对信息系统业主造成严重后果。

由于××引供水工程管理信息系统要运行在互联网环境中，不可避免会出现数据在公网上传递的情况。

在本监理大纲的质量控制部分，我们已经针对系统安全管理的方案提出了很多技术建议，在具体的实施监理过程中，安全控制是一项独立的重要工作。

系统安全性控制主要在信息系统安全工程过程中对质量、进度、成本进行控制，并对工程文档进行管理，确保整个信息系统安全工程满足业主的信息安全需求，保证整个信息系统安全工程符合国家相关法律法规的规定。

信息安全的特殊性决定了信息安全系统的"可信度"，是非常重要的，系统安全性控制的目标就是确保信息安全系统的"可信度"。系统安全性控制的作用体现在以下几个方面：

（1）确保安全需求真实、准确地反映了用户信息安全的需求，能够切实降低信息系统的安全风险。

（2）确认安全方案是否符合有关国家标准和规定。

（3）优选安全方案。

（4）审核安全工程承建单位的资质。

（5）对系统承建单位进行监督、管理，对工程进度、预算和质量进行控制。

（6）组织和审核系统安全整体测试工作，组织工程的安全验收工作。

二、安全监理

针对项目的特点，监理结构在系统安全方面的监理包括：

（1）系统管理安全性审查。

（2）系统工程实施前期的安全性审查。

（3）采购过程的安全性审查。

（4）资源外包的安全性审查。

（5）实施过程的安全性审查。

（6）灾难恢复方案的审查。

（7）系统环境的安全性审查。

（8）系统可靠性审查。

（9）知识产权保护建议。

三、知识产权保护控制

国家采用知识产权保护制度来提升我国的产品技术水平和国际竞争力，是我国高新技术企业发展战略的价值取向。获得专利的先进科技要与工程实际相结合，要在信息系统工程中得到应用和推广。因此，为了保证获得知识产权的先进科技合法地应用于实际工程，咨询监理单位的知识产权保护责任是责无旁贷的。因此，咨询监理单位应十分重视知识产权保护控制。

随着国家、行业和地区的有关法律、法规、规定的颁布和实施，知识产权保护控制显得越来越重要。目前，已颁布实施的法律法规有《中华人民共和国著作权法》《计算机软件保护条例》《北京市政务与公共服务信息化工程建设管理办法》和《政府机关使用正版软件管理办法》等，另外，还有一些法律正在酝酿中。

项目在系统方案、需求方案、软件等方面涉及较多的知识产权问题。因此，监理机构进行知识产权保护控制时，应该坚持全过程的控制。具体的控制内容包括：

（1）工程文档的知识产权保护控制：业主的需求方案有时体现业主的管理关键技术和重要政府信息。这些信息涉及大楼未来的政府管理、建设过程中的技术数据等。如果在合同中没有体现业主的权利，在信息系统应用推广中必将发生法律纠纷、反过来，系统方案中体现承建单位的技术精华和专利，在实施合同中应明确知识产权及其相关资源如何共享。

（2）外购软件的知识产权保护控制：在许多工程建设过程中，业主或承建单位不恰当地采购正版软件（例如，少购用户数、许可证书数和软件升级年限等），在系统运行一段时间后，特别在系统验收后，发现无法进行系统升级或扩充更新，从而造成业主的巨大损失。因此，在项目的监理过程中，监理机构会认真针对这些问题进行相关的事前检查，有效地维护工程各方的权利，与此同时，咨询监理单位会检查非自主产权软件的使用权合法文件和证明。

第十三节　合同管理的方案及措施

一、合同管理原则

合同管理的原则为事前预控、实时纠偏、充分协商、公正处理。

二、合同管理的基本程序

1. 设计变更、洽商管理的基本程序

设计变更、洽商管理的基本程序如图 10-9 所示。

2. 项目延期管理的基本程序

项目延期管理的基本程序如图 10-10 所示。

3. 费用索赔管理的基本程序

费用索赔管理的基本程序如图 10-11 所示。

4. 合同争议调解的基本程序

合同争议调解的基本程序如图 10-12 所示。

5. 违约处理的基本程序

违约处理的基本程序如图 10-13 所示。

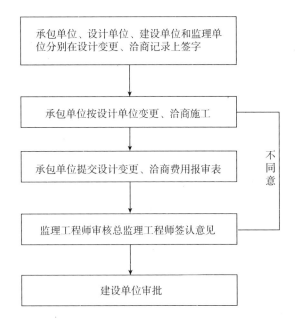

图 10-9 设计变更、洽商管理的基本程序

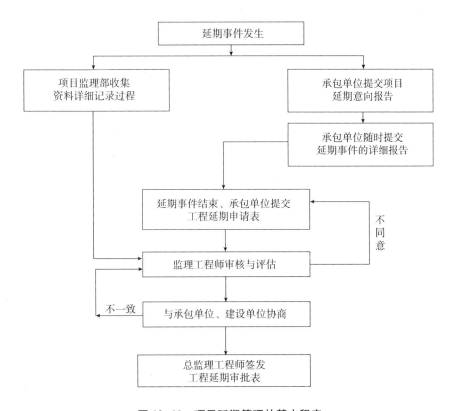

图 10-10 项目延期管理的基本程序

信息工程监理方法与实践

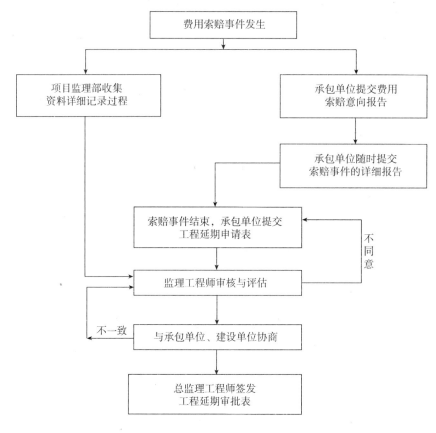

图 10-11　费用索赔管理的基本程序

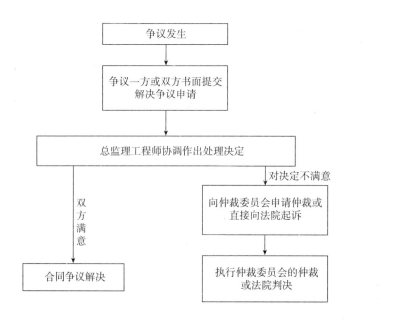

图 10-12　合同争议调解的基本程序

· 244 ·

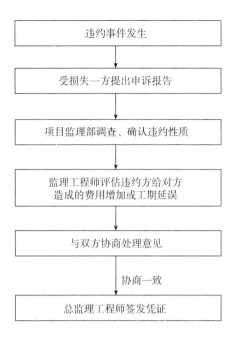

图 10-13　违约处理的基本程序

三、项目变更的管理

1. 项目变更处理程序

项目监理机构应按下列程序处理工程变更：

（1）设计单位对原方案设计存在的缺陷提出的项目变更，应编制方案设计变更文件；项目业主或承建单位提出的项目变更，应提交总监理工程师，由总监理工程师组织监理工程师审查，审查同意后，应由业主转交原方案设计单位编制方案设计变更文件。当工程变更涉及信息安全、知识产权保护等方面时，应按规定经有关单位审批。

（2）项目监理机构应了解实际情况和收集与项目变更有关的资料。

（3）总监理工程师必须根据实际情况、设计变更文件和其他有关资料，按照实施合同的有关条款，在指定监理工程师完成下列工作后，对项目变更的费用和工期做出评估：①确定变更项目与原项目之间的类似程度和难易程度；②确定变更项目的工作量；③确定变更的单价或总价。

（4）总监理工程师应就项目变更费用及工期的评估情况与承建单位和业主进行协调。

（5）总监理工程师签发工程变更单，工程变更单应符合工程变更审批表的格式，并应包括：①变更要求；②变更说明；③变更费用和工期；④必要的附件等内容，有设计变更文件的变更应附设计变更文件。

（6）项目监理机构应根据项目变更单监督承建单位实施。

2. 项目变更处理要求

（1）项目监理机构处理项目变更应符合下列要求：①项目监理机构在项目变更的质量、费用和工期方面取得业主授权后，总监理工程师应按实施合同规定与承建单位进行协商，经协商达成一致后，总监理工程师应将协商结果向业主通报，并由业主与承建单位在变更文件上签字；②在项目监理机构未能就项目变更的质量、费用和工期方面取得业主授权时，总监理工程师应协助业主和承建单位进行协商，并达成一致；③在业主和承建单位未能就工程变更的费用等方面达成协议时，项目监理机构应提出一个暂定的价格，作为临时支付工程进度款的依据，该项工程款最终结算时，应以业主和承包单位达成的协议为依据。

（2）项目承建单位处理项目变更应符合下列要求：①在总监理工程师签发工程变更单之前，承建单位不得实施变更；②未经总监理工程师审查同意而实施的项目变更，项目监理机构不得予以计算工程量。

四、项目暂停及复工的管理

1. 项目暂停的条件

在发生下列情况之一时，总监理工程师可签发工程暂停令：

（1）项目建设或承建单位要求暂停施工且工程需要暂停实施。

（2）为了保证项目实施质量而需要进行停工处理。

（3）发生了必须暂时停止施工的紧急事件或危及信息安全的事件。

（4）承建单位未经许可擅自施工，或拒绝项目监理机构管理。

2. 项目暂停管理

（1）总监理工程师在签发工程暂停令时，应根据停工原因的影响范围和影响程度，确定项目停工范围。

（2）非承建单位且非上述原因停工时，总监理工程师在签发工程暂停令之前，应就有关工期和费用等事项与承建单位进行协商。

（3）由于业主原因或其他非承建单位原因导致工程暂停时，项目监理机构应如实记录所发生的实际情况。

3. 项目复工管理

（1）总监理工程师应在施工暂停原因消失、具备复工条件时，及时签署项目复工报审表，指令承建单位继续施工。

（2）由于项目承建单位原因导致项目暂停，在具备恢复施工条件时，项目监理机构应审查承建单位报送的复工申请及有关材料，同意后由总监理工程师签署复工报审表，指令承建单位继续施工。

（3）总监理工程师在签发工程暂停令到签发工程复工报审表之间的时间内，应当会同有关各方按照实施合同的约定，处理因工程暂停引起的与工期、费用等有关的问题。

五、项目延期及项目延误的处理

1. 项目延期管理

（1）当承建单位提出的项目延期要求符合实施合同文件的规定条件时，项目监理机构应予以受理。

（2）当影响工期事件具有持续性时，项目监理机构应在收到承建单位提交的阶段性延期申请表并经过审查后，复查工程延期情况，并由总监理工程师签署工程延期审批表。

（3）项目监理机构在做出临时工程延期批准或最终的工程延期批准之前，均应与业主和承建单位进行协商。

2. 项目延期时间的确定

项目监理机构在审查项目延期时，应依下列情况确定批准工程延期的时间：

（1）实施合同中有关项目延期的约定。

（2）项目拖延和影响工期事件的事实和程度。

（3）影响工期事件对工期影响的量化程度。

3. 项目延期费用的索赔

（1）项目延期造成承建单位提出费用索赔时，项目监理机构应按规定处理。

（2）当承建单位未能按照实施合同要求的工期竣工交付造成工期延误时，项目监理机构应按实施合同规定，从承建单位应得款项中扣除误期损害赔偿费。

六、费用索赔的处理

1. 费用索赔的依据

项目监理机构处理费用索赔应依据下列内容：

（1）国家有关的法律、法规和项目所在地的地方性法规。

（2）国家、部门和地方有关的标准、规范和文件。

（3）项目合同文件。

（4）项目合同履行过程中与索赔事件有关的凭证。

2. 受理费用索赔的条件

当承建单位提出费用索赔的理由同时满足以下条件时，项目监理机构应予以受理：

（1）索赔事件造成了承建单位直接经济损失。

（2）索赔事件是由于非承建单位的责任发生的。

（3）承建单位已按照实施合同规定的期限和程序提出费用索赔申请表，并附有索赔凭证材料。

3. 索赔处理程序

承建单位向业主提出费用索赔，项目监理机构应按下列程序处理：

（1）承建单位在实施合同规定的期限内向项目监理机构提交对业主的费用索赔意

向通知书。

（2）总监理工程师指定监理工程师收集与索赔有关的资料。

（3）承建单位在承包合同规定的期限内向项目监理机构提交对业主的费用索赔申请表。

（4）总监理工程师初步审查费用索赔申请表，符合规定的条件时予以受理。

（5）总监理工程师进行费用索赔审查，并在初步确定一个额度后，与承建单位和业主进行协商。

（6）总监理工程师应在实施合同规定的期限内签署费用索赔审批表，或在实施合同规定的期限内发出要求承建单位提交有关索赔报告的进一步详细资料的通知，待收到承建单位提交的详细资料后，按程序进行。

4. 索赔的具体处理

（1）当承建单位的费用索赔要求与工程延期要求相关联时，总监理工程师在做出费用索赔的批准决定时，应与工程延期的批准联系起来，综合做出费用索赔和工程延期的决定。

（2）由于承建单位的原因造成业主的额外损失，业主向承建单位提出费用索赔时，总监理工程师在审查索赔报告后，应公正地与业主和承建单位进行协商，并及时作出答复。

七、合同争议的调解

1. 合同争议的调解程序

项目监理机构接到合同争议的调解要求后，应进行以下工作：

（1）及时了解合同争议的全部情况，包括进行调查和取证。

（2）及时与合同争议的双方进行磋商。

（3）在项目监理机构提出调解方案后，由总监理工程师进行争议调解。

（4）当调解未能达成一致时，总监理工程师应在实施合同规定的期限内提出处理该合同争议的意见。

（5）在争议调解过程中，除已达到了实施合同规定的暂停履行合同的条件之外，项目监理机构应要求实施合同的双方继续履行实施合同。

2. 合同争议的处理

（1）在总监理工程师签发合同争议处理意见后，业主或承建单位在实施合同规定的期限内未对合同争议处理决定提出异议，在符合实施合同的前提下，此意见应成为最后的决定，双方必须执行。

（2）在合同争议的仲裁或诉讼过程中，项目监理机构接到仲裁机关或法院要求提供有关证据的通知后，应公正地向仲裁机关或法院提供与争议有关的证据。

八、违约处理

实施合同的解除必须符合法律程序。

1. 业主违约的管理

当业主违约导致实施合同最终解除时，项目监理机构应就承建单位按实施合同规定应得到的款项与业主和承建单位进行协商，并按实施合同的规定从下列应得的款项中确定承建单位应得到的全部款项，并书面通知业主和承建单位：

（1）承建单位已完成的各项工作应得的款项。

（2）按合同规定采购并交付的设备、工程材料的款项。

（3）合理的利润补偿。

（4）实施合同规定的业主应支付的违约金。

2. 承建单位违约的管理

由于承建单位违约导致实施合同终止后，项目监理机构应按下列程序清理承建单位的应得款项，或偿还业主的相关款项，并书面通知业主和承建单位：

（1）实施合同终止时，清理承建单位已按实施合同规定实际完成的工作应得的款项和已经得到支付的款项。

（2）实施现场余留的材料、设备及临时工程的价值。

（3）对已完工程进行检查和验收、移交工程资料、该部分工程的清理、质量缺陷修复等所需的费用。

（4）实施合同规定的承建单位应支付的违约金。

（5）总监理工程师按照实施合同的规定，在与业主和承建单位协商后，书面提交承建单位应得款项或偿还业主款项的证明。

3. 其他违约的管理

由于不可抗力或非业主、承建单位原因导致实施合同终止时，项目监理机构应按实施合同规定处理合同解除后的有关事项。

第十四节 信息管理的方案及手段

在××引供水工程管理信息系统建设中，涉及大量的信息资料，包括业主的各种记录资料，承建单位的设计、实施等资料，还有监理机构的各种管理资料。这些资料是日后系统进行维护、升级管理，甚至是处理法律纠纷的依据。

一、信息管理流程

信息管理流程如图 10-14 所示。

二、监理信息传递流程

监理信息传递流程如图 10-15 所示。

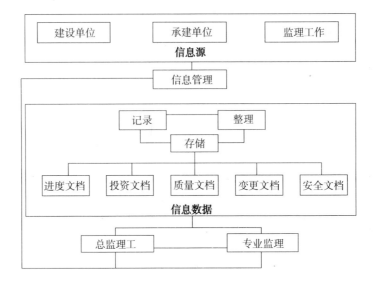

图 10-14　信息管理流程

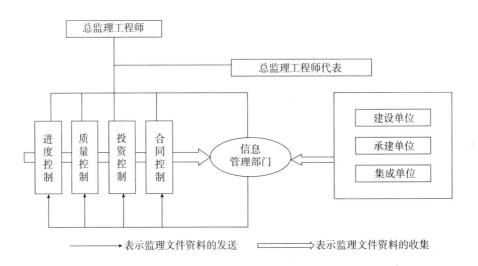

图 10-15　监理信息传递流程

三、项目监理资料

项目监理资料包括以下内容：①实施合同文件及监理合同；②监理规划（大纲）；③分包单位资格报审表；④实施方案报审表；⑤开工/复工报审表及工程暂停令；⑥项目进度计划；⑦项目软硬件产品、设备的质量证明文件；⑧工程变更资料；⑨工程进度和工程款支付证书；⑩监理工程师通知单；⑪监理工作联系单；⑫报验申请表；⑬会议纪要；⑭来往函件；⑮监理日记；⑯监理月报；⑰分项工程、单位工程等验收资料；⑱索赔文件资料；⑲竣工结算审核意见书；⑳监理专题报告；㉑监理工作总结。

1. 监理阶段总结（监理月报）

工程阶段总结应包括以下内容：

（1）项目概况。

（2）项目计划进度。

（3）项目进度控制：①实际完成情况与计划进度比较；②对进度完成情况及采取措施效果的分析。

（4）项目质量控制：①项目质量情况分析；②采取的项目质量措施及效果。

（5）项目进度与工程款支付：①项目进度审核情况；②项目款审批情况及月支付情况；③项目款支付情况分析；④采取的措施及效果。

（6）系统安全控制有关文档。

（7）知识产权保护控制有关文档。

（8）合同其他事项的处理情况：①项目变更；②项目延期；③费用索赔。

（9）监理工作小结：①对进度、质量、工程款支付等方面情况的综合评价；②监理工作情况；③有关本工程的意见和建议；④下面监理工作的重点。

2. 监理工作总结

监理工作总结是在监理工作完成后的报告。监理工作总结应包括以下内容：

（1）项目概况。

（2）监理组织机构、监理人员和投入的监理设施。

（3）监理合同履行情况。

（4）监理工作成效。

（5）实施过程中出现的问题及其处理情况和建议。

（6）工程照片（有必要时）。

四、项目监理信息的收集

在××引供水工程管理信息系统项目监理过程中，会产生大量的项目信息资料。我们将根据公司制定的信息管理制度，结合项目特点，及时收集、整理、存储这些工程信息资料；分类存储有关监理文档资料，形成完整的档案资料。从而为监理工程师对工程建设的进度控制、质量控制、投资控制和合同管理等提供可靠的信息支持。

1. 业主及开发、设计单位提供信息的收集

（1）当业主负责某些设备、材料的供应时，我们将及时向业主收集这些设备、材料的相关信息；如商检证明、版本证明、数量、到货时间等。

（2）及时收集业主及设计单位发出的与工程有关的各种技术资料以及设计项目的设计变更、设计交底，如项目设计方案、项目实施方案、归总资料、设计交底记录及纪要、设计变更文件、设计变更及洽商记录等。

（3）及时收集业主与相关承建单位签订的各种项目合同、分包合同、各类订货合同及其他相关的协议书、项目招投标文件等。

（4）及时收集业主的上级主管部门对项目建设的各种意见和看法。

（5）行业主管部门及质量监督部门对项目质量建设提出的各种建议和看法。

2．承建单位提供信息的收集（经监理工程师认可）

（1）随着工程的逐步进展，收集实施单位的总体及分阶段项目实施组织设计、分部设计/实施方案及其他专项方案等。

（2）收集在参与实施的各分包单位的资质资料等。

（3）进度信息的收集：项目的季、月的实施进度计划等。

（4）质量信息的收集：①项目设计、实施方案；②所有实施过程的各类设备、材料的质量保证资料；③各分项的实施测试资料；④不合格项目的资料、质量事故的处理报告及处理资料等。

（5）其他与项目有关的信息的收集：①项目的延期报告、费用索赔报告、合同变更、合同争议、违约报告及相关处理报告等资料；②与项目有关的各种往来函件。

五、咨询监理资料的管理

管理原则：

（1）监理资料必须及时整理、真实完整、分类有序。

（2）监理资料的管理应由总监理工程师负责，并指定专人具体实施。

（3）监理资料应在各阶段监理工作结束后及时整理归档。

（4）监理档案的编制及保存应按有关规定执行。

针对本工程的特点，结合公司在同类项目上的管理经验，我们将实行适用于此类工程项目的信息管理的模式，包括信息管理办法、信息编码方案等，并应用计算机数据库管理方式存储处理数据、报表、文件、资料，建立监理资料的信息库。这样，一方面，保证及时掌握项目建设实施过程中各方的进展情况；另一方面，可直接或借助相关方法来预测项目建设未来的进展情况，从而提高监理工作的效率及管理水平。

六、监理信息资料的归档和编码

根据本工程实际情况和公司管理的有关规定，监理信息资料档案设专人负责，按时间顺序、专业特征分类收集、整理，随时输入计算机，按每个单位工程进行归档和原件归档，并建立计算机数据库目录索引。系统及分类如下：

（1）工程档案系统的分类及编码。①合同文件；②设计文件；③设计变更、工程洽商文件；④子系统设计；⑤实施方案；⑥资质资料；⑦进度控制报验、审批文件；⑧质量控制报验、审批文件；⑨投资控制报验、审批文件；⑩合同其他事项管理的有关文件；⑪工程验收资料；⑫其他往来函件。

（2）监理档案系统。①监理合同；②项目监理规划及实施细则；③监理月报；④监理会议纪要；⑤监理通知；⑥监理日记、总结；⑦监理台账；⑧重要的往来函件。

（3）其他。项目中产生的其他文件资料。

第十五节 组织协调的内容和措施

一、监理协调的主要工作

1. 监理协调制度的建立

项目开工以前，依据业主授予的权限和承建合同文件规定，建立监理协调（包括定期协调、专项协调和分级协调）制度，明确监理协调的程序、方式、内容和合同责任。

2. 监理协调内容

在项目实施过程中，运用监理协调权限，及时解决项目中各方、各标项之间的矛盾，及时解决项目进度、项目质量与合同支付之间的矛盾，及时解决项目承建合同双方应承担的义务与责任之间的矛盾。

（1）协调业主承建单位的关系（包括供应商）。业主与各个承建单位对承包合同负有共同履约的责任，工作交往繁多，对一些项目上的事情产生不同观点是正常的，监理工程师应作为公正的第三方，本着充分协商的原则，耐心细致地处理各种问题，在不同的监理阶段，协调的内容也是不尽相同的，随阶段发生变化。

（2）协调与政府和社会团体的关系。一般与业主为非合同关系，但他们对项目实施起着一定的决定性作用，这层关系协调不好，项目的实施可能受阻。与非合同关系单位的协调方法主要是请示、报告、汇报、说明等。

（3）协调项目管理组织内部人际的关系。工程项目组织是由各类人员组成的工作体系，工作效率如何，很大程度上取决于人际关系协调程度。团结、和谐、热情的气氛有利于提高工作效率。

（4）协调中的关键人物。①业主项目经理派驻的现场代表；②各个实施队伍的项目经理和技术负责人；③各个供应商负责人；④设计单位负责人及各个专业负责人。

这些关键人物在项目实施中有交流和协调的权利，起着影响进程的作用。

（5）协调方式与途径。①建立"四方领导联席会议"制度；②对业主的需求进行规划；③对质量问题、进度计划及措施进行交流；④召开各种专题会议，形成会议纪要；⑤利用合同、规范、规程、设计图纸进行交流。

总监理工程师、分项目监理小组运用协调手段，及时解决或减少实施过程和合同履行中的矛盾与纠纷。

3. 目标协调原则

协调项目实施过程中项目进度、工程质量与合同支付等合同目标之间的矛盾时，应遵循以下原则：

（1）在确保项目质量的条件下，促进项目实施进展。

（2）在寻求业主更大投资效益的基础上，正确处理合同目标之间的矛盾。

（3）在维护业主合同权益的同时，实事求是地维护承建单位的合法权益。

二、协调会议

1. 总体协调会议

第一次总体协调会议是项目尚未全面展开前，合同各方相互认识，确定联络方式的会议，也是检查开工前各项准备工作是否就绪，并且明确监理程序的会议。

第一次总体协调会议由总监理工程师和业主联合主持召开，邀请承建单位的授权代表和设计方代表参加，必要时也可以邀请主要的分包单位参加。

2. 监理例会

监理例会是由监理机构组织与主持，定期召开，以研究工程实施中出现的安全、进度、质量及合同商务等问题的会议。

在项目中，可定义每两周召开一次监理例会。

3. 专题会议

对于技术方面或合同商务方面比较复杂的问题，可召开专题会议进行研究和解决。

当承建单位拒不执行监理机构的命令，或违反合同条件时，在进行处理之前，总监理工程师将采用合同约见的方式，向承建单位提出警告。约见程序如下：

（1）向承建单位发出约见通知，写明被约见人、约见的地点和时间，并简要说明约见的有关问题，约见通知书写明约见人的姓名。

（2）约见时的会谈：约见时首先由约见人指出承建单位存在的问题的严重性及可能造成的后果，并提出挽救问题的途径及建议。如有必要，可由被约见人对情况进行说明或解释。

（3）约见纪要：约见时由专人对双方的谈话做详细记录，然后以纪要的形式，将约见时的谈话内容以书面文件发送给业主和承建单位。

三、会议记录与文件

1. 会议记录

在主持和召开协调会议时，安排专人进行记录，并要求参加会议的业主、设计、承建单位、监理机构以及其他有关方面代表签名。

协调会议、专题会议及协调会议记录内容包括会议时间、地点、主持人、会议内容、各方出席人员及其职务、各方出席人员的发言记录。

2. 会议文件

协调会议、专题会议及协调会议结束后，及时整理成会议纪要文件，发送业主、设计、承建单位及有关方，以便各方执行。对于重要的决定事项，在事后及时补发监理文件，予以进一步确认。

3. 会议记录的管理

监理会议记录采用专门的记录本，编号、编页并妥善保存。会议结束后，指定负责人对会议记录进行检查和审核。

项目完成后，按业主和监理合同的文件规定，将监理会议记录整编成册并向业主移交。

第十六节 系统集成工作的项目管理

××引供水工程管理信息系统的系统集成工作是一个庞大的系统工程，涉及面广、投入大，应建立一套科学的实施办法和程序来保证项目的成功。为此，监理单位咨询监理机构会根据自己的项目管理方法督促集成单位对项目的全过程进行管理，建立健全的制度化、科学化、系统化的项目管理体系平台，促进和保障公司高效、有序、稳定、健康地发展。

在整体系统集成工作中，根据本工程的特点，我们将项目管理划分为合同签约立项阶段、项目启动阶段、项目计划阶段、项目执行与控制阶段、项目收尾阶段、维护阶段等不同的阶段。对项目执行进度、项目质量、项目实施规范执行等内容进行监督，提高项目执行质量和服务水平，提高业主满意度。

本部分系统集成项目管理工作包括项目组织管理概述、工程实施阶段介绍、工程实施进度表等。本次项目工程实施遵循以下原则：

（1）保证向业主顺利进行技术转移，建议业主的技术人员参与项目实施的全过程。

（2）为保证联络畅通，业主、集成单位、咨询监理单位各设一名联系人，负责双方接口事项。系统集成单位接口人由项目的项目经理担任。

（3）项目实施过程中，严格遵循相应的工程技术规范。

（4）分阶段、定期召开业主、集成单位和监理机构参加的项目协调会，以加快项目进展，确保工程质量。

（5）业主、集成单位将共同制定项目验收标准，由咨询监理单位对验收方案和计划进行评审，三方共同组织验收，以保证项目效果。

一、项目组织

为保证工程项目顺利实施，建议业主和集成单位一起组建适合本项工程实施和管理的全套组织和领导机构。我们将介绍总体组织结构，并重点介绍项目实施组织结构及人员组成。

建议业主、集成单位、监理机构共同成立项目执行委员会，采用项目执行委员会下的项目经理及各级项目组长负责制，并明确规范所属下级各组的职责及组间协调关系。具体项目管理组织结构如图10-16所示。

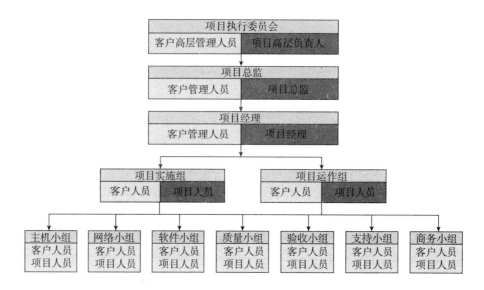

图 10-16　项目管理组织结构

1. 项目执行委员会

（1）项目执行委员会人员构成。①业主、集成商、监理机构双方高级项目管理人员各 1~2 人，集成商的项目总监作为项目执行委员会成员；②业主与集成商双方项目总负责人（双方接口人），双方各一人；③领导小组的组长由业主方面担任，副组长由集成商方面担任。

（2）项目执行委员会职责。项目执行委员会负责审核批准项目的总体方案、工程实施计划、验收方案，具体职责如下：①负责项目实施过程中的重大事件的决策；②根据项目的进度、质量、技术、资源、风险等实行宏观监控；③负责组建验收小组，主持验收工作；④协调业主、集成商各方工作关系。

2. 项目总监

项目总监职责是：协调解决重要工程项目所必需的专业技术队伍的组织，在公司内协调解决主要工程项目的经费及其他资源配置，并通过对项目经理的组织、管理，确保可顺利完成重要工程项目的各项工程任务。具体职责为：

（1）系统总体设计指导。

（2）对各分系统深化设计进行审核并提出优化建议。

（3）对各分系统进行技术协调。

（4）协助客户对各分系统的设备配置予以确认。

（5）协助客户完成各分系统设备到货验收工作。

（6）对现场设备安装、调试提供必要的技术支持服务。

（7）工程文档审核。

（8）系统最终测试验收。

3. 项目经理

作为项目经理，从工程项目实施队伍组建之日起，就承担起将合同范围内的各项工程任务全面完成的重要职责。项目经理须做好日常资源管理工作，并直接控制项目管理计划的各个要素，具体来说主要包括以下几个方面：

（1）项目执行——对以下几方面工作提供指导：总体方案设计及工程设计；设备配置确认；工程质量保证；设备安装、调试、集成及测试；系统验收，培训。

（2）项目检查——通过其下属各工作组提供的工程进展汇报，将项目进展状态与项目计划进度进行比较，发现过程误差，提出整改措施。

（3）项目控制——审核项目进展状态，必要时调集各种备用资源，确保项目按计划进度实施。

（4）项目协调——与客户、各分系统建设部门进行协调，解决工程组织接口及技术接口问题；定期主持系统建设协调会，及时解决各系统间出现的相关问题。

4. 项目实施组

实施小组担负整个系统建设的现场施工监督，网络互联设备、局网设备、主机系统、软件系统的安装、调试、维护与培训等各项任务，实施小组包括几个具体的小组，分别是网络小组、软件小组、主机小组。各小组职责如下：

（1）网络小组：①用户调研、系统详细设计；②设备安装、调试；③系统联调、网络管理系统安装调试；④技术文档编制；⑤系统培训；⑥系统测试、验收。

（2）软件小组：①信息系统需求分析与设计；②业主系统需求分析与设计；③子系统通信接口分析及软件二次开发；④系统平台设计；⑤系统调试；⑥技术文档编写；⑦系统培训；⑧系统测试、验收。

（3）主机小组：①用户调研、系统详细设计；②设备安装、调试；③主机系统及系统软件安装；④技术文档编制；⑤系统培训；⑥系统测试、验收。

5. 项目运作组

项目运作组人员由业主代表、集成商和监理单位的代表共同组成，具体应包含业主负责项目的财务人员以及集成商负责项目的项目运作人员。另外，也应包含业主的项目接口人以及集成商派出的项目经理。

（1）项目运作人员的职责。①业主的财务人员应依据业主与集成商的合同按时、足额付款。另外，为施工人员在通信、交通、进出工作场地等方面提供便利条件。②集成商的项目运作人员负责依据业主与集成商的合同采购设备，并按时交货。③项目运作小组负责协商并完成付款、供货、设备返修、换货等工作，保证项目顺利实施；按工程要求及时准备实施场地及条件，组织协作人员配合施工。④监理机构负责定期审核采购计划，对采购设备进行检测监督，并进行监督成果记录。对不合格的产品，要求集成商限期更换。

（2）验收小组。在阶段验收或最终验收前夕由项目执行委员会负责临时组建；验收小组的成员由业主、集成商和监理单位三方组成；组长由业主成员担任，副组长由集成商成员担任。验收小组职责为：①各种文档的验收工作；②系统的初验及终验；③系统最终质量保证的验收；④各种验收文档的签署及整理。

（3）支持小组。支持小组人员由集成商的技术支持人员构成。一部分人员由原项目实施组的部分人员抽调组成，另外一部分人员为专职的售后技术支持人员。支持小组职责为：①负责系统试运行期间和交付以后的系统维护以及技术支持工作，配合业主搞好系统运行维护工作；②在保修期内提供远程登录、现场维护、定期巡检、系统重新配置、系统升级等技术服务；③建立值班制度，系统运行档案，履行各种维护承诺；④按照各类文档产生期限收集整理各类文档，控制文档格式，编制文档清单，管理文档版本、文档借阅，并与业主进行交接；⑤提供系统维护培训。

（4）质量小组。质量小组人员由集成商的质量控制工程师和监理机构的监理师组成。质量小组职责为：①协助项目经理制订项目的质量工作计划，并贯彻实施；②贯彻公司的质量方针、目标和质量体系文件的有关规定和要求；③负责对工程任务全过程的质量活动进行监督检查，参与设计评审和其他重要的质量活动。

（5）商务小组。商务小组人员由集成商的商务人员组成。商务小组职责为：①协助项目经理制订项目的商务工作计划，并贯彻实施；②满足客户在产品品质、产品价格、交货时间上的需求，为客户提供安全、快捷、便利的采购商务操作；③负责销售订单的管理，优化订单执行流程，提高订单执行的准确性；④负责销售账目的管理，优化账目核算方法、货款结算方式和销售确认方式，规范销售账目管理制度，保障公司销售账目核算准确、高效。

6. 项目人员规划

在项目中，为了保证项目的有效进行，建议集成方在系统集成方面派驻的人员角色安排如表10-9所示。

表10-9 系统集成方面人员角色安排

名称	工作内容
项目执行委员会	事业部总经理
项目总监	事业部项目总监
项目经理	参与开发过两个以上的大型应用系统，并具有一个以上应用系统的开发管理工作经验
客户经理	具有多年市场运作经验及客户工作经验
高级系统工程师	负责主机安装、调试；参与项目质量控制；执行项目售后服务
系统工程师	负责主机安装、调试；参与项目质量控制；执行项目售后服务
高级网络工程师	负责网络系统安装、调试；参与项目质量控制；执行项目售后服务
网络工程师	负责网络系统安装、调试；参与项目质量控制；执行项目售后服务
项目技术总监	负责事业部系统技术管理，在集成商公司具有多年的大型系统的集成技术和管理经验，实施过多个系统集成项目
应用开发经理	负责应用系统开发管理，具有多年的大型应用系统开发管理经验
质量管理员	负责过一个以上应用系统的质量保证的组织、实施工作

名称	工作内容
系统分析师	具有两个以上应用系统的系统分析、系统设计经验，能够独立完成本系统分析和系统设计的组织、管理、总体把握工作
系统设计师	具有三个以上应用系统的设计和实现经验，熟悉项目中所采用的系统平台、开发工具
程序工程师	具有一年以上使用本系统所采用的开发工具的经验，并具有相关系统的开发经验
测试主管	担任四个以上应用系统的测试主管工作
测试工程师	担任四个以上应用系统的测试工作
配置管理员	熟悉集成商内部软件工程开发规范
项目运作主管	支持项目启动及运转；采购渠道拓展与维护；项目售后管理；内部转储

二、项目进度

1. 工程项目实施阶段划分

为保障工程项目实施工作的顺利完成，我们将工程实施大体分成几个阶段，即工程设计阶段、设备订货阶段、工程实施准备阶段、软件设计与开发阶段、系统安装调试阶段、系统初验阶段、系统试运行阶段、系统最终验收阶段和系统正式运行（保修期）阶段。

集成商的工程师应按照监理机构评审通过的系统设计技术建议书，详细分析业主需求，制定出具有技术细节的工程实施计划文档。

（1）设备订货阶段。合同签订生效后，由商务运作小组根据合同条款和工程实施小组提供的工程辅材计划表，组织项目设备以及材料。

工作内容：依据与业主签订的合同采购设备，组织供货以及工程所需要的各种工程耗材。

责任方：商务小组。

完成标志：设备按时到达业主指定现场。

（2）工程实施准备阶段。在合同生效，设备没有到达业主现场这段时间为工程实施小组的工程实施准备阶段。这阶段的工作主要由工程实施小组完成。工作内容如下：

1）进行现场勘查，查看机房的位置、机房布置等情况，了解机房电源状况、环境指标，完成设备安装环境检查报告，提交业主，并确定工程施工进度。

责任方：主机小组、网络小组。

完成标志：提交设备安装环境检查报告和工程施工进度详表。

2）依据本合同中的技术建议书以及相应的技术规范，集成商技术人员进行设备机架图、设备安装连接图、线缆布放线序表、设备备版图、网络逻辑图等工程设计。

责任方：主机小组、网络小组。

完成标志：提交各工程设计文档。

3）准备工程项目需要的实施工具和有关技术资料。

责任方：主机小组、网络小组。

完成标志：提交工程进度报告。

4）制定有关硬件设备及系统软件的培训计划，包括正式培训的内容、时间、地点、教材选型，以及安装期间的现场培训内容等，提交业主讨论、确认后，归并到工程实施文档中，并交由文档管理组归档。

责任方：项目经理、项目实施组。

完成标志：形成项目培训安排草案。

5）业主应依据合同规定的分工界面图完成机房环境的准备、机房电源、机房接地准备、通信线路的准备以及工程管理人员的准备等工作。

责任方：业主。

完成标志：业主以书面方式通知集成商环境准备完成。

（3）软件设计与开发阶段。这个阶段为工程项目的主要阶段之一，业主、集成商共同就客户的实际需求和发展规划进行详细、准确的分析和讨论，确定最终业务需求，监理机构有责任对最终需求进行客观评审。在客户需求确认之后进入应用软件的设计、开发、调试过程。工作内容如下：

1）进行业务调研，确定业务需求，与业主确定应用软件业务需求书，作为开发依据和验收标准。

责任方：项目经理、软件小组。

完成标志：形成应用软件业务需求书。

2）进行应用软件的概要设计和客户化定制工作；开始进行应用软件的单元开发、调测。

责任方：软件小组。

完成标志：形成总体设计文档、部分开发文档。

3）进行应用软件的集成测试。

责任方：软件小组。

完成标志：形成应用软件测试文档。

（4）系统安装调试阶段。这个阶段为工程实施主要阶段之一，业主、集成商、监理单位以及合作伙伴共同完成现场检查、设备开箱验货、布线施工、设备安装、设备加电测试、设备调试配置以及系统调试等工作。工作内容如下：

1）现场检查：业主与集成商的工程师共同完成设备安装现场检查，现场检查主要是落实机房环境能否满足设备安装要求，是否具备设备安装条件。

责任方：业主、主机小组、网络小组。

完成标志：双方签署现场检查报告以及填写开工报告。

2）设备开箱验货：业主代表与集成商的工程师一起依据合同对货物开箱验货和清点。

责任方：业主、主机小组、网络小组。

完成标志：双方签署验货清单、缺货清单。

3）设备安装：现场工程师应依据设备平面布置图及机架图，完成机架就位、设备上架等工作。原则上机架应固定到地板上，设备应固定在 19 英寸标准机架上并应满足抗震要求。设备安装完成后，现场工程师应对所有设备安装以及连接电缆进行检查和测试。

责任方：主机小组、网络小组。

完成标志：双方签署安装竣工报告。

4）加电测试：设备安装完成后，现场工程师应与业主代表一起对设备进行加电测试，完成检查设备配置、设备预装软件等工作；检查测试系统电源。测试检查系统中配置的电源能否满足设备对电源的要求（电源电压、可以提供的功率、频率等）。检查测试设备电源模块。测试检查设备本身电源模块输出电压是否正常。测试检查设备能否正常启动。如果设备不能正常启动，现场工程师应查找故障原因。如果经努力仍无法排除故障，应及时通知项目经理。如果加电后设备启动正常，现场工程师检查设备硬件配置、预装软件是否与设备说明书或系统设计手册相同。

责任方：主机小组、网络小组。

完成标志：双方签署设备加电测试报告。

5）设备调试配置：依据设备厂商提供的设备技术手册测量调整设备硬件相关的技术参数，保证设备本身具有正常的工作状态；依据设备厂商提供的设备技术手册进行设备的软件配置，并保证设备具有相应的功能；通用软件的安装。在设备调试工作完成后，安装调试操作系统、集群软件、数据库等通用的软件平台。

责任方：主机小组、网络小组。

完成标志：双方签署设备调试报告。

6）系统调试：依据系统设计手册、网络拓扑图以及设备技术手册对整个网络或系统进行配置、统调。达到系统总体设计要求，满足应用软件实施要求。

责任方：主机小组、网络小组。

完成标志：双方签署系统调试报告。

7）将应用软件安装到系统平台，开始进入现场测试阶段，使用实际数据进行软件功能和性能测试，完善应用软件。

责任方：软件小组、主机小组、网络小组。

完成标志：应用软件满足业主需求。

（5）系统初验阶段。系统初验测试分为两部分实施，工作内容如下：

1）成立验收小组，制订系统初验方案。

责任方：业主、项目经理、验收小组。

完成标志：形成系统初验方案。

2）依据系统初验方案对集成的硬件平台进行系统初验。

责任方：业主、项目经理、验收小组。

完成标志：形成硬件集成系统初验报告。

3）依据系统初验方案对应用软件系统进行系统初验。

责任方：业主、项目经理、验收小组。

完成标志：形成应用软件系统初验报告。

（6）系统试运行阶段。系统初验通过后，进入3个月的试运行阶段。

工作内容：系统进入试运行期。

责任方：业主、售后支持组。

完成标志：双方签署系统试运行情况报告，并做好系统运行日志。

（7）系统最终验收阶段。系统试运行通过后12周之内，甲乙双方完成系统最终验收。双方签字之日起，进入2年的系统保修阶段。

工作内容：进行系统终验。

责任方：业主、项目经理、验收小组、商务小组。

完成标志：双方签署最终验收报告，系统进入3年保修期。

2. 工程进度表

集成商应派驻优秀的技术人员和业务伙伴一起完成项目的工程实施。具体工程进度如下：

（1）设备订货阶段和工程设计阶段。这两个阶段在时间上是重叠的，分别由项目运作组和项目实施组承担，将完成设备订货、工程设计和工程准备工作。

（2）应用软件客户化开发调测阶段。主要由项目实施组——软件小组负责，将进行应用软件的开发、调测和客户化工作。

（3）集成系统安装调试阶段。主要由项目实施组——主机小组、网络小组负责，将进行集成设备的上架、加电、调测工作；本阶段要求主机小组、网络小组与软件小组配合工作，以完成系统的联合调试。

（4）系统初验阶段。主要由验收小组负责，将分别对集成平台和应用软件进行初验。

（5）系统试运行阶段。系统初验通过后，进入3个月的试运行阶段。主要观察系统以及应用软件的运行情况，及时对系统和应用软件进行优化调试。

（6）最终验收阶段。系统试运行通过后1周之内，甲乙双方完成系统最终验收。双方签字之日起，进入1年的应用系统维护和3年硬件保修阶段。

三、集成商内部的项目控制

集成商必须在项目组内部对项目进行内部进度、质量、变更等的控制。作为控制成果，监理机构将根据业主的具体需求，随时检查集成商的内部控制记录。

1. 进度控制

为了确保对项目活动及有关信息进行适当控制，应确定进度计划的评审时间和资料搜集的频次。应识别、分析进度计划偏离的情况，偏离严重时应采取相应措施。

在进展评价及各项会议中应使用最新修订的进度计划。项目管理者应按既定的项目计划定期评审项目进展。

应结合剩余工作，分析项目进展趋势，预测风险及机会。

应确定进度计划偏离的根本原因，包括有利的和不利的两个方面的原因。应采取措施确保不力的偏差不至于影响项目目标。有利的和不利的偏离的原因应该作为持续改进的依据。

应确定进度计划变更对项目预算及资源和产品质量的可能影响。只有考虑了对涉及的项目其他过程和目标的影响后，才能做出决定，采取措施。对项目目标有影响的变更，在实施前应经顾客及有关利益相关者同意。在需要采取措施、挽回延误的时间时，应确定涉及的人员及其作用。在制订剩余工作计划时，进度计划的修订应与项目的其他过程协调。

应通知顾客及有关的利益相关者对进度计划提出的任何变更，当决策对其有影响时，顾客及利益相关者应参与决策。

为了有效管理项目的进度，集成商项目经理及有关的工作人员需借助一些工具去了解工作的进展，并及早察觉出现问题或脱期的环节。管理进度的方法主要是收集项目完成情况的数据，与计划进程进行比较，一旦项目进程晚于计划，则采取纠正措施。常用的工具包括：

（1）每周项目进度报告。

（2）项目任务制定表。

（3）每周工作考勤报告。

（4）问题清单、尚待处理事项清单等。

除工具的应用外，更重要的是保持与各小组的沟通，通过正式及非正式的渠道去了解真实情况。项目经理可通过定期的项目进度小组会议了解项目的进度和小组所遇到的困难或问题，并寻求解决方法。在必要时，重大的问题应向项目协调委员会报告、请求指示。

2. 变更控制

在项目实施过程中，变更有时是不可避免的，变更控制是整个项目成功与否的重要因素，经常涉及工作内容、地点、货物数量、时间安排甚至技术方案，作为集成商，对变更的处理应该积极响应，建议控制内容和方法概述如下：

当一个变化或更改被提交时，请求者填写一个完整的变更请求表，在请求表中详细说明变更的原因、目的、范围、时间、影响等。

集成商项目经理应按如下步骤处理变更请求：

（1）记录和归档变更请求表，注明变更请求的时间、日期。

（2）在收到变更请求后尽快做出答复。

（3）在项目进度报告中报告变更请求的情况。

（4）对变更请求进行评估，以确定其是否影响项目进度和资金预算，评估报告附在变更请求表中并且向集成商的项目经理报告。

（5）如果评估报告对项目进度和资金预算有严重影响，项目经理在接受这一请求之前会申请增加或减少项目投资。

评估结果一般对资金、时间调度、人力资源、技术可行性等方面有影响，分类如下：

（1）可以接受，不影响项目投资或时间进度。

（2）可以接受，但影响项目投资或时间进度。

（3）建议作为一个新项目。

（4）不能接受，因为技术可行性原因（提供一个详细解释）。

如果评估结果表明变更对资金和时间进度没有影响，项目经理有最终决定权来处理这个变更请求，无条件接受，有条件接受（需项目执行委员会批准），拒绝接受请给出更多信息。

如果评估结果表明变更对资金、时间进度或客户满意度有影响，集成商项目经理有责任量化这种影响，对变更结果有更准确的估计。变更请求表被返回到请求者和客户项目经理审查和批准，由客户项目经理和公司项目经理两方签字方可进行。一旦变更请求被涉及的各个方面（包括第三方厂商等）同意和接收，变更请求就会作为合同和工作计划的一部分影响所有的项目文档，集成商可以维护这个变更请求，在整个项目周期跟踪记录这个变更请求的执行情况，并向项目执行委员会汇报。

3. 质量控制

质量管理是项目经理的一项重要工作。在项目实施过程中要达到要求的水平，需要项目经理按指定的标准去完成任务。

项目的质量管理应着重加强以下几方面的工作：

（1）岗位责任制。

（2）复核与审查。

（3）文档管理与控制。

（4）分阶段实施及成果检查。

标准及控制手段包括：

（1）档案（包括数据库）命名标准。

（2）开发所需的表格。

（3）有效的变更管理和版本控制。

（4）完整的测试计划（包括每一阶段的测试）。

（5）严谨的用户验收过程。

（6）足够的人员培训。

定好标准是为了让各个组员能按统一规范进行工作，可以避免因为有些组员的经验而导致水准有参差，也避免因为人员离开而没人可以跟进。良好的变更管理和版本控制也可以避免版本修改后失控。

4. 风险控制

在整个项目进程中应通过风险识别、风险评估和应对的交互过程来控制风险。管理项目时应意识到项目总是存在风险的。因此鼓励人们预测、识别未来的风险并予以报告。

应当保持一个随时可用的应急储备计划。

应监控项目风险状况，风险报告应是进展评估的一部分。

四、项目验收

1. 项目测试

集成商在进行内部测试时，主要依据的测试规范和标准：

（1）业主所提供的标书、系统图。

（2）系统设计方案建议书。

（3）国内有关电气工程规范。

（4）ANSI/TIA-568.C（2009）商业楼宇电信布线标准。

（5）TSB-67 非屏蔽双胶线电缆系统现场测试传输性能规范。

（6）IS/IEC11801《信息技术——布线标准》。

（7）GB/T 25000.1—2021《系统与软件工程—系统与软件质量要求和评价（SQuaRE）第 1 部分：SQuaRE 指南》。

（8）GB/T 8566—2007《信息技术 软件生存周期过程》。

（9）GB/T 8567—2006《计算机软件文档编制规范》。

（10）GB/T 9385—2008《计算机软件需求规格说明规范》。

（11）GB/T 9386—2008《计算机软件测试文档编制规范》。

系统测试分为硬件平台、应用软件分别实施，工作内容如下：

（1）成立验收小组，制订系统测试方案。

责任方：项目经理、验收小组。

完成标志：形成系统测试方案。

（2）依据系统测试方案对集成的硬件平台进行系统测试。

责任方：验收小组。

完成标志：形成硬件集成系统测试报告。

（3）依据系统测试方案对应用软件系统进行系统测试。

责任方：验收小组。

完成标志：形成应用软件系统测试报告。

2. 项目验收

（1）设备验收。设备到货后，集成商工程师和业主项目负责人、监理机构将共同对所到设备进行清点及加电验收，此为设备验收。设备验收主要通过观察设备外观查看设备运输中有无出现外形损坏问题、加电后观察设备指示灯查看设备工作是否正常、利用各种命令查看设备的配置并做记录，同时与合同中的设备清单进行核对，验证所到设备与合同相符。当以上内容均合乎要求时，监理机构对验收结果进行签署，然后要求业主和集成商签署设备验收证书。签署设备验收证书后，系统集成工作即开始进行。系统集成过程结束后，对系统集成的验收包括工程组内部验收、业主初步验收（初验）和业主最终验收（终验）三个阶段。

（2）内部验收。项目运作组内部验收：工程组对系统集成的内部验收应按照相关规定，组织集成商技术委员会等对系统集成进行内部评审和验收。内部验收完成后，系统集成的初验和终验应履行正式手续，双方成立专门的验收委员会，负责组织、监督和裁决整个系统集成的验收过程。依据合同的有关规定，对系统集成商提供的系统按照如下步骤实施验收：①提出验收申请；②制定验收标准；③制定验收计划；④成立验收委员会；⑤进行验收测试；⑥进行验收评审；⑦形成验收报告；⑧系统移交。

（3）项目初验。签署"初验证书"：系统集成商将与业主双方讨论而形成的系统应实现功能、测试方法、测试应得到的正确结果的文档提交给监理机构，监理机构评审无误、签署后提交给业主，业主根据其与系统集成商共同签署的确认测试文件和系统集成商一起对系统进行测试验收，测试验收通过后系统集成商与业主签署"初验证书"。"初验证书"签署之日即为网络系统试运行开始日期。

（4）项目终验。签署"终验证书"：一般地，网络系统试运行结束后一段时间内（通常1~2周）由监理机构和业主对系统进行最终验收。最终验收合格后，双方代表签署"最终验收证书"。"最终验收证书"的签署即代表系统集成验收工作全部完成。

3. 文档交付

（1）过程文档。从合同签订之日起，以上工程实施过程建议建立下述文档来标志、管理和确认。

1）进度计划表；

2）机房配置与环境要求；

3）环境验收报告；

4）设备验收报告；

5）网络系统安装说明；

6）网络主要设备实验环境调试报告；

7）系统初验报告；

8）系统终验报告；

9）系统维护和升级说明；

10）IP地址分配表；

11）设备配置清单及配置说明。

（2）交付文档。完成系统业主终验后一周内，集成商交付项目文档资料给业主。包括以下主要内容：

1）设备验收记录；

2）设备安装报告；

3）设备调试报告；

4）系统安装报告；

5）系统调试报告；

6）系统配置说明；

7）系统使用手册；

8）网络配置说明；

9）产品保修卡；

10）产品安装手册；

11）产品使用说明；

12）业主初验报告；

13）业主终验报告。

第十七节 培训过程的质量控制

培训是落实系统应用、管理的重要环节。培训工作分为工程实施培训、使用培训和系统运行维护培训，项目将根据××引供水工程管理信息系统建设各个阶段的需要，以集中培训和现场培训的方式实施培训工作。培训内容主要包括网络系统、主机、存储等系统的使用、管理及维护和应用系统使用、管理与维护等。接受培训的人员在培训后能独立完成相应的技术工作。保证实施的工程项目能够成为交钥匙工程、用户满意项目。

培训的目标是在项目实施过程中，本着全面共享知识与经验的宗旨，除贯穿实施全过程的用户传帮带外，还会针对工程中的软硬件设备配置提出一整套系统的培训方案，以达到如下目的：通过对业主协作人员的培训，使业主协作人员能够切实理解和掌握操作系统、网络系统、网络安全等各种基础知识，熟练业务系统使用、管理以及维护操作，保证系统完工后能够正常运转，并得到优化的执行。

承建单位必须要根据项目的具体实施情况采用多种培训方式：

（1）集中培训方式：分别针对系统管理员、系统维护人员和系统操作人员，开设集中培训课程。重点是系统维护人员和系统操作人员，采用集中授课的方式，进行培训。

（2）现场培训方式：重点针对系统管理员，通过在现场的实施和培训，深层次地掌握系统各设备的使用、维护、故障检修和各种日常操作等。

承建单位必须准备完整的培训教材和培训计划。监理机构在具体的工程培训中的质量控制措施包括：

（1）审核承建单位提交的系统的管理概念、软件使用、软件操作和系统维护的培训计划。

（2）检查培训教材、使用说明书、维护手册等资料的内容。

（3）协助业主组织培训。

（4）监督承建单位的培训过程。

（5）监督承建单位对培训效果进行考核，并对考核结果进行抽查。

（6）及时收集和整理培训过程中提出的业主的需求变更，并予以严格控制。

（7）各岗位的操作使用人员必须经过上岗培训，考核通过后才能上岗。

第十八节　咨询监理工作的文档表格

在项目的咨询监理工作中，监理单位为了进一步规范项目的整体组织和管理，根据 ISO 9001 的质量管理体系原则建立了完整的咨询监理工作表格。

一、承建单位文档

根据项目的情况，在此列举承建单位（集成商、开发单位）在项目进行过程中应提交的主要文档，供业主参考。主要目录内容包括：

（1）需求分析报告编写规范。

（2）需求分析。

（3）计算机源代码编写规范。

（4）技术报告编写规范。

（5）开发计划编写规范。

（6）系统设计报告编写规范。

（7）软件功能规格说明书编写规范。

（8）设计和实现。

（9）测试计划编写规范。

（10）测试用例标准。

（11）测试工作总结编写规范。

（12）软件测试。

（13）用户手册编制规范。

（14）项目总结报告编写规范。

具体内容可以参见相关标准编写。

二、工作过程样表

根据项目的情况，在此列举项目监理单位和承建单位（集成商、开发单位）在项目进行过程中应提交的主要表格，供业主参考。

1. A 类表格：承建单位使用表格

（1）工程方案计划报审表。

（2）分包单位资格审查申请表。

（3）工程材料设备报审表。

（4）开工申请。

（5）工程阶段施工申请表。

（6）工程阶段测试验收报审表。

（7）工程变更报审表。

（8）工程延期申请表。

（9）复工申请。

（10）监理通知回复单。

（11）付款申请表。

（12）费用索赔申请表。

2. B 类表格：咨询监理单位通知表格

（1）监理周报。

（2）监理备忘。

（3）协调会纪要。

（4）监理通知单。

（5）工程合同评审记录。

（6）开工令。

（7）停工令。

（8）复工令。

（9）工程延期审批表。

（10）工程款支付书。

（11）咨询监理项目工作总结。

3. C 类表格：监理记录表格

（1）监理日志。

（2）监理工作联络名单。

（3）文档发送记录表。

（4）顾客文档接收记录表。

（5）设备使用审批表。

（6）咨询监理服务款支付申请表。

4. D 类表格：其他表格说明

（1）顾客需求记录表。

（2）需求评审立项书。

（3）顾客需求识别和项目建议评审记录表。

（4）项目实施委托书。

（5）技术支持派工单。

（6）监理规划评审记录。

（7）不合格品控制记录表。

（8）纠正和预防措施要求表。

（9）顾客意见和响应处理表。

（10）顾客满意度调查表。

（11）变更评审记录。

（12）工作会议记录。

（13）监理工作检查表。

主要表格内容可以参见相关标准编写。

第十九节　对咨询监理单位考察

一、对咨询监理单位的能力评价

××引供水工程管理信息系统建设内容包括规划设计、网络环境建设、网络平台建设、服务器平台建设，以及软件搭建和研发建设等，对咨询监理单位的要求非常全面。评价一个咨询监理单位的能力，以及对项目的保障能力，可主要从以下几方面进行评估：

（1）咨询监理单位的咨询和监理资质。咨询监理单位应具有国家或省部级监理的资质。

（2）咨询监理单位的质量保障能力。咨询监理单位应有完整的内部质量控制机制和质量保障体系。

（3）咨询监理单位的专业能力。咨询监理单位必须在网络、硬件、软件方面都具有很强的专业背景，有为客户提供全面的技术服务的经验，拥有一批高级专业技术工程师。

（4）有派驻在项目的监理机构的能力。评价一个咨询监理单位的重要指标还包括在项目中派驻的监理机构的综合能力。

（5）咨询监理单位的项目能力。咨询监理单位必须具有大量的工程咨询和监理经验，可以凭借其丰富的技术经验、组织管理经验，为业主提供丰富的资讯信息，提供完善的工作建议，使业主的项目建设事半功倍。

（6）咨询监理单位在管理信息系统建设规划方面的经验和能力。由于该项目是一个管理信息系统建设项目，需要咨询监理单位在管理信息系统规划设计和实现方面具有丰富的经验和技术实力。

二、监理单位对咨询监理工作的理解

经过在项目咨询监理工作中的多年摸索，对信息系统工程的咨询监理工作有深刻的理解。

（1）咨询监理工作是一项需要不断学习和进步的工作。IT技术本身就具有变化快、技术更新快的特点，而一项信息系统工程又涉及大量的具体技术的实现，可谓技术跨度非常大。要想对信息系统工程的建设做好咨询和规划工作，信息系统工程咨询和监理工作需要不断地学习和了解国内外最新的技术和项目经验，只有不断地积累，才能在客户面前保持充分的应对能力。

（2）信息系统工程服务的是企业的战略目标，作为一个IT人，从事咨询监理工作，就要不断地向客户学习，了解他们对新业务的需求，学习他们在传统业务上的工作流程，研究这些业务进行信息化转化的工作要点和实现难点。只有这样，才能为客户不断地提供最完善的咨询和监理服务。

（3）咨询监理工作本身不是一成不变的。它需要我们不断地去探寻咨询监理工作的规律，掌握咨询监理工作根本的控制和管理方法，不断地更新我们的项目管理技术和沟通技巧。只有这样，我们才能将自己对技术、对业务的理解有效地贯彻到咨询监理工作中去。

（4）咨询监理工作需要重"量"，更要重"质"。在咨询监理工作中，我们看到不少监理单位甚至是项目的业主经常一味地强调监理报告的数量、监理工程师到场的数量。经过实践和探索发现，咨询监理工作需要工程师保障一定的监理工作量，但更重要的是要提高咨询监理工作的质量。正是因为对咨询监理工作质量的认识，在业务建设前期就积极推进 ISO 9001 的质量控制管理体系；同时，针对咨询监理业务提出了一套完善而精密的工作流程，包括对监理工程师每一个记录数据都提出了明确的质量要求。正是依靠这种"求精"的境界，监理单位在历次信息系统工程的咨询监理服务中，才能够准确地把握项目中的关键质量控制点，通过有效的事前预控、事中监督、事后评估，实现了对项目的全程控制。

（5）咨询监理工作是整个IT技术服务体系中的一部分。监理单位对信息系统工程项目的成功有着深刻的理解，一个项目的成功，不仅意味着它的工程质量达到要求，还意味着进度的有效控制、投资的有效控制，以及更重要的管理队伍的顺利调整和组建与内部队伍的成功建设。这一切工作都是IT技术服务的范畴。

正因如此，监理单位在项目建设的过程中，不仅看到对项目本身的规划设计和建设监理，还非常重视项目参与人员水平的提高以及现有业务管理队伍水平的提高。为此，监理单位可以在咨询监理服务的同时，为客户的项目成员提供专业的技术培训服务，为项目的团队提供项目管理培训服务，力争让项目实施成功的同时也让项目能够成功地运行。

一个项目的成功，不仅是业主的目标，也是咨询监理单位、集成单位和其他承建单位的共同目标；保障项目的成功是我们项目各方共同的事业！

参考文献

［1］葛乃康. 信息工程建设监理［M］. 北京：电子工业出版社，2002.

［2］葛迺康. 信息化工程监理规范总则理解与认识［M］. 北京：中国标准出版社，2008.

［3］张骏温. 计算机网络系统工程监理理解与实施［M］. 北京：中国标准出版社，2011.

［4］葛健. 软件工程监理规范理解与实施［M］. 北京：中国标准出版社，2012.

［5］刘宏志，葛迺康. 信息化工程监理［M］. 北京：中国电力出版社，2009.

［6］上海现代建筑设计（集团）有限公司. 智能建筑设计标准：GB 50314—2015［S］. 北京：中国计划出版社，2015.

［7］同方股份有限公司. 智能建筑工程质量验收规范：GB 50339—2013［S］. 北京：中国建筑工业出版社，2013.

［8］浙江省工业设备安装集团有限公司. 建筑电气工程施工质量验收规范：GB 50303—2015［S］. 北京：中国计划出版社，2015.

［9］通州建总集团有限公司，国华国际工程承包公司. 智能建筑工程施工规范：GB 50606—2010［S］. 北京：中国计划出版社，2011.

［10］全国安全防范报警系统标准化技术委员会. 视频安防监控系统工程设计规范：GB 50395—2007［S］. 北京：中国计划出版社，2007.

［11］全国安全防范报警系统标准化技术委员会. 入侵报警系统工程设计规范：GB 50394—2007［S］. 北京：中国计划出版社，2007.

［12］中国建筑东北设计研究院有限公司. 民用建筑电气设计规范：GB 51348—2019［S］. 北京：中国建筑工业出版社，2019.

［13］应急管理部沈阳消防研究所. 火灾自动报警系统施工及验收标准：GB 50166—2019［S］. 北京：中国计划出版社，2019.

［14］中国电力企业联合会. 电气装置安装工程接地装置施工及验收规范：GB 50169—2016［S］. 北京：中国计划出版社，2016.

［15］公安部第一研究所，公安部科技信息化局. 安全防范工程技术标准：GB 50348—2018［S］. 北京：中国计划出版社，2018.

［16］全国安全防范报警系统标准化技术委员会. 视频安防监控系统技术要求：

GA/T 367—2001［S］．北京：中国标准出版社，2001．

［17］全国安全防范报警系统标准化技术委员会．安全防范系统验收规则：GA 308—2001［S］．北京：中国标准出版社，2001．

［18］全国安全防范报警系统标准化技术委员会．出入口控制系统工程设计规范：GB 50396—2007［S］．北京：中国计划出版社，2007．

［19］中国移动通信集团设计院有限公司．综合布线工程设计规范：GB 50311—2016［S］．北京：中国计划出版社，2016．

［20］全国信息技术标准化技术委员会．计算机场地通用规范：GB/T 2887—2001［S］．北京：中国计划出版社，2001．

［21］中国电子工程设计院．数据中心设计规范：GB 50174—2017［S］．北京：中国计划出版社，2017．

［22］中国移动通信集团设计院有限公司．综合布线系统工程验收规范：GB/T 50312—2016［S］．北京：中国计划出版社，2016．

［23］南通五建建设工程有限公司，江苏顺通建设工程有限公司．建筑物防雷工程施工与质量验收规范：GB 50601—2010［S］．北京：中国计划出版社，2010．

［24］中国建筑标准设计研究院，四川中光防雷科技股份有限公司．建筑物电子信息系统防雷技术规范：GB 50343—2012［S］．北京：中国建筑工业出版社，2012．

［25］上海电子工程设计研究院有限公司．电子工程防静电设计规范：GB 50611—2010［S］．北京：中国计划出版社，2010．

［26］广州市迪士普音响科技有限公司，工业和信息化部电子工业标准化研究院．公共广播系统工程技术标准：GB/T 50526—2021［S］．北京：中国计划出版社，2021．

后 记

我国信息系统工程（以下简称"信息工程"）监理经历了 20 多年的发展，行业业务内容、业务规范、行业协会、技术标准、资质认证、资格考试等已逐步完善。目前，最新修订和颁布的信息工程监理标准 GB/T 19668—2018 也聚现了行业发展、知识积累以及行业成熟度。不少有关信息工程监理行业业务的技术专著、文章陆续出版，这些研究反映了该领域的技术特点。从市面上已出版的专著来看，可分为三类：一是理论方法方面的专著；二是标准宣贯教材；三是信息监理工程师考试辅导教材。总体来看，缺乏理论实践紧密结合便于实际操作的著作，这也是我们编写本书的目的。

本书从理论和实践的角度出发，结合信息工程监理标准的发展，介绍信息工程监理的工作方法，供信息工程监理从业人员执行监理标准、编写监理投标文件并方便开展监理工作，同时也供从事信息化工程建设的建设方、承建方参考。本书的案例篇以典型的信息工程监理实例介绍了信息工程建设监理所涉及的主要内容，既有信息基础设施建设监理，也有应用软件开发监理，包括网络、主机、存储、视频、语音、软件开发、系统集成、咨询服务等信息系统建设的主要内容。

本书的写作背景来自中国民航机场建设集团有限公司工程技术中心正高级工程师徐军库多年参与智慧机场建设的工程实践、教育部留学服务中心信息中心高级工程师王文学在教育信息化领域工程建设多年的实际经验和葛健副研究员从事信息工程监理研究生教学并参与建设某大型信息化工程建设咨询监理项目的心得体会。阐述的内容有广泛的信息化工程实际应用背景，选题、构思、成文等、一系列工作都离不开几位合作者——葛健、徐军库、祝世伟、王文学的共同努力。

感谢北京航空航天大学软件学院副院长王丽华、北京军友诚信检测认证有限公司高级工程师孔德玉、中央财经大学信息学院的祝世伟老师和诸位编委会成员的悉心指导及大力支持。他们深厚的专业背景、渊博的知识水平和孜孜以求的敬业精神深深影响着我。感谢北京云智航教育科技有限公司工程师肖雅梅的耐心排版、校核和修订。在此，我对编委会成员及各位给予支持帮助的朋友致以深深的感谢。

本书的主要执笔人是葛健、徐军库、祝世伟、王文学，主要参考标准由北京市驰跃翔管理咨询有限公司高级工程师谢冉东整理并提供，部分案例内容是由鲁欣正、晋星辉等专家提供，借此机会，对全体编委会的同仁致以诚挚的谢意。

最后，笔者还要对文中引述和参考了其著作内容的各位专家、学者和同行致以崇高的敬意和感谢。

　　本书得到了中国社会科学院工业经济研究所领导、经济管理出版社的鼎力支持，在此一并致谢，谨以此文作为对各位支持者的感恩和致敬。

笔者

2022 年 8 月